Come
FARE UN FILM

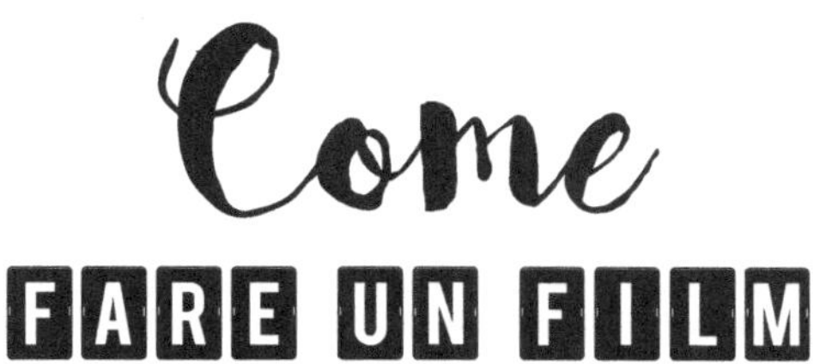

GUIDA ALLA REALIZZAZIONE DEL VOSTRO PRIMO LUNGOMETRAGGIO, DALLA SCENEGGIATURA ALLE SALE CINEMATOGRAFICHE

USHER MORGAN

Pubblicato da:
Library Tales Publishing
www.LibraryTalesPublishing.com
www.Facebook.com/LibraryTalesPublishing

Per informazioni generali sui nostri altri prodotti e servizi, si prega di contattare il nostro Dipartimento di Assistenza Clienti al numero 1-800-754-5016, o via fax al 917-463-0892. Per assistenza tecnica, si prega di visitare www.LibraryTalesPublishing.com

Library Tales Publishing pubblica anche i suoi libri in vari formati elettronici. Ogni contenuto che appare in formato cartaceo è disponibile anche in libri elettronici.

979-8894410005

STAMPATO NEGLI STATI UNITI D'AMERICA.

Informazioni sull'Autore

Usher Morgan è uno sceneggiatore premiato, regista, produttore e imprenditore residente a New York City. Morgan ha iniziato la sua carriera nell'editoria libraria per poi dedicarsi alla produzione e distribuzione cinematografica. Il suo primo lungometraggio, "*Pickings*", ha avuto una distribuzione limitata nelle sale tramite AMC Independent nel marzo del 2018, ottenendo ampio consenso e mostrando una combinazione unica di influenze noir e spaghetti western che contraddistinguono il suo stile registico.

Il suo prossimo lungometraggio, "*Plucked*", sarà presentato ai festival nel 2024 e successivamente nelle sale nel 2025. Il Los Angeles Times ha definito Usher Morgan "un talento da tenere d'occhio". The 405 ha inserito "*Pickings*" nella sua lista dei "Migliori 18 film del 2018".

Indice dei Contenuti

"Prendi una telecamera. Gira qualcosa. Non importa quanto sia piccolo, non importa quanto possa sembrare banale, non importa se ci recitano i tuoi amici o tua sorella. Metti il tuo nome come regista. Ora sei un regista. Tutto ciò che viene dopo ha solo a che fare col negoziare il tuo budget e il tuo compenso."
~ James Cameron

Introduzione

È sabato sera e ti ritrovi nel cinema della tua città. Prendi posto in una sala scarsamente illuminata con un grande contenitore di popcorn e una bibita extra-large. I trailer iniziano, annunciando film in arrivo, raccontando i sogni personali di individui che hanno dedicato anni della loro vita a creare un singolo prodotto, che ora cerca di catturare la tua attenzione. Guardi un trailer dopo l'altro, per quella che sembra un'eternità, finché finalmente le luci si abbassano ulteriormente. Compare il famigerato logo dello studio sullo schermo e la sala cade nel silenzio: sta per iniziare.

In quel momento, tu e tutti gli altri intorno a te siete catturati dalla voce dominante in sala, quella del cineasta. Hai dato il tuo tempo e i tuoi soldi a un'entità il cui unico scopo è intrattenerti, e desideri essere coinvolto; vuoi sentire, pensare, piangere, ridere e applaudire mentre la storia ti trasporta in un altro tempo e luogo. Vuoi essere incantato, preso per mano e vivere un'esperienza inedita, il tutto in circa 100 minuti, e, ogni tanto, il tuo desiderio si avvera.

A volte, lasci il cinema con un sorriso. Il cineasta, al quale hai affidato il tuo prezioso tempo e denaro, ha soddisfatto le tue aspettative, e questo fa piacere. Quel film era "fantastico!". Ne è valsa la pena; era qualcosa da ricordare e, ancora più importante per il cineasta, era qualcosa di cui parlare. Ma ci sono volte in cui le cose non vanno come previsto. A volte, entri in sala con le stesse aspettative, ma la storia non è né divertente né triste; non ti fa "sentire" nulla; non hai riso, né pianto, né applaudito; non ti ha portato da nessuna parte o dato nuove esperienze e, se qualcosa, ti ha lasciato con un senso di fastidio o delusione. In breve, non sei stato intrattenuto. I cineasti hanno preso i tuoi denari, rubato il tuo tempo e non hanno mantenuto la promessa.

La maggior parte delle volte, però, accade qualcos'altro, e questo qualcos'altro è, beh, niente. Spesso, entri, guardi un film ed esci quando è finito, e il film che hai appena visto svanisce dalla tua mente il giorno dopo e raramente ci rientra. Questo è il destino del 70% dei film, secondo me; sono buoni, ma non eccezionali; intrattengono, ma non sono memorabili. Quando qualcuno ti chiede a dicembre un elenco dei tuoi "film preferiti" dell'anno, questi film non saranno mai in quella lista, principalmente perché non ricordi di averli visti.

Entra il Cineasta

I cineasti condividono molte speranze con il loro pubblico, in particolare il desiderio di un'esperienza cinematografica gratificante. Il regista del film che hai appena visto aspira sinceramente a intrattenerti; in fondo, chi vorrebbe essere etichettato come un regista che delude? Certamente, un cineasta serio non mira mai a realizzare un film di scarsa qualità. Così, trovandoti in una situazione simile a quella di uno spettatore che mette piede in sala per la prima volta, potresti rimanere sorpreso dall'accoglienza del tuo film, sia essa positiva o negativa. Se il pubblico lo apprezza, la tua gioia è immensa; se lo rifiuta, il dispiacere è profondo. E se il film viene dimenticato? Semplicemente, si va avanti. La maggior parte dei registi anela a divertire il pubblico, a provocare risate e lacrime, applausi e coinvolgimento nella trama narrata. Questa è la ragione per cui molti scelgono la carriera di cineasta: per suscitare emozioni, stimolare riflessioni, generare discussioni. Decidendo di unirti a questo collettivo di narratori, probabilmente il tuo fine ultimo è di produrre opere che non solo generino entrate e riscuotano premi, ma che vengano anche ricordate e apprezzate da spettatori di tutto il mondo.

Quindi, Come Sei Arrivato Qui?

Poniti questa domanda la prossima volta che sei in un cinema: "Qual è stato l'elemento decisivo che mi ha spinto ad acquistare il biglietto per questo specifico film?". È possibile individuare un momento preciso o un particolare stimolo che ti ha convinto? Forse un trailer particolarmente accattivante, un post sui social media, o una raccomandazione di un amico? Comprendere le motivazioni che ti hanno portato a sederti in quella sala cinematografica è fondamentale, soprattutto se in futuro ti occuperai di pianificare campagne di marketing. Questo è un aspetto a cui presto sempre attenzione ogni volta che frequento il cinema. Le ricerche di settore mostrano che solitamente si decide di andare al cinema per una combinazione dei seguenti fattori:

> **Esposizione:** il film è stato abbastanza pubblicizzato nei media, o il distributore ha investito significativamente in pubblicità e marketing.

> **Riconoscimento:** la pellicola vanta la presenza di un attore o di un regista che ammiri, è tratta da un libro che hai letto, o fa parte di un franchise a te caro.

> **Contenuto:** la trama ti attira, il trailer e gli spot televisivi hanno suscitato interesse e aspettative, e la storia e le immagini ti sembrano promettenti.

> **Recensioni:** le recensioni nei media sono positive, e il passaparola tra amici e conoscenti suggerisce che si tratta di un film da non perdere.

Questi principi di base del marketing si applicano alla maggior parte dei prodotti in commercio. Sebbene esistano altri fattori, questi quattro rappresentano i pilastri principali che influenzano la decisione di andare al cinema.

Se un film risponde positivamente anche a uno solo di questi criteri, riuscirà a interessare il pubblico, e maggiore è il numero di criteri soddisfatti, più ampio sarà il pubblico raggiunto. Quindi, un film che gode di ampia copertura mediatica (**esposizione**) ma che manca di altri elementi potrebbe comunque attrarre un numero significativo di spettatori. Al contrario, un film con contenuti di alta qualità ma privo di adeguata esposizione difficilmente otterrà un'ampia audience, e purtroppo esistono numerosi casi di film eccezionali con talenti emergenti e scarsa visibilità che non hanno avuto successo al botteghino, rimanendo nell'ombra. D'altra parte, è facile citare esempi di film che, nonostante enormi incassi, non hanno convinto la critica.

Inoltre, non sorprenderà sapere che un piccolo film indipendente, se caratterizzato da un cast di rilievo o da un regista rinomato, attirerà automaticamente l'attenzione dei media (esposizione). Sarà la qualità del contenuto, sia essa mediocre o eccellente, a influenzare decisamente il successo o l'insuccesso del film. Questi aspetti sono gli strumenti che un distributore impiegherà nella sua campagna di marketing per invogliarti a uscire di casa e recarti al cinema e, successivamente, per persuaderti all'acquisto di DVD, Blu-Ray, colonne sonore o alla visione del film in modalità on-demand. In sintesi, è questo il processo che ti ha portato in sala e che contribuisce al sostentamento del cineasta.

Parlare di sogni è come parlare di film, poiché il cinema usa il linguaggio dei sogni; gli anni possono passare in un secondo e puoi saltare da un posto all'altro. È un linguaggio fatto di immagini. E nel vero cinema, ogni oggetto e ogni luce significano qualcosa, come in un sogno". ~ Federico Fellini

Il Gioco del Reddito

Aspirare a realizzare film professionalmente è un desiderio comune tra i cineasti. Il sogno di produrre e distribuire film in modo regolare rappresenta il massimo obiettivo per molti, ma si trasforma anche in fonte di frustrazione e ansia. Molte persone talentuose, purtroppo, abbandonano prematuramente il settore, spesso scoraggiate dai costi elevati, dalla pressione, dalle esigenze artistiche e dalla necessità di rispettare i budget e di generare introiti. Non è raro incontrare chi si identifica nell'immagine dell'"artista squattrinato", guardando con sospetto chi persegue il guadagno nel cinema. Tuttavia, molti trascurano il fatto che l'industria cinematografica è, a tutti gli effetti, un business. Il successo in questo campo richiede la capacità di creare prodotti di qualità a costi contenuti, di commercializzarli efficacemente e di generare ricavi sufficienti per finanziare nuove produzioni. In un mercato orientato al prodotto, la produzione continua e profittevole è fondamentale. Senza introiti significativi, la possibilità di continuare a realizzare film si riduce drasticamente.

Oggi, esistono principalmente due strategie per generare reddito dalla creazione e distribuzione di lungometraggi: (a) realizzare un film e venderlo a un distributore, oppure (b) produrre un film e distribuirlo in modo indipendente. Queste sono le opzioni fondamentali. Tuttavia, la maggior parte dei cineasti indipendenti mostra una preferenza per la prima opzione, ovvero la vendita a un distributore. Questi registi inviano i loro film ai principali festival cinematografici, sperando che, in quel contesto, il loro lavoro catturi l'interesse di un distributore qualificato. Un distributore di grandi dimensioni può offrire una distribuzione nelle sale e la possibilità di ottenere guadagni significativi. In questo scenario, i registi guadagnano visibilità sulla stampa, attirano l'attenzione di agenti e trovano più facilmente finanziamenti per i loro progetti futuri, rendendo la vita decisamente più gratificante. D'altro canto, se il distributore è di dimensioni minori, il film potrebbe essere destinato direttamente al mercato DVD/VOD/Blu-Ray, con guadagni inferiori e la necessità di impiegare maggiori sforzi nella pianificazione delle future produzioni. Questa potrebbe rivelarsi l'opportunità tanto attesa.

Considera un cineasta che riceve l'offerta di distribuire i propri film autonomamente. In tutta probabilità, sorriderebbe con scetticismo, affermando: "Il marketing e le vendite non mi interessano. Preferisco concentrarmi sulla realizzazione dei film e lasciare ad altri la preoccupazione di venderli". Non c'è nulla di intrinsecamente sbagliato in questo atteggiamento; è semplicemente un modo di approcciare la professione, diffuso tra molti cineasti. Tuttavia, cosa succederebbe se, dopo un circuito di festival deludente, in cui il film non viene acquistato o distribuito, questi stessi cineasti finissero col trovarsi in una situazione di emergenza?

In questo scenario, alcuni cineasti potrebbero sentirsi costretti a firmare con distributori online che promettono visibilità ma che, nella pratica, limitano il film a una presenza passiva sulle piattaforme VOD, senza alcuna promozione significativa. Queste compagnie, pur definendosi distributori, agiscono più come piattaforme a pagamento, dove i film vengono messi a disposizione su iTunes, Amazon, Xbox, Google Play, ecc., tramite un aggregatore, senza alcun reale sforzo di marketing. Tipicamente, il contratto prevede nessun anticipo ma una percentuale sui guadagni netti, dando l'illusione di una distribuzione efficace. Tuttavia, senza un investimento in pubblicità e marketing (P&A), il film resta ignorato, accumulando poche recensioni e, dopo anni, non generando alcun ritorno economico a causa di "spese di marketing" non trasparenti.

Questa situazione, purtroppo, non è rara tra i cineasti indipendenti che, dopo aver investito anni nel loro progetto, si affidano al successo nei festival, pronti a rinunciare a qualsiasi diritto pur di evitare di restare senza un accordo. Questa realtà sottolinea l'importanza di avere una strategia di distribuzione ben pianificata e di considerare attentamente le opzioni disponibili prima di impegnarsi con un distributore.

Entra il Distributore di Film Fai-da-Te

L'attuale panorama della distribuzione cinematografica fai-da-te offre nuove possibilità. Alcuni cineasti, non avendo trovato acquirenti nei festival e non volendo affidare i loro lavori a distributori poco interessati alla promozione, optano per una soluzione autonoma.

Invece di affidarsi a intermediari, decidono di gestire direttamente l'invio del loro film agli aggregatori. Se le tariffe di piattaforme come iTunes risultano eccessive, si rivolgono a servizi gratuiti come i Media on Demand e Video Central di Amazon, che consentono di vendere il film sia in formato VOD che DVD/Blu-Ray, o esplorano alternative come Vimeo on Demand, in attesa di potersi permettere canali più costosi.

Questa modalità può sembrare promettente, ma nasconde una criticità fondamentale: spesso manca una strategia ben definita. Una significativa porzione di cineasti indipendenti che sceglie la via dell'autodistribuzione non possiede un piano concreto per la distribuzione o il marketing del proprio film. Questa mancanza di preparazione può portare a due esiti: o si finisce per investire risorse in modo inefficace nel tentativo di promuovere il film, oppure si opta per un lancio minimale su piattaforme come Amazon senza alcuna strategia di marketing, con il rischio che il film passi inosservato e non generi le vendite sperate.

I cineasti indipendenti che traggono sostentamento dalla propria arte non si collocano necessariamente agli estremi di uno spettro: sarebbe errato affermare che il successo nel cinema richieda esclusivamente la distribuzione dei propri contenuti. Allo stesso modo, non è corretto pensare che ci si debba limitare a concentrarsi sulla propria arte, trascurando completamente l'aspetto commerciale della distribuzione cinematografica. È proprio qui che questo libro diventa fondamentale. Il suo obiettivo è prepararti ad affrontare sia il miglior scenario possibile, quello in cui il tuo film viene accolto con successo al Sundance, sia la situazione più sfidante, in cui, dopo un giro di festival senza accordi, ti trovi a doverti occupare personalmente della distribuzione del tuo film. Questo testo è pensato per offrirti consigli pratici basati sull'esperienza diretta dell'autore, che non solo ha prodotto e distribuito un film con successo, ma ha anche gestito il marketing, raccolto recensioni positive e guadagnato quanto basta per finanziare il prossimo progetto.

La realizzazione del mio primo lungometraggio, "Pickings", è stata un'impresa impegnativa. Nel corso di un anno, abbiamo distribuito 35 giorni di riprese, affrontando una serie di sfide e imprevisti. Anche se entrerò nei dettagli nei capitoli successivi, per il momento è importante sapere che, nonostante le difficoltà, siamo riusciti a completare le riprese e ad avviarci verso un complesso processo di post-produzione.

Il film è stato successivamente acquisito da "AMC Independent" e distribuito in dodici sale di sei grandi città, oltre a essere stato selezionato per proiezioni in cinema indie strategici. Ha ottenuto riconoscimenti da pubblicazioni di spicco come il Los Angeles Times, Hidden Remote e Film Journal International, tra gli altri. A pochi mesi dalla sua uscita, "Pickings" è stato venduto in mercati internazionali quali Cina, Giappone e Germania.

Mentre scrivo questo libro, il film continua a circolare su piattaforme VOD, DVD e Blu-Ray, recuperando una notevole parte dei costi di produzione. La mia decisione di procedere senza investitori esterni significa che ogni guadagno va direttamente alla mia casa di produzione, attualmente impegnata nel prossimo progetto. Questa esperienza mi ha trasformato in un cineasta professionista, capace di detenere il 100% delle entrate senza doverle condividere con distributori che, interessati solo al profitto, avrebbero potuto non valorizzare adeguatamente il mio lavoro.

Nel mondo del cinema indipendente, l'essenza stessa risiede nell'autonomia. Essere indipendenti implica libertà totale: non ci sono vincoli strategici fissi, né obblighi verso sindacati o associazioni, né l'aspettativa di battere record di incassi. Si opera autonomamente, agendo come veri imprenditori dell'industria dell'intrattenimento, con i film come nostri prodotti.

Se miri a realizzare un film e a presentarlo a un grande distributore, magari al Sundance, questo libro offre preziose informazioni per navigare con successo nel processo, anche con risorse limitate. E se la vendita non dovesse andare in porto, non è il momento di arrendersi. Al contrario, è il momento di adottare un approccio imprenditoriale, prendendo in mano la distribuzione del tuo film. In queste pagine troverai consigli essenziali per farlo efficacemente e trarne profitto, specialmente nella fase di distribuzione teatrale.

Ho scritto questo libro pensando a ciò che avrei voluto sapere quando mi sono avventurato per la prima volta nel settore della produzione cinematografica indipendente. Questa guida ti fornirà gli strumenti necessari per scrivere, dirigere, produrre, filmare, montare, promuovere e vendere il tuo film, tutto in piena autonomia.

La Descrizione del Lavoro

Molti spettatori, quando acquistano un biglietto per il cinema, non riflettono sul complesso processo di realizzazione del film che stanno per vedere. Ignorano le sfide legate alla creazione e distribuzione di un lungometraggio e, in verità, non è qualcosa che debba necessariamente interessarli. Il loro obiettivo è godersi l'intrattenimento offerto; in cambio, si aspettano che il regista abbia svolto un lavoro eccellente. Se il film li soddisfa, ne parleranno positivamente; se li delude, esprimeranno il loro disappunto; se invece il film è solo sufficiente, probabilmente lo dimenticheranno poco dopo. La responsabilità dello spettatore termina con la visione del film; quella del regista inizia ben prima, con l'obbligo di realizzare un'opera di qualità, entro i tempi e il budget prestabiliti, un compito decisamente più arduo di quanto possa sembrare. In un'intervista rilasciata al Los Angeles Times, Alejandro Gonzalez Iñárritu, regista di film come "The Revenant", "Birdman" e "Babel", ha affermato: "Fare un film è facile, fare un buon film è guerra. Fare un film molto buono è un miracolo." Chiunque abbia avuto l'esperienza di realizzare un lungometraggio dall'inizio alla fine comprende perfettamente cosa intende Iñárritu. Il percorso che include la scrittura, la revisione, la definizione del budget, il casting, l'organizzazione, le prove, le riprese, la risoluzione dei problemi, la post-produzione e la gestione del rilascio di un film indipendente è complesso e si rivela spesso impegnativo, soprattutto per chi è alle prime armi. Credo fermamente che questo processo sia concepito per testare la nostra resilienza e passione. È proprio nei momenti più difficili che capiamo l'importanza che il cinema riveste per noi. Quando si ama profondamente il cinema e si apprezza il processo creativo, realizzare film diventa un'esperienza incredibilmente appagante, nonostante le sfide. Il frutto del duro lavoro è una gratificazione immensa, che genera una sorta di dipendenza dalla stessa dedizione che richiede.

Nella produzione di un film indipendente a basso budget, sei chiamato a creare un'opera d'arte rispettando la sostenibilità finanziaria, a prendere decisioni che dimostrino la tua saggezza nel business e riflettano il tuo talento, pur rimanendo fedele alle tue aspirazioni. Questo rappresenta per me un paradosso e, allo stesso tempo, definisce perfettamente il mio ruolo. Il compito è di manifestare la tua visione artistica imponendoti rigide limitazioni e scoprendo metodi creativi per superarle. Significa narrare efficacemente una storia rimanendo entro i limiti di budget; realizzare un film che intrattenga e che il pubblico desideri vedere e rivedere.

Da regista indipendente, potresti sentirti diviso tra gli aspetti "commerciali" e "artistici". Da un lato, le restrizioni finanziarie possono sembrare soffocanti; dall'altro, la tua creatività offre una via di fuga. Ti trovi a sognare in grande, magari immaginando un progetto da un milione di dollari, ma disponi solo di $50.000. Mantenere questo equilibrio, unire arte e business, è una sfida che si affina con l'esperienza. Con ogni film prodotto, acquisisci maggiore padronanza e sicurezza. E se riesci a preservare la tua determinazione, senza lasciarti abbattere dai fallimenti, il tuo percorso sarà in continua crescita. Presto imparerai a fondere la tua intuizione commerciale con la tua creatività, utilizzandole in sinergia per creare opere sempre più raffinate, nel rispetto dei tempi e del budget.

Acquisisci Esperienza

Oggi non serve essere imprenditori esperti o estremamente ricchi per produrre e vendere un lungometraggio commerciale. Il mercato offre molti libri che insegnano ai cineasti l'arte del cinema indipendente, guidandoli attraverso ogni fase del processo: dalla scrittura alla produzione, dalla raccolta fondi alla regia, fino al marketing e alla vendita. Tuttavia, dopo aver letto diversi di questi testi e aver prodotto il mio film, ho constatato che pochi mi hanno veramente preparato a ciò che avrei affrontato. La maggior parte si concentra sulla teoria o sui "giorni sul set", trascurando l'aspetto pratico e commerciale dell'essere un regista indipendente.

Questo libro ha un obiettivo preciso: fornirti le conoscenze necessarie per realizzare e vendere il tuo film, sia che tu lo proponga a un distributore durante un festival, sia che lo venda direttamente al pubblico. L'esperienza sul campo è insostituibile e l'unico modo per ottenerla è immergersi nella realtà della produzione. Tuttavia, avendo una buona base teorica prima di iniziare, aumenterai le tue possibilità di successo. Imparare dalle esperienze altrui può infonderti fiducia e aiutarti a risparmiare tempo, denaro e sforzi.

Questo libro si dedica all'esplorazione dell'approccio fai-da-te più efficace per portare il tuo film dall'idea alla vasta distribuzione, assicurandoti premi, recensioni entusiasmanti, attenzione dei media e una solida base per il tuo prossimo progetto. Ti guiderà attraverso il viaggio completo della realizzazione di un film: dalla scintilla iniziale della creatività fino al successo delle vendite internazionali, coprendo sceneggiatura, pianificazione, pre-produzione, post-produzione, e ogni aspetto pratico come la gestione finanziaria, le assicurazioni, i permessi, la risoluzione dei problemi e le strategie di marketing e social media.

Raccolgo qui ogni insegnamento appreso sul campo e tutte le conoscenze che avrei voluto avere quando muovevo i primi passi nel cinema indipendente. Se sei sul punto di immergerti nel mondo affascinante ma impegnativo del cinema a basso budget, troverai in queste pagine consigli indispensabili che potrebbero davvero fare la differenza.

Qual è il Tuo Sogno?

Ci sono molti modi per definire il "successo" in questo settore. Per alcuni, è denaro, fama e riconoscimento, e più ne hanno, più si sentono realizzati. Per altri, è la possibilità di fare film di professione, di generare abbastanza entrate dai loro film da potervi vivere e utilizzare i ricavi per fare altri film fino a morire sul set. Per altri ancora, è il lascito – ciò che lasciano alle future generazioni. Per alcuni, è arte, mentre per altri è solo un affare. Le persone lo definiscono in modi diversi, e sono sicuro che sarai d'accordo sul fatto che nessuna di queste persone è "sbagliata". Non c'è giusto o sbagliato quando si tratta della tua definizione personale di successo, ma è molto importante che tu ne abbia una. Senza sapere cosa costituisce il successo e mirare i tuoi sforzi per raggiungerlo, potresti finire per scoraggiarti, anche se sei più vicino al tuo obiettivo di quanto ti rendi conto. Quindi, lascia che ti dia il tuo primo pezzo di "compito cliché". Voglio che tu scriva il tuo scopo su un pezzo di carta; scrivi il tuo "sogno" e sii specifico. È denaro in banca? La possibilità di lavorare al fianco dei tuoi attori preferiti? O è quella statuetta dorata nel tuo soggiorno? Qualunque sia il tuo scopo in questo settore, qualunque sia il tuo obiettivo finale, dovresti esserne consapevole e agire quotidianamente per raggiungerlo.

"Quando ti viene data un'opportunità, consegna l'eccellenza e non mollare mai".
~ Robert Rodriguez

*   *   *

La Passione Vince la Partita

Realizzare film non è l'impresa più facile del mondo, né è veloce, economica o passiva. Il processo di scrittura, regia, produzione, distribuzione e marketing di lungometraggi è ambizioso e ci vuole tempo, pratica e dedizione per avere successo in questo settore. Quindi, è ovvio che molti si avventurino in questo settore con speranze e sogni di successo, solo per lasciare la partita prima di avere la possibilità di vincerla. In altre parole, vedono quanto sia difficile, si frustrano per i rifiuti e si arrendono - e non li biasimo. Questo è un business difficile, ma d'altra parte, lo stesso si può dire di qualsiasi business. Ogni cineasta esperto ti dirà che la più grande differenza tra le persone che vincono e quelle che perdono in questo gioco è la passione. La passione è un'ossessione, è energia, è un senso di scopo. È quella cosa che ti spinge a fare un film fin dall'inizio, è ciò che ti dà la forza di perseverare, ti dà un senso di eccitazione; ti impedisce di scoraggiarti e ti aiuta a mantenere il tuo vigore mentre vieni respinto ancora e ancora e ancora. La passione è il "carburante" che ti terrà in questo gioco abbastanza a lungo da vincerlo e ti motiverà a migliorare la tua arte con ogni nuovo progetto su cui lavori. Penso che la domanda fondamentale che ogni cineasta dovrebbe porsi sia: "Ami davvero i film?". E se la risposta è sì, allora non puoi fare a meno di fare un film; il mondo non può fermarti.

Mira a uno Standard Superiore

"Qualità" è una parola interessante perché non penso che possa essere facilmente definita. È tuttavia facilmente osservabile. Puoi distinguere una cattiva qualità dell'immagine da una buona; puoi dire la differenza tra un suono di bassa qualità e uno di alta qualità. Esistono standard di qualità facilmente osservabili da quasi ogni persona che sa come dovrebbe apparire e "suonare" un film. Questi sono i tuoi "standard base", qualcosa che puoi vedere e giudicare immediatamente senza prospettiva o una comprensione del film nel suo insieme. E poi ci sono standard di qualità che non sono facilmente osservabili, standard che richiedono un investimento di tempo, e questi sono i tuoi "standard analitici". Quindi, se la qualità dell'immagine e del suono di un film si riferisce allo standard base, allora la qualità della storia stessa, dei personaggi e della narrazione sarebbe lo standard analitico. A prima vista, il 95% del pubblico sarà in grado di decidere se vuole guardare il tuo film (o meno) se soddisfa o supera il loro standard base. Se la qualità del tuo film non è cattiva, se è ben montato, ben recitato e ben diretto, potrebbe suscitare l'interesse di molte persone e spingerle a investire i loro soldi e il loro tempo per guardarlo. Più il tuo film supera lo standard base della persona media, maggiori sono le possibilità che il pubblico sia interessato a guardarlo. Il lavoro di un critico cinematografico è dirti se un film aderisce al loro standard analitico personale, e questi standard variano da persona a persona. Persone diverse amano cose diverse e, sebbene ci sia un grado di consenso su ciò che costituisce una buona storia, una buona trama, un buon personaggio, ecc., c'è sempre una variazione, ed è per questo che è piuttosto raro avere una pura valutazione dello 0% o del 100% perfetto su Rotten Tomatoes. Ci saranno sempre persone che odiano un film che ad altre piace, e ci sono molti film realizzati oggi con centinaia di milioni di dollari che hanno superato di gran lunga il tuo standard base. Sono belli da vedere, le immagini sono spettacolari e l'aspetto tecnico del film rasenta la perfezione; tuttavia, alcuni di quegli stessi film non aderiscono agli standard analitici della maggior parte delle persone. In altre parole, la storia fa schifo. Ma anche quei film avranno i loro ammiratori.

Non ho problemi a guardare un film girato con un iPhone, purché la qualità dell'immagine e del suono non sia scarsa, ma c'è una condizione per questa tolleranza. Per suscitare il mio interesse e farmi spendere soldi e due ore della mia vita a guardare un film girato con un iPhone, deve avere un contenuto davvero eccezionale. In altre parole, deve aderire ai miei standard analitici personali, che sono molto elevati, ed è qui che entrano in gioco i critici cinematografici. I critici cinematografici sono lì per dirmi se un film è probabile che aderisca ai miei standard analitici personali, quindi tendo a considerare il punteggio su Rotten Tomatoes come "la probabilità che ti piaccia questo film". Ed è questo, in ultima analisi, il messaggio che sto cercando di trasmetterti: nell'industria cinematografica, il contenuto è re! E il tuo standard dovrebbe essere alto e aumentare con ogni film che realizzi. Quindi, se non hai accesso all'attrezzatura che renderà il tuo film fantastico dal punto di vista visivo e sonoro, è meglio che offra una storia davvero ben raccontata. E che il tuo film sia stato girato con l'Arri Alexa o l'Apple iPhone, la sua qualità sarà definita dalla maniera in cui tutti gli elementi diversi si uniscono e si mescolano in un unico prodotto coerente, dall'inizio alla fine. La qualità dell'immagine, la qualità del suono, la qualità della scrittura, la qualità del montaggio, la recitazione, il ritmo, la regia e l'illuminazione vengono tutti presi in considerazione e giudicati da individui e critici. Il tuo obiettivo dovrebbe essere di migliorare la tua arte con ogni nuovo progetto che intraprendi; in caso contrario, rischi di rimanere fermo senza fare progressi. Non c'è niente di male a realizzare film di serie B, film guerrilla a basso budget e film che mancano di un certo standard, soprattutto se ciò è fatto intenzionalmente.

Ma se stai cercando di progredire verso qualcosa di più grande o di padroneggiare l'arte dei film di serie B, dovrai puntare a uno standard più elevato con ogni nuovo film. Sii critico con te stesso, valuta il tuo prodotto e concediti la giusta dose di autocritica per motivarti a migliorare (troppo poco non ti farà avanzare e troppo ti fiaccherà lo spirito). L'obiettivo finale è tenere a mente questo: quando hai finito uno script, criticalo, poi miglioralo; quando hai terminato una scena, criticala, poi migliorala e rigirala; quando hai completato un montaggio o un'edizione, criticali, migliorali e continua finché non raggiungono il tuo standard. Una volta che avrai preso l'abitudine di essere positivamente critico nei confronti del tuo lavoro e di fissare un livello più alto per te stesso, la qualità del tuo lavoro migliorerà e i tuoi film verranno notati. Per essere completamente onesti, se hai realizzato un capolavoro, come un vero capolavoro cinematografico, quasi ogni festival cinematografico lo accetterà, ogni distributore lo vorrà e il pubblico accorrerà a vederlo. Ma ciò accade raramente con il tuo primo film indipendente a basso budget. Quindi, eleva i tuoi standard e sforzati di rendere i tuoi film migliori.

Impegno Sotto Contratto

In fin dei conti, più pratichi, migliore diventi. Io credo fortemente nella strategia del 'fallo'. Esci, prendi un iPhone e un attore, e filma qualcosa di buono, qualcosa che sia divertente, qualcosa che valga la pena vedere. Impara a scrivere, dirigere, operare la telecamera, montare e calibrare i colori del tuo film. Dedica tempo a migliorare la tua tecnica, combina la conoscenza teorica con l'esperienza pratica per ottenere risultati migliori con ogni nuovo progetto che intraprendi. Ci sono persone là fuori che stanno ottenendo risultati, e oggi praticamente chiunque ha accesso a una telecamera 4K di alta qualità. Questa è decisamente la strada più efficace se vuoi impegnarti nella professione e diventare un regista a tempo pieno. Realizza un cortometraggio al mese finché non avrai le competenze, i contatti e la fiducia necessari per avanzare al livello successivo. Impegnati. Potrebbe essere la realizzazione di un cortometraggio 'a costo zero' al mese, di un lungometraggio all'anno, ma potrebbero anche essere tre ore di scrittura giornaliera, un'ora di studio o qualsiasi altra cosa. L'importante è impegnarsi per qualcosa, e una volta che ti impegni, devi far succedere. Esci e filma, fai film e ripeti.

Mantieni un Diario

Uno dei motivi per cui oggi posso scrivere questo libro è perché tengo un diario dettagliato di tutto ciò che faccio bene e di tutto ciò che faccio male su ogni set di film in cui sono coinvolto. Ogni errore sul set viene registrato; ogni volta che ho usato la creatività per risolvere un problema e ogni passo che ho compiuto lungo il percorso è ben documentato. Prima di intraprendere un grande progetto, di solito riesamino le mie note dai progetti precedenti. Scrivo le lezioni apprese nel lavorare con gli attori e gli errori che ho commesso nell'esporre un certo tipo di telecamera; annoto errori che rubano tempo e documento tutto ciò che accade sul set del mio film. È una pratica che non posso che consigliare. Tenere un diario cinematografico privato è un ottimo strumento che ti aiuterà a migliorare la tua tecnica, ed è un modo infallibile per evitare di ripetere gli errori del passato. Leggerlo di tanto in tanto ti mette in uno stato d'animo di gratitudine e ti aiuta a mantenere un senso di prospettiva su quanto sei arrivato lontano e quanto ti sei divertito. Alla fine della giornata, lo scopo di un diario è ricordarti le cose fatte bene e le cose fatte male: è il riassunto della tua formazione ed è valsa la pena scriverlo e leggerlo di tanto in tanto.

Sii un Imprenditore

Una delle ragioni per cui molti cineasti indipendenti "falliscono" nei loro sforzi per fare film, costruire un pubblico e guadagnare notorietà è perché guardano al mondo del cinema come a una forma d'arte, che lo è assolutamente; tuttavia, anche i migliori artisti sanno che un dipinto bellissimo non esiste a meno che non ci sia qualcuno disposto a guardarlo. L'industria cinematografica è un'attività commerciale e, come qualsiasi altra attività commerciale, è necessario entrarvi con una comprensione di come funziona il business. Quindi, la prima cosa da tenere a mente è che stai per avventurarti nel "business" di fare, promuovere e distribuire film, che tu venda il tuo film a un distributore o lo distribuisca da solo. Il gioco è lo stesso.

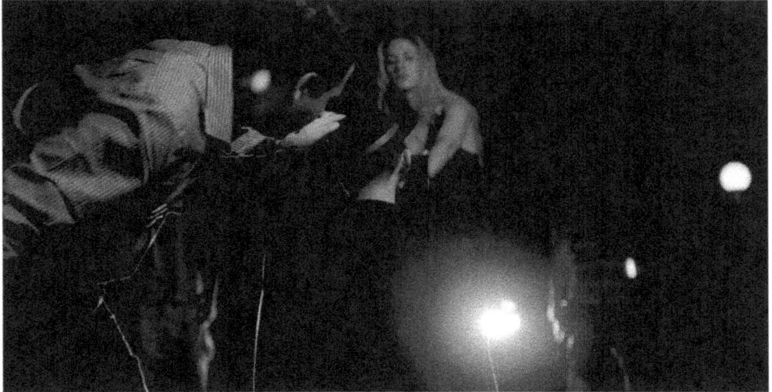

La direzione dell'inquadratura sul set di 'Pickings' con Elyse Price

"Se riesci a filmare un'idea nella tua mente, seguila quell'idea per ripresa, scena per scena, quell'idea merita di essere realizzata". ~ Craig Mapp

PARTE UNO
Sceneggiatura

Soprattutto - Sii uno Scrittore

I film sono l'unione di talenti artistici e conoscenze tecniche che, insieme, narrano tramite immagini in movimento; e mentre le competenze tecniche sono facilmente accessibili, è il talento artistico a essere un po' più difficile da trovare. E sopra ogni altro talento, secondo me, è la capacità di realizzare sceneggiature ben scritte che alla fine farà la differenza tra successo o fallimento in questo settore. Pensaci: quanti film brutti con grandi budget vengono realizzati ogni anno? E quanti di questi film con grandi budget sono realizzati da tecnici straordinari che padroneggiano le tecniche visive? Quasi tutti, ma sembra che ciò che manca in questi film sia una grande sceneggiatura, e questo perché i bravi sceneggiatori sono difficili da trovare.

Occorre vero coraggio per saltare attraverso una finestra di vetro mentre tutto il tuo corpo è in fiamme; occorre vera pazienza per lavorare con gli attori; occorre molta energia e creatività per illuminare una scena e un vero talento per mantenerla in video; occorre un orecchio allenato per gestire un mix e una straordinaria abilità per dipingere magistralmente un volto. Ma soprattutto, il processo di scrittura richiede TUTTO da te. Richiede tempo, è personale e può essere molto emotivo, e senza di esso nient'altro conta veramente. Ogni singolo artista e tecnico che lavora sul set di un film lavora con l'unico scopo di realizzare la parola scritta e metterla sullo schermo affinché il mondo la veda. La sceneggiatura è il fondamento del film, è il Santo Graal, è l'inizio di tutto, ed è l'arte che, a mio parere, dovresti dedicare più tempo a padroneggiare. Più diventi bravo nella scrittura, più diventi bravo a fare film e maggiore è la probabilità di successo in questa industria. Ci sono molti grandi registi che non sono scrittori, ed è un approccio che puoi seguire, ma penso che, come tutto il resto nel mondo del fai da te, se sai farlo da solo, risparmi tempo, denaro e risorse.

Le Idee Non Sono Trame

Quando ho iniziato in questo settore, ero ossessionato dall'"idea" di trovare buone trame. Pensavo che se avessi mai fatto un mio film, doveva avere una trama straordinaria, quindi ho speso molto tempo cercando di trovare idee interessanti, solo per imparare una cosa molto importante sulle idee: "Le idee sono piccole parti della tua trama; non sono la trama stessa". Quanti film brutti hai visto nella tua vita che erano basati su trame davvero interessanti? E quanti eccellenti film hai visto basati su idee molto semplici e banali? Le idee vengono integrate nella trama, nei personaggi e nello stile visivo mentre scrivi la sceneggiatura e si evolvono insieme ad essa. Quando qualcuno mi dice che ha "un'idea straordinaria per un film," significa essenzialmente che ha "un'idea straordinaria per una trama" – che non significa assolutamente nulla. Puoi avere la migliore idea di trama al mondo, ma ciò non significa che il film sarà di qualità o che verrà mai realizzato. Inoltre, possedere un'idea straordinaria non ha alcun senso se non sei uno sceneggiatore bravo. Se non sai scrivere una grande sceneggiatura, sarai costretto ad assumere uno sceneggiatore o a cercare di vendere l'idea alle case di produzione cinematografica. Se non puoi scriverla da solo, quale senso ha la tua "grande idea?". Se vuoi diventare un regista indipendente e fare film nel prossimo futuro, dovrai sederti e scrivere qualcosa. La GRANDE differenza qui sta tra uno sceneggiatore (qualcuno che elabora idee e mette la penna sulla carta) e una persona delle idee (qualcuno che cerca di trarre profitto dalle sue idee prematuramente senza fare alcun lavoro).

"Scrivere una sceneggiatura è la più preziosa tra tutte le arti cinematografiche. Sarebbe dovuta essere". ~ Hugh Laurie

Come Ottenere Profitto dalle Tue "Grandi Idee"

Se hai grandi idee per film nella tua testa, ma non sai scrivere, ti suggerisco di considerarlo come un segno dell'universo che dovresti prendere una penna e mettere giù le tue grandi idee su carta e imparare a scrivere. Scrivi una sinossi, continua con una sceneggiatura di 90 pagine, poi riscrivila, rendila perfetta, registrata presso il governo, deposita il copyright e mettila di fronte a persone che possono realizzarla, o realizzala da solo. A quel punto, non avrai più una grande idea; avrai una vera sceneggiatura che puoi far realizzare nel mondo reale. Il tempo e lo sforzo che metti nella tua idea straordinaria si ripagheranno alla grande, e sarai sulla strada giusta per realizzare qualcosa di concreto. La cosa triste è che molte "persone delle idee" in realtà non vogliono fare il lavoro; vogliono solo cercare di proporre le loro idee in giro. Quindi adotta l'approccio semplice e pratico che richiede solo onesto lavoro duro, perseveranza e determinazione: prendi la tua idea per il film e scrivila, trasformala in una grande sceneggiatura, e solo allora avrai la possibilità di far avverare qualcosa di concreto.

Non Lasciare Che "La Grande Idea" Ti Blocchi

Quando scrivevo "Prego" nel 2015, la mia "idea" era di scrivere un film che mostrasse cosa succede quando una notte di passione porta a una gravidanza accidentale con una persona poco sveglia. Ho subito riconosciuto, però, che la mia idea era tutto tranne che originale. In effetti, era stata fatta mille volte, un pensiero che mi è rimasto mentre scrivevo, dirigevo, producevo e infine rilasciavo il film ai festival. In quel momento, mi sentivo come se stessi facendo un errore; non riuscivo nemmeno a guardarlo, sono diventato risentito nei confronti di quel film e sono rimasto deluso con me stesso per essere un "regista poco originale". E poi è iniziato il circuito dei festival, e "Prego" ha vinto praticamente tutti i premi per cui era stato nominato, e sono stato bombardato di email e richieste di proiezione. L'ho pubblicato online, ed è diventato rapidamente virale, accumulando più di un milione di visualizzazioni su YouTube e venendo tradotto in cinque lingue. Il relativo "successo" di questo cortometraggio ha scatenato un dibattito nella mia testa sull'importanza della "idea originale", e presto ho capito quello che avrei dovuto sapere fin dall'inizio: è tutto una questione di qualità della sceneggiatura, non di originalità dell'idea! Ora, non ho dubbi che un'idea originale possa contribuire notevolmente all'esperienza complessiva di visione di un film, ma non dovrebbe impedirti di scrivere il tuo film. Si possono compiere miracoli con la più semplice delle idee una volta che padroneggi l'arte della sceneggiatura.

Le Migliori Idee Vengono Durante la Scrittura,
Non Prima dell'Inizio

Sebbene sia vero che "Prego" non fosse un'idea originale, ed è MOLTO lontano dall'essere un grande film, al suo interno ci sono alcune idee originali. Ad esempio, ho deciso di presentare il cortometraggio dal punto di vista della donna, qualcosa che sentivo non fosse stato fatto prima. Alcuni dei migliori scherzi nel film sono venuti nelle versioni successive, e l'idea di far buio nella stanza mentre ci immergiamo nel suo punto di vista è venuta fuori durante una revisione finale della sceneggiatura. Posso dire con completa fiducia che le migliori "idee" mi sono venute mentre riscrivevo la mia sceneggiatura (cioè mentre stavo lavorando/andando avanti/facendo cose), non prima di cominciare. Alcune persone decidono di non iniziare a scrivere fino a quando la grande idea non arriva come un lampo di ispirazione, credendo di dover avere l'idea prima di mettere mai penna su carta. Questo è, secondo me, il più grande contributo al "blocco dello scrittore", e ho scoperto che il solo rimedio è l'impegno costante.

Più scrivo, più idee mi vengono, e ciò migliora la mia capacità di discernere le grandi idee da quelle che non servono davvero alla storia. E quando sei immerso nel mondo che hai creato, le idee relative alla struttura, ai personaggi e all'aspetto visivo del film ti vengono in mente durante il giorno. Soprattutto quando non sei vicino a una tastiera o a una penna. Questo mi accadeva spesso mentre scrivevo il mio primo lungometraggio, "Pickings". Appuntavo le idee durante il giorno e cercavo di aggiungerle alla mia sceneggiatura durante le sessioni di scrittura.

Non Cercare di Reinventare la Ruota

Dai un'occhiata alla seguente sinossi: 'Una studentessa dell'ultimo anno delle superiori proveniente dal lato sbagliato della città desidera avventura, sofisticazione e opportunità, ma non trova nulla di tutto ciò nella sua scuola cattolica di Sacramento. Il nostro film segue l'ultimo anno della protagonista alle superiori, inclusi il suo primo amore, la sua partecipazione alla rappresentazione scolastica e, cosa più importante, la sua domanda per il college.' Questa è la sinossi ufficiale del film premio Oscar Lady Bird, e dovrebbe servire da lezione per chiunque pensi di dover avere una 'grande idea' prima di poter iniziare a scrivere un film. Le grandi idee in questo film sono emerse dagli sforzi dello sceneggiatore nel produrre un'opera originale, e sono integrate nella sceneggiatura, ma l'idea di base stessa sarebbe categorizzata come 'noiosa' al peggio o, al meglio, 'semplice'. Film come Lady Bird, The Florida Project, Before Midnight, Reservoir Dogs, Friday, Dazed and Confused, Dark River, Beast e Wild, per citare solo alcuni, sono la prova ultima, a mio parere, che una grande idea per la trama di un film è bello averla, ma in fin dei conti non significa niente. L'unica cosa che conta è 'la sceneggiatura' nel suo complesso, l'opera completa. È il tuo biglietto per realizzare un film straordinario, non la "grande idea per la trama".

Fare la Domanda Giusta

Dopo aver detto tutto quanto sopra, devi comunque sapere di cosa tratterà il tuo prossimo film, devi avere un'"idea". Quindi, come concepisci un film? Come sai quale storia giustifica il sacrificio dei prossimi anni della tua vita? Ci sono due domande, quando poste, che ti daranno la risposta che cerchi: (a) Che tipo di storia voglio raccontare, e (b) perché ho bisogno di raccontare quella particolare storia? Potrebbe sembrare un'ovvietà, ma queste due domande sono la forza trainante che ti spingerà a lavorare instancabilmente nei prossimi uno-tre anni mentre ti dedichi al tuo prossimo lungometraggio. Un buon film nasce dall'interno, è "personale" per il regista, ha un significato per te. E secondo me, l'unica cosa che conta nel cercare la prossima idea per un film è che tu abbia un collegamento emotivo o personale con essa. Devi avere una buona ragione per farlo. Fare un film per il solo gusto di farlo è una perdita di tempo e denaro per tutti, ma fare un film che è importante per te è qualcosa che non passerà mai di moda. Questi sono i tipi di storie che persistono e lasciano un'impronta sulle persone. Quella connessione, quella "importanza" è la tua dichiarazione di missione: è il motivo per cui hai scelto di realizzare questo particolare film, e ti farà superare innumerevoli difficoltà di produzione. Se sei un immigrato, scrivi una storia su un immigrato (letteralmente o sotto forma di allegoria); se hai perso un membro della famiglia o hai vissuto un trauma personale, quella è la storia che dovresti raccontare. Idealmente, il tuo prossimo personaggio dovrebbe lottare contro qualcosa che ti emoziona. Questo, secondo me, è la chiave principale per una buona idea.

Le trame Sono Interessanti,
I personaggi Lo Sono Di Più

Se crei una lista dei tuoi film preferiti di sempre, sono abbastanza sicuro che si allineerà con la lista dei tuoi personaggi preferiti di tutti i tempi. Le storie sono guidate dai personaggi, non dalle trame. Prendi il personaggio più noioso del mondo e cerca di imporgli la trama di Neo in Matrix e un film non sarebbe neanche la metà divertente. Al contrario, prendi Ron Burgundy di Anchorman e mettilo nella trama di Cinquanta sfumature di Grigio, e il film sarebbe un piacere da guardare. I personaggi sono cosa fa funzionare un film; sono il carburante che alimenta la storia, non il contrario. Concentra le tue energie sulla scrittura dei personaggi. Un buon punto di partenza sarebbe fare una lista dei tuoi personaggi preferiti di tutti i tempi; cosa ti attrae di questi personaggi? Quali sono le caratteristiche specifiche che li rendono interessanti? E come i filmmaker hanno fatto a farti simpatizzare con questi personaggi? Spesso faccio analisi cinematografiche quando mi trovo attratto da un personaggio in particolare; cerco di studiare la ragione all'interno di me stesso per cui mi piace, ammiro o sono affascinato da un personaggio.

Le Buone Idee Provengono dalla Ricerca

Il processo di scrittura di una sceneggiatura coinvolge sempre la ricerca, che sia guardare documentari o altri film, intervistare persone, leggere libri o semplicemente scoprire nuove informazioni su di sé. Quando si ricerca un argomento, si acquisiscono molte nuove informazioni sui personaggi che vivono in quel mondo e sulla tematica stessa. Non importa quanto bene si pensi di conoscere la materia: dedica del tempo alla ricerca di trame, personaggi, oggetti, periodi storici, scienza, stile visivo e altre opere di fiction. Costa quasi nulla e ripaga grandemente. In un'intervista per Playback di Kris Tapley, il regista Ryan Coogler ha affermato che molti elementi del film Black Panther sono nati dal suo viaggio in Africa come parte della sua ricerca, e sebbene tu non debba andare in Africa, puoi accedere a informazioni simili utilizzando il potere di Google, attraverso la lettura e interviste. Fai le tue ricerche!

Il Principio della Doccia

Ti sei mai chiesto/a perché le migliori idee tendono a venirti quando sei sotto la doccia? O perché da bambino/a la tua immaginazione era molto più attiva rispetto all'età adulta? Beh, la ragione è abbastanza semplice: le distrazioni e la mancanza di esse. Quando la tua mente è attivamente concentrata su un lavoro, la tua mente è focalizzata sul compito in corso. Ma quando non stai facendo nulla, il cervello permette a se stesso di distrarsi, vagare e sognare a occhi aperti. Ecco perché i bambini sono molto migliori di noi adulti in questo; possono prendersi il tempo di giocare e usare la loro immaginazione. Da adulti, abbiamo accesso a quel prezioso tempo di tanto in tanto: sotto la doccia, quando giochiamo a golf, quando facciamo una passeggiata al mattino, quando ci troviamo bloccati nel traffico e quando facciamo compiti che non richiedono un impegno mentale intenso. Quindi, quando ti manca l'ispirazione, metti le cuffie e fai una passeggiata di dieci minuti. Lo scopo di questa passeggiata è pensare attivamente a ciò che stai scrivendo, quindi torna a casa e rifletti, fai una doccia lunga o semplicemente rilassati per qualche minuto. Concediti del tempo per giocare con la tua mente, recitare una scena o visualizzare una sequenza senza alcuna pressione o limitazione. Questo è ciò che faccio a volte quando ho bisogno di ispirazione. Spero funzioni anche per te.

Le Buone Idee Provengono dalla Lettura

Sembra un cliché, ma è vero. Più libri leggi, più utilizzi la tua immaginazione, e più è facile concepire nuove idee. I libri, che siano sotto forma di romanzi, memorie o saggistica, sono un tesoro di buone idee e possono farti riflettere e stimolare domande sulle tue stesse idee. Tieni sempre a portata di mano un blocco note e prendi appunti su idee e pensieri mentre leggi; noterai che quel blocco note si riempirà piuttosto rapidamente. Trovo che il miglior rimedio è tornare alle basi: la lettura. Non fallisce mai. I libri sono anche strumenti eccellenti per aiutarti a 'visualizzare', e la visualizzazione è fondamentale per una buona scrittura e una buona regia. Tengo sempre una lista di lettura per ogni nuovo progetto su cui sto lavorando. Quindi, se non stai scrivendo su qualcosa, leggi libri sulla scrittura. Tra tutti i consigli in questo capitolo, questo è quello che farà la differenza più grande nella tua scrittura. Più libri, sceneggiature e contenuti letterari consumi, migliore diventi come scrittore.

"Trascorro la maggior parte dei miei giorni girovagando, lamentandomi di non avere idee, e sentendomi come se stessi camminando su un cavo".
~ Aaron Sorkin

L'ispirazione Arriva Dalla Musica

Tante volte sono uscito per strada, cuffie alle orecchie, musica a tutto volume, e quando una nuova canzone ha iniziato a suonare, ho immediatamente avuto un'idea per una scena, una sequenza, uno scatto, un momento del personaggio o una trama. Mi dispiace pensare di essere l'unico a farne esperienza, perché per me è dannatamente efficace. La prossima volta che ti senti bloccato o hai bisogno di ispirazione, esci a fare una passeggiata, metti le cuffie e ascolta nuova musica.

Scrivi una Storia Personale

Una delle cose di cui sicuramente sei esperto è la tua esperienza personale. Il mondo del cinema è pieno di grandi film che sono estremamente personali per le persone che li hanno scritti. *Da Lady Bird* e *The Big Sick*, dove la storia è ispirata o influenzata dall'esperienza personale del regista, a *The Pursuit of Happyness*, *Hidden Figures* e *The Wolf of Wall Street*, dove la storia si basa su un libro scritto dalla persona che ha vissuto queste esperienze. Il motivo per cui queste storie sono così buone è che i personaggi in esse sono generalmente gli stessi autori. In molti altri casi, la storia, le sottotrame e i personaggi possono essere ispirati dalla vita reale ma rimangono nascosti sotto una nuvola di finzione. Un buon esempio di questi tipi di narratori sono autori come J.K. Rowling, la cui profonda depressione ha ispirato la creazione dei "dementori" in *Harry Potter*; Jerry Siegel, che ha creato *Superman* a seguito del bullismo subito a scuola; William Moulton Marston, che ha creato *Wonder Woman* basandosi sulla sua esperienza personale con donne potenti; e più recentemente Larry David e Jerry Seinfeld, che hanno creato una serie TV in cui i personaggi e le trame sono basati sulle esperienze di vita effettive degli sceneggiatori. Ci sono molti, molti altri scrittori che hanno creato personaggi e storie popolari basati sulle loro esperienze di vita e li hanno nascosti bene all'interno dei confini della finzione e del genere in modo che non siano considerati "basati su eventi reali". Cerca di pensare a qualche evento di vita, trauma o catarsi su cui potresti scrivere, sia letteralmente che come allegoria; ogni essere umano ne dovrebbe avere almeno uno nel proprio arsenale.

"Prendi" dalla Vita Reale e Nascondilo Bene

Continuando con il concetto che le grandi idee, le trame e i personaggi sono ispirati da eventi veri, l'evento stesso non deve necessariamente avere a che fare con te o con le tue esperienze personali (a mio parere, è meglio se c'è un legame, ma non è necessario). Potresti facilmente decidere di basare il tuo film, la tua trama e i tuoi personaggi su altri eventi, persone o circostanze della vita reale che ti attraggono; la chiave è nasconderlo bene. Nel mondo della finzione, ci sono numerosi personaggi ispirati a persone reali (Adolf Hitler, Vlad l'Impalatore, Al Capone, Winston Churchill, ecc.). Stan Lee ha scritto Ironman come una versione di supereroe romanzata di Howard Hughes; i creatori di Batman, Bob Kane e Bill Finger, hanno basato il Joker sul personaggio di Conrad Veidt, Gwynplaine, dal film del 1928 di Paul Leni, L'uomo che ride. Alfred Hitchcock ha affermato che Norman Bates, il personaggio principale di Psycho, è stato direttamente ispirato dallo spacciatore di cadaveri Edward Gein; Don Draper della serie TV Mad Men era basato sul vero pubblicitario Draper Daniels; l'amata Betty Boop dei cartoni animati degli anni '30 si rifaceva alle movenze della cantante/attrice Helen Kane, e questi sono solo alcuni esempi. Grandi personaggi, storie e trame hanno a che fare spesso con ossessioni personali dello scrittore - cosa succede se raccontiamo una storia alla Romeo e Giulietta ambientata sul Titanic? Bene, è il film Titanic! Cosa succede se prendiamo Bonnie e Clyde e li trasformiamo in assassini seriali? Assassini Nati. Prendi una storia vera di cui sei ossessionato, cambia i personaggi e fictionalizzala.

"Quando sto scrivendo qualcosa, cerco di non analizzarla in quel momento, mentre la sto scrivendo."
~ Quentin Tarantino

Il Potere degli Esercizi di Scrittura

Amo gli esercizi di scrittura! Sono progettati per aiutarti a sviluppare le competenze necessarie per diventare un miglior scrittore. Ti sfidano a creare trame, personaggi, intenzioni e ostacoli eccezionali e possono spesso dare vita a nuove idee per film. Ti consiglio di fare almeno alcuni di questi 'esercizi di scrittura' ogni mese; non saprai mai che tipo di sceneggiatura o storia potranno ispirarti. Ho realizzato un cortometraggio chiamato 'Fine Dining' basato su una sfida di sceneggiatura nel 2017; sono strumenti potenti che ti aiuteranno a perfezionare le tue abilità di scrittura e, cosa più importante, a stimolare la tua immaginazione in modo costante. Risolvere problemi nella scrittura è una competenza che ti salva la vita. Ti consiglio di procurarti una copia di '150 Screenwriting Challenges' di Eric Heisserer, gli esercizi di scrittura al suo interno potrebbero cambiare il modo in cui scrivi. A mio parere, gli esercizi di scrittura sono il modo più rapido per diventare uno scrittore migliore e allo stesso tempo sono un generatore immediato di idee.

Scrivi Sulle Tue Ossessioni

Scegli un argomento di cui sei ossessionato: può essere qualsiasi cosa, dalle bambole gonfiabili agli hacker informatici, dai rapinatori di banche ai velocisti, dagli appassionati di birdwatching ai nazisti. Qualunque sia, deve essere qualcosa di cui sei ossessionato, qualcosa che ami o odi, qualcosa che conosci bene o desideri esplorare, qualcosa che trovi affascinante per qualsiasi motivo. Per esempio, prendiamo le bambole gonfiabili. Successivamente, scegli un personaggio esistente di cui sei ossessionato o che desideri esplorare o capire bene, diciamo Dirty Harry... Ora, tieni presente che quando scrivo Dirty Harry, non sto parlando di Dirty Harry; sto parlando di un personaggio ispirato a Dirty Harry in qualche modo. Quindi stai immaginando qualcosa nella tua mente? Un duro agente di legge sviluppa una relazione con una bambola gonfiabile... Lascia che questa idea si sedimenti. Va bene, dimentica Harry e la sua bambola; esploriamo alcune idee basate su questa formula di prendere un argomento e mescolarlo con un personaggio esistente che ti piace:

Tema = Gare clandestine illegali
Personaggi principali = Mad Hatter; Al Capone
Sommario = Un elusivo e psicotico pilota di auto da corsa illegale affetto da disturbo dissociativo dell'identità ruba la preziosa supercar di un famigerato mafioso e gareggia per la vetta.

Nuova idea

Tema = Hacking informatico
Personaggi principali = Sherlock Holmes; Zorro; Rapunzel
Sommario = Un detective privato assume un altruista hacker su cavallo bianco per rintracciare sua figlia scomparsa dopo che è in rete è stata trovata una recente foto di lei.

Nuova idea

Tema = New York City; Rimanere bloccati in ascensori
Personaggi principali = Babbo Natale; Ebenezer Scrooge
Sommario = Un miliardario recluso e tirchio con una cattiva reputazione rimane bloccato in un ascensore per due ore con un uomo allegro in viaggio per donare regali ai poveri e bisognosi la vigilia di Natale.

Queste sono solo idee improvvisate, non sono logline o sinossi, ma solo spunti. Puoi utilizzare questa formula per generare nuove e creative idee per trame basate su personaggi interessanti o argomenti che trovi affascinanti. Alla fine, sarà tuo compito assicurarti che l'equilibrio funzioni e che la storia valga la pena di essere raccontata, ma se la scrivi, sarai sorpreso da quante idee ti verranno in mente grazie a questo strumento. La pratica porta alla perfezione; prova a utilizzare questo approccio per scrivere una sceneggiatura per un cortometraggio.

Reinventare la Storia

Prendi qualsiasi evento storico che ti venga in mente. Potrebbe essere storia antica, storia moderna, storia greca o qualcosa che è accaduto nella tua città sei anni fa. Aggiungi un pizzico di creatività e ottieni una trama. Rivoluzionare la storia è un trucco di scrittura popolare a cui molti narratori si rivolgono per idee creative e ispirazione; puoi prendere un evento storico e cambiarlo in qualsiasi modo desideri. Dai casi di omicidio irrisolti al primo poliziotto afro-americano del LAPD, qualsiasi evento della vita reale può essere raccontato nel modo che scegli di raccontarlo. Hai la licenza creativa per scrivere su soggetti che desideri trattare, sia che siano basati su storie vere, ispirate a storie vere o storie vere sepolte dietro un'allegoria. L'universo e tutte le storie in esso sono a tua disposizione per la scrittura. L'unica regola è... "non essere noioso!". Troverai molte storie su Wikipedia, da pionieri a persone di cui non hai mai sentito parlare, eventi chiave, omicidi, sparizioni, cospirazioni governative e molto, molto altro. C'è tantissimo materiale. Devi solo trovarlo e avere una buona ragione per scriverlo.

Il Metodo del "E se..."

Questo è l'approccio che preferisco per concepire trame cinematografiche. Prendi qualsiasi circostanza, reale o immaginaria, e aggiungi un "E se..." ad essa. Per esempio, e se Winston Churchill avesse avuto una relazione con la sua assistente? E se Gandalf avesse avuto moglie e figli? E se gli esseri umani avessero invaso la Terra come una specie aliena? E se un uomo e una donna fossero costretti a passare tre giorni ammanettati l'uno all'altro bloccati come ostaggi? E se l'uomo più nerd del mondo cercasse di frequentare una supermodella? E se il ragazzo più figo della scuola si innamorasse di un emarginato senza amici? E se il miglior cantante country del Sud degli Stati Uniti fosse un immigrato pakistano con una bellissima voce e un amore per la musica country? E se un uomo strano vivesse all'interno delle pareti del tuo appartamento? E se il tuo vicino fosse un ricercato serial killer, ma avesse moglie e figli e vivesse una vita da favola dietro una recinzione bianca? E se una persona ultraconservatrice scoprisse che il coniuge era nato del sesso opposto? E se ti svegliassi nella metropolitana alle 2:00 del mattino, indipendentemente da dove ti fossi addormentato la notte prima? Il gioco del "E se" funziona! Scrivi cinque o dieci scenari del tipo "E se" e vedi quali idee ti vengono in mente.

L'Idea a Zero Dollari

Una parte significativa della comunità del cinema a basso budget è costantemente alla ricerca di idee eccezionali per film che possano essere realizzati con assolutamente zero soldi (o pochissimi). Esistono alcuni approcci comuni per la creazione di film a basso budget, che approfondiremo nei capitoli successivi. Per quanto riguarda le idee per la trama, quello che segue può costituire un solido punto di partenza:

1. Film Girati in Location Gratuite/Grandi Città
Following; Before Midnight

2. Film in Singola Location
Phone Booth; Friday, Buried; 127 Hours; Wreck

3. Film Girati in Tempo Reale
Silent House; Rope; Before Sunset

*   *   *

"Le buone idee sono comuni - ciò che è raro sono le persone disposte a lavorare abbastanza duramente per realizzarle." ~ Ashleigh Brilliant

*   *   *

Scegli il tuo tema

Ogni buon film realizzato ha un tema forte, ed è l'essenza della storia; è l'idea sovrastante che definisce e guida la tua storia, i personaggi, la trama e il dialogo. Devi essere in grado di concentrarti su un tema specifico per il tuo film e mantenerlo dall'inizio alla fine. Un tema può essere una lezione o il messaggio morale sottostante la storia. Ad esempio, uno dei temi chiave de "Il cavaliere oscuro" si trova nascosto in una specifica battuta di dialogo: "Alcuni uomini vogliono solo vedere il mondo bruciare". Il tema di "Harry, ti presento Sally" è "l'uomo e la donna non possono mai essere amici; il sesso si frappone sempre". Nel caso di Chinatown, "Puoi farla franca con l'omicidio se hai abbastanza soldi". Idealmente, dovresti essere consapevole del tema del tuo film fin dalle prime fasi e tenerlo presente mentre scrivi i tuoi personaggi e la trama.

Categorie di Temi

Mentre il tema del film può essere formulato come una domanda (il denaro può comprare la felicità?) o un'affermazione (alcune cose non possono essere comprate), il tuo tema deriva molto probabilmente da una delle seguenti categorie. Le tematiche più comunemente esplorate da romanzi, film e racconti sono:

- Uomo contro Natura – Storie che mettono l'uomo contro i poteri della natura. *(Jaws, 127 Hours, Jurassic Park, Cast Away, The Grey, Wild)*

- Perdita dell'Innocenza – Quando un giovane protagonista viene introdotto o gettato nella complessità dell'età adulta. *(Il Buio Oltre la Siepe, Toy Story 3, Pickings, L'Impero del Sole).*

- Uomo contro Se Stesso – Storie che esplorano conflitti interni, malattie, dipendenze, riti di passaggio, ecc. Spesso, questi film presentano il protagonista come il suo peggior nemico. *(Quasi Famosi, A Beautiful Mind, Wall Street, Silver Linings Playbook, American Beauty)*

- Vendetta – Storie antiche quanto l'umanità stessa. *(Oldboy, Kill Bill, Death Wish, Hard Candy, True Grit, C'era una Volta il West)*

- Uomo contro la Morte – Film che esplorano l'inevitabilità della morte e il modo in cui gli esseri umani vi fanno fronte. *(The Bucket List; The Fault in Our Stars; Me, Earl, and the Dying Girl; The Lovely Bones)*

- Film di Battaglia – Storie che ruotano attorno al conflitto fisico e alla battaglia, sia tra due individui, due nazioni, due mondi o due galassie. *(300, Saving Private Ryan, Avengers Infinity War, Il Signore degli Anelli, Pearl Harbor)*

- Uomo contro la Società – Storie in cui un individuo combatte contro le ingiustizie della società, le norme sociali o l'autorità. *(La Lista di Schindler, Fight Club, A Few Good Men)*

- Trionfo sull'Avversità – Quando lo spirito umano lotta per trionfare e quando un personaggio eccezionale si trova in una situazione difficile, hai una storia ispiratrice sul vero potere dello spirito umano. *(Forrest Gump, Le Ali della Libertà, Alla Ricerca della Felicità, The Blind Side, Rocky)*

- Storie d'Amore – Possono essere romantiche, tristi o strazianti, ma le storie d'amore toccheranno sempre le corde del cuore. *(The Notebook, Titanic, Before Sunrise, Shakespeare in Love)*

- Bene contro Male – Di gran lunga la categoria tematica più utilizzata in questa lista; c'è un cattivo che fa cose cattive e un eroe che si oppone per fermarlo. È il tema di quasi ogni film sui supereroi e il più antico della lista. *(Harry Potter, Il Signore degli Anelli, James Bond, Avatar, The Lion King, Shrek, Aladdin, Who Framed Roger Rabbit)*

-

Categorie vs. Categoria

Non c'è una regola che dica che una storia debba aderire a una singola categoria. Ad esempio, sono sicuro che hai notato che Il Signore degli Anelli appare due volte in quella lista, una volta come un "Film di Battaglia" e poi di nuovo come un film "Bene contro Male". Titanic può essere categorizzato come un incontro tra "Uomo contro Natura" e "Storia d'Amore", ecc. Lo scopo di questa lista è aiutarti a categorizzare meglio il tema del tuo film; il tema e la categoria serviranno come il DNA del tuo film e ti aiuteranno a guidare le decisioni che prendi lungo il percorso. Ti terranno concentrato e daranno al tuo film un senso complessivo di scopo.

Scrivi Ogni Giorno

Se decidi di sederti davanti alla tastiera e scrivere per 60 secondi senza fermarti, hai iniziato. L'unico modo per iniziare è sedersi e scrivere! E farlo tutti i giorni! Tutti hanno la stessa quantità di tempo disponibile in un giorno, e oggigiorno tutti hanno accesso a un computer, un tablet o un pezzo di carta e possono sedersi per dieci minuti, mezz'ora o un'ora e scrivere qualcosa. Sinceramente, mi sembra che questo sia spesso il più grande ostacolo per molte persone: sedersi e iniziare a scrivere le prime due righe.

Un buon modo per "costringere" te stesso a iniziare è creare una sorta di cerimonia attorno a questo momento. Preparati una tazza di caffè (o prendi una bottiglia di vino), prepara una playlist e fai partire la musica per metterti "nella giusta atmosfera". Trattalo come faresti con i tuoi altri passatempi preferiti, e presto diventerà parte di essi. E, anche se capisco che non tutti hanno il lusso di scrivere a tempo pieno, credo che dovresti impegnarti a scrivere almeno dieci o trenta minuti al giorno, al minimo.

Creare una routine quotidiana di scrittura è fondamentale se hai intenzione di andare oltre il semplice "sognare". Questa è la parte effettiva del lavoro, e non può essere sostituita. Se scrivi per almeno dieci minuti ogni giorno, è quasi garantito che quei dieci minuti si trasformeranno in un'ora o più, perché una volta che inizi a scrivere e i succhi creativi iniziano a fluire, non puoi fermarti. E se ti fermi, va bene così, hai comunque scritto dieci minuti, il che è meglio di zero. Inoltre, se mantieni la tua promessa di scrivere dieci minuti al giorno, è una pagina (o più) al giorno. E la pratica di scrivere una pagina al giorno ti darà la prima stesura di una sceneggiatura cinematografica in circa novanta giorni. Sono una persona abbastanza impegnata, quindi dire che non ho tempo libero sarebbe un eufemismo. Tuttavia, ho lo stesso riguardo per l'abitudine di scrivere come ce l'ho per fare la doccia, radermi e mangiare: devo farlo, e quando devi fare qualcosa, trovi il tempo per farlo. L'abitudine di scrivere per dieci minuti al giorno ti aiuterà a rimanere concentrato e a tenere vivo il tuo progetto nella mente. Ti salverà dall'insorgere della compiacenza, evitando che abbandoni le tue sceneggiature e che finisca in un blocco dello scrittore perpetuo. Quindi, scrivi ogni giorno, crea l'abitudine, impegnati e osserva le tue storie prendere vita.

I Vantaggi della Scrittura Fuori Casa

È fantastico scrivere a casa mia quando posso, ma ho trovato utile sperimentare la mia concentrazione durante la scrittura in vari luoghi per cercare ispirazione. Alcune volte alla settimana, esco per scrivere in bar, ristoranti, hotel, all'aperto; dappertutto posso accendere un iPad, davvero. Inserisco le cuffie e mi metto al lavoro; è molto terapeutico. Non solo mi costringe a scrivere per un lungo periodo consecutivo, ma è un fatto noto che essere all'aria aperta può favorire la fantasia e aiutarti a pensare più chiaramente. Ho un'attrezzatura completa con un iPad Pro e una tastiera di base; porto semplicemente questa attrezzatura con me e posso scrivere ovunque, su qualsiasi superficie, ogni volta che voglio.

Il Potere di un Registratore

Nel 2017, mi sono ritrovato in macchina con una giovane signora che non smetteva di parlare! Non stava parlando con me, intendiamoci, stava parlando al telefono con un uomo con cui era chiaramente arrabbiata, ma il suo ritmo, il suo modo di parlare, il suo stile e le sue maniere mi hanno ricordato un romanzo straordinariamente bizzarro di Elmore Leonard. La signora era arrabbiata per la mancanza di interesse dell'uomo verso i suoi amici, ma il modo in cui parlava era così avvincente che non riuscivo a evitare di essere ipnotizzato da quella conversazione. Tornato a casa, ho cercato di scrivere quella scena partendo da ciò che ricordavo, ma non riuscivo a trovare esattamente il ritmo, le maniere e il vocabolario che lei aveva usato. Da quel momento, tengo sempre un'applicazione per registrare sul mio telefono. Durante le sessioni di scrittura con gli amici o quando mi trovo in un luogo inaspettato, premo rapidamente il pulsante di 'registrazione'. Ogni volta che sento delle ottime battute di dialogo pronunciate nel mondo reale, sono a portata di clic sul mio telefono. Secondo me, l'abitudine di registrare e trascrivere conversazioni della vita reale ti aiuterà a diventare un autore migliore. E anche se i personaggi non conversano come le persone comuni, talvolta, ogni tanto, incontrerai una persona reale che parla come un personaggio incredibilmente fantastico di un film, e merita di essere studiata!

> *"Ami tutti i tuoi personaggi, anche quelli ridicoli. Devi farlo in qualche modo: sono le tue strane creazioni in un certo senso. Non riesco nemmeno a immaginare come affrontare il processo di concezione dei personaggi se li odi in qualche modo. Sembra assurdo." ~ Joel Coen*

*   *   *

Scrivi e Gira un Film Muto

"Il personaggio parla più forte delle parole" è qualcosa che ho sentito ripetere tante volte dagli insegnanti di recitazione e guru della sceneggiatura, ma non ci ho mai pensato troppo fino a quando ho iniziato a guardare i film muti e a leggere su registi che li hanno realizzati. Un libro che ricordo è "Hitchcock Truffaut" di Francois Truffaut. In esso, Alfred Hitchcock parlava del potere del cinema muto e di come gli abbia insegnato a "dirigere la telecamera e l'attore senza fare affidamento su informazioni verbali".

I film muti hanno il potere di rivelare le vere intenzioni di un personaggio, la sua malizia, gentilezza, le sue speranze e i suoi sogni, le sue paure e i suoi fastidi, senza mai pronunciare una parola. Il matrimonio tra l'attore, le sue azioni e la telecamera è tutto ciò di cui hai veramente bisogno per raccontare una storia efficacemente. E puoi dire quello che vuoi su Alfred Hitchcock, ma era efficiente. Attualmente sto lavorando a un cortometraggio muto chiamato "Rekindle Not". L'esperienza mi sta insegnando molto sulla narrazione efficace. Non ti servono risorse: basta prendere un attore, dargli un forte bisogno e porre davanti a lui qualcosa. Puoi girarlo con un iPhone; la qualità non conta poiché il suo scopo è puramente educativo.

Guarda Film Muti

Prima di girare un film muto, ti consiglio di sederti e guardarne alcuni. Ciò che imparerai è che non hai bisogno di molto per raccontare una storia avvincente. Tutto ciò di cui hai bisogno è un personaggio con un forte desiderio e qualcosa che glielo impedisce. Utilizzare il posizionamento dei personaggi per raccontare una storia senza parole è una competenza preziosa che pochi registi possiedono, ed è qualcosa che avrei voluto sapere prima di girare il mio primo lungometraggio. Sebbene sia vero che il dialogo abbia una funzione molto importante, dovresti anche essere in grado di raccontare una storia emotivamente coinvolgente senza doverci fare affidamento. Guardare e realizzare film muti alla fine miglioreranno la tua abilità come regista. Se non mi credi, prova a guardare la scena d'apertura del film Up!; è una vera lezione su come far piangere qualcuno in cinque minuti o meno senza dire una parola.

Sii Economico

Sia che tu pianifichi di scrivere, dirigere e produrre la tua sceneggiatura, venderla a una casa di produzione o proporla a tua madre e tuo padre per finanziarti, in fin dei conti, qualcun altro oltre a te la leggerà e questo va tenuto a mente mentre scrivi, specialmente quando si tratta di didascalie d'azione e della descrizione delle scene. Quando scrivi una sceneggiatura per un film che prevedi di girare con i tuoi amici in un magazzino, le regole sono diverse rispetto a quando scrivi qualcosa che prevedi di proporre a un agente o presentare a un investitore, quindi ti prego di tenerlo presente mentre mi dilungo. Ero solito scrivere lunghe didascalie d'azione e riempire la pagina con ricche descrizioni di ambienti, personaggi e situazioni prima di scrivere una singola parola di dialogo. Ho abbandonato quell'abitudine dopo che ho fatto la prima lettura per il mio primo lungometraggio e ho notato che ci sono volute più di quattro ore per leggere un film che sarebbe dovuto durare due ore. Il mio bisogno di "descrivere eccessivamente" tutto rubava tempo prezioso alle persone che erano lì per aiutarmi a realizzare il film. La descrizione delle scene e le indicazioni sceniche devono essere brevi e concise (leggi, per esempio, la sceneggiatura del film "Up!" e di "Gone Girl" per vedere come si scrive in modo economico). Un altro errore che ho commesso è stato scrivere scene di dialogo molto lunghe.

Avevo una scena che durava tredici minuti sulla carta in cui veniva presentato l'antagonista principale. Non era davvero necessario; ero semplicemente affascinato dal suono della mia voce. Avrei potuto raccontare la stessa storia e ottenere gli stessi risultati in quattro minuti. E alla fine è esattamente ciò che è successo. Abbiamo trascorso molto tempo sul set cercando di girare battute di dialogo che non sono mai state incluse nel montaggio finale; è tempo e denaro sprecato. Trai una lezione e impara a essere economico. Un altro grande problema con la scrittura di scene lunghe ed estese è che gli attori devono memorizzarle. Questo è abbastanza difficile nelle rappresentazioni teatrali, dove gli attori hanno diverse settimane per fare prove quotidianamente, ma sarà molto difficile durante la produzione di un film indipendente a basso budget che non ha risorse a sufficienza per un lungo periodo di prove.

Ricorda le Regole di "Intenzione e Ostacolo"

La fonte di tutto il dramma è il conflitto, e il conflitto si crea quando "A" necessita di raggiungere qualcosa di molto importante, ma "B" glielo impedisce. Dave necessita del suo lavoro per pagare le bollette, ma Bob sta cercando di farlo licenziare; Amy è innamorata di Dan, ma lui sta per sposarsi con Rachel; John deve disinnescare la bomba prima che scada il tempo, ma non sa dove sia nascosta, ecc. È tuo compito assicurarti che ogni scena, ogni personaggio e ogni storia rispettino le regole di intenzione e ostacolo. Il cuore della storia è il percorso che il nostro protagonista intraprende per superare quell'ostacolo e alla fine ottenere ciò che vuole (o no). Più c'è in gioco, più potente è la forza che guida il tuo personaggio. Quindi, che tu faccia un film come "Friday", in cui i personaggi vogliono sconfiggere un bullo del quartiere e ottenere abbastanza soldi per ripagare un pericoloso spacciatore, o che faccia un film come "Before Sunrise", in cui due persone si innamorano nonostante possa essere la loro unica notte insieme, c'è sempre un ostacolo. Quell'ostacolo dovrebbe farsi sentire durante tutto il film fino a quando non viene superato (o no). Naturalmente, puoi sempre adottare l'approccio narrativo di "Non è un Paese per Vecchi" e semplicemente tagliare al nero prima del...

Leggi le Sceneggiature (con un tocco personale)

"Leggi le sceneggiature" è qualcosa che sono sicuro tu abbia sentito prima; è il mantra del guru degli sceneggiatori dato a chiunque aspira a diventarlo. È qualcosa che si porta avanti da molti anni, e con buona ragione. Leggere sceneggiature ti darà un'idea, ti darà un'idea di come dovrebbe apparire una sceneggiatura. La maggior parte dei guru e degli insegnanti suggerisce di iniziare leggendo alcune sceneggiature di film classici ben scritti, e questi si trovano in quasi ogni libro di sceneggiatura: "Tootsie", "Harry, ti presento Sally...", "The Social Network", "The American President", "Glengarry Glen Ross", ecc. Tuttavia, sebbene sia un grande sostenitore di questa pratica, credo anche che ci sia un pezzo mancante in quel puzzle. Non ritengo che sia sufficiente leggere solo sceneggiature ben scritte (assolutamente dovresti), ma credo anche che dovresti aggiungere alla lista le sceneggiature dei film che ami. Se "leggere sceneggiature" ti dà un'idea di uno standard, allora "leggere sceneggiature di film che ami" ti darà un'idea del tuo standard personale e della tua voce unica. Leggere le sceneggiature dei film che ami (e che altre persone possono odiare) sarà comunque più utile che leggere le sceneggiature dei film che, personalmente, potresti non aver apprezzato guardare o film che non ti parlano ma sono nelle liste "da leggere assolutamente". Pertanto, se ritieni che "Austin Powers" sia un capolavoro cinematografico, quella è la sceneggiatura che dovresti leggere! Ti suggerisco di compilare una lista di dieci film che ami assolutamente! Cerca online e leggili, analizzali e cerca di capire perché li ami così tanto.

Trova la Tua Voce

Il guru della sceneggiatura Syd Field soleva esortare i suoi studenti a non condividere le bozze con nessuno, ma di esserne il critico più severo. Se vuoi trovare la tua voce come scrittore, devi ottenere la tua approvazione e costruire fiducia in te stesso prima di condividere il tuo lavoro con gli altri. Ognuno ha gusti diversi, e non tutti apprezzeranno la tua scrittura, anche se è straordinaria. Potresti essere nato con i poteri magici di scrittura di dialoghi di Quentin Tarantino o Aaron Sorkin, ma se condividi la tua bozza con una persona che odia Tarantino e Sorkin o semplicemente non ama molti dialoghi, la etichetteranno come "troppo verbosa" e distruggeranno la tua fiducia. Il tuo istinto naturale, se rispetti l'opinione di questa persona, sarebbe di rivedere la tua sceneggiatura per adattarla ai suoi gusti. Un grande errore! È il modo più veloce per uccidere la tua voce e diventare altrettanto insipido come qualsiasi altro cineasta di cui non hai mai sentito parlare o frustrarti nel processo e rimanere vittima del blocco dello scrittore. Ho fatto quell'errore anch'io quando ho iniziato, e puoi scommettere che non lo farò mai più. Tuttavia, detto questo, ho un gruppo selezionato di persone con cui condivido spesso le mie bozze, ma non per mancanza di fiducia nella mia scrittura, ma perché voglio ascoltarle recitare i miei dialoghi con la loro voce e giudicarne la qualità da solo. Sono fortunato in quel senso perché lavoro da molto tempo e ho costruito rapporti con alcuni attori meravigliosi che ammiro e rispetto. Ma ancora una volta, se amo un pezzo di dialogo che loro non amano, è probabile che ciò non influenzi la mia decisione di tenerlo o tagliarlo, soprattutto se è lì per una buona ragione.

C'è una tendenza tra le persone che condividono i loro script su gruppi di social media come Facebook e Internet in generale, una tendenza che non apprezzo. Quando condividi un logline, una bozza o un trattamento con qualcuno che non ha il tuo stesso interesse, la loro negatività può minare la tua creatività, mentre una positività superficiale può rivelarsi ancora peggiore. La domanda fondamentale che dovresti porre a te stesso è: come potrò mai trovare la mia voce se cerco l'approvazione degli estranei? Se hai letto abbastanza sceneggiature, se hai esercitato e padroneggiato la tua arte, sarai a un punto in cui avrai bisogno solo del feedback di una persona sulla tua bozza, te stesso. Ogni altro feedback dovrebbe essere cercato solo da persone coinvolte nel tuo progetto, o persone che sai avere interesse del film: gli attori, il regista, il produttore, ecc. Fai attenzione a chi decidi di mostrare la tua sceneggiatura e al modo in cui valuti i loro feedback

"Devi cercare di trovare la tua voce. Perché più aspetti per iniziare, meno probabile è che la troverai del tutto". ~ Robin Williams, L'Attimo Fuggente

*   *   *

Scrivi un Film o una Serie TV che Conosci

Scegli un film o una serie TV che conosci. Questo è uno dei trucchi più antichi del mestiere, ma lo raccomando con tutto il cuore. Scegli un episodio della tua serie TV preferita e guardalo alla fine della giornata, prima di andare a dormire. Poi, la mattina successiva, siediti e scrivi una scena da memoria. Sarai sorpreso da alcune battute di dialogo che ti sfuggiranno. Molte volte, finirai per 'inventare' scene e battute di dialogo per adattarle alla storia nella tua mente, e alcune di esse possono essere piuttosto buone. Ho sperimentato lo stesso con 'Tutti Amano Raymond', e il risultato è stato un breve film folle e stravagante su un marito e una moglie che discutevano sulla validità delle loro emozioni. Il bello di questo esercizio è che ti permette di lavorare con un personaggio che conosci bene e comprendi. Ho scritto una sceneggiatura, successivamente prodotta come cortometraggio, ispirata alla scena d'apertura di 'Pulp Fiction'. Questa sceneggiatura trae ispirazione dalla scena di Honey Bunny, con un piccolo twist; invece di due rapinatori che rinunciano ai colpi ad alto rischio e decidono di rapinare ristoranti, ho scritto Vlad Dracul e sua moglie Lisa nella scena, decidendo di uccidere e mangiare di nuovo persone. Ti invito a dare un'occhiata a 'Fine Dining' su YouTube quando ne avrai l'opportunità; è divertente, a dir poco. La produzione delle immagini ha impiegato circa quattro o cinque mesi, ma la sceneggiatura è stata il risultato di una sfida di scrittura molto simile a questa.

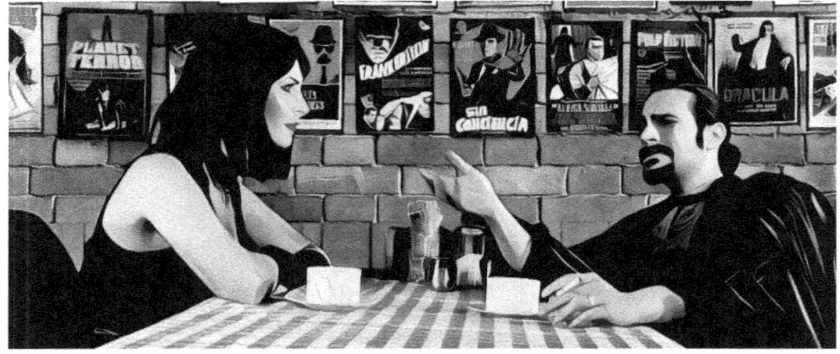

Elyse Price e Joel Bernard in "Fine Dining"

* * *

Non Aver Paura della Bozza Iniziale

C'è una grande differenza tra una bozza iniziale e una prima stesura. La bozza iniziale, secondo la mia opinione, è quella versione della scena, o della storia, o della battuta che nessuno vedrà mai a parte te; è la versione che passa direttamente dalla tua mente alla pagina senza filtri, riflessioni o correzioni. La prima stesura, invece, è quella che invii dopo aver dedicato del tempo all'analisi della tua storia e aver apportato alcune modifiche. Ci sono persone che pensano di non saper scrivere perché iniziano a scrivere una scena e sembra pessima, così gettano via la pagina e dicono: "Che cavolo! Non so scrivere!". È così che molte persone finiscono in uno stato di blocco dello scrittore, con trenta sceneggiature in sviluppo e nessuna che ritengono meritevole. L'unica cosa che ti separa dalla tua prima stesura è la volontà di resistere all'impulso di buttare via la brutta bozza iniziale. La chiave qui è scrivere. Anche se è brutto, banale, stupido e non ha senso, scrivi, poi leggi e scopri cosa non va, correggi, leggi di nuovo e correggi di nuovo; si chiama 'modifica' ed è una parte inevitabile del processo. Se continui a scrivere e cancellare e scrivere e cancellare, finirai in un loop che alla fine ti porterà a rimanere bloccato e a rinunciare.

"Scrivere la prima bozza di una nuova storia è incredibilmente difficile per me. Farò volentieri revisioni, perché una volta che vedo le parole sulla pagina, posso iniziare a modificarle e riorientare le scene. Ma una pagina bianca? Terrorizzante. Mi assale sempre l'ansia quando sto lavorando alla prima bozza". ~ Marie Lu

*   *   *

Attori, I Migliori Amici di uno Scrittore

Se non hai amici attori, fai di tutto per trovarli, poi includili nel tuo gruppo di collaboratori e inizia a condividere il tuo lavoro con loro; facci amicizia e circondati della loro presenza. Posso garantirti una cosa: ti cercano proprio come tu cerchi loro. Il mio consiglio è di prendere delle lezioni di recitazione o frequentare un teatro indipendente e distribuire biglietti da visita che dicono "regista", "sceneggiatore" o "produttore". Credimi, sarai la persona più popolare nel circuito. Ascoltare un attore che legge le tue battute ad alta voce è il modo migliore per comprendere quanto siano buone o cattive, la chiarezza delle tue indicazioni di scena e quale sarà l'effetto reale del tuo film quando un attore darà vita al ruolo scritto. Un altro grande vantaggio di avere amici attori è che puoi creare parti su misura per certi individui, il che renderà la qualità del tuo lavoro ancora migliore. Darà l'impressione che tu stia 'estraendo di più' dai tuoi attori, perché hai scritto la parte appositamente pensando a loro.

Dimentica il "Dono" del Dialogo

Il dialogo è uno di quegli argomenti di sceneggiatura su cui molti sceneggiatori fantasticano, sia con ammirazione che con frustrazione per la loro incapacità di padroneggiarlo. Per molti cineasti indipendenti, scrivere grandi dialoghi è un 'dono', riservato a pochi eletti. Il solo menzionare 'dialogo' porta alla mente registi che scrivono conversazioni accattivanti distinguendosi dal resto; i loro personaggi spesso pronunciano dialoghi intelligenti che sfiorano il geniale. Una rapida ricerca rivelerà che ogni regista noto per il suo 'dono' ha trascorso anni immerso nell'arte e nella tecnica della scrittura dei dialoghi migliorando la sua abilità nel tempo. Da Quentin Tarantino, che ha scritto quattro sceneggiature prima di realizzare 'Le Iene' e ha trascorso una buona parte della sua giovinezza lavorando in un videonoleggio, ad Aaron Sorkin, cresciuto nel mondo del teatro, guardando 'Chi ha paura di Virginia Woolf?' all'età di nove anni e innamorandosi del suono dei dialoghi. Sorkin ha scritto diverse opere teatrali prima di portare 'Codice d'onore' a Broadway, dove ha suscitato l'interesse di TriStar ed è diventato il suo esordio cinematografico. Lo stesso vale per David Mamet, che ha scritto diverse produzioni teatrali a Broadway e ha lavorato come insegnante di recitazione a Yale prima di entrare nell'industria cinematografica.

Pertanto, ti suggerisco di fare uno sforzo conscio per cancellare la parola 'dono' dalla tua mente perché ciò suggerisce un'esclusività a cui non hai accesso. Invece, cerca di capire che la maggior parte dei film che guardi e ami non è realizzata da questi pochi 'dotti' - ma piuttosto, sono creati da registi come te, che hanno praticato costantemente l'arte e la tecnica della scrittura dei dialoghi e hanno sviluppato le proprie abilità con ogni nuovo progetto realizzato. Non nego che ci siano persone che sembrano avere più facilità nell'apprendimento, ma ciò che questo significa per me è che chi non ha tale predisposizione dovrà impegnarsi di più per arrivare dove vuole andare... questo è tutto. Se dedichi del tempo a cercare di migliorare la tua abilità nel dialogo, la migliorerai; è semplice. Ci sono alcuni ottimi libri sui dialoghi che dovresti assolutamente consultare, quali 'How to Write Dazzling Dialogue: The Fastest Way to Improve Any Manuscript' di James Scott Bell, e 'Dialoghi. L'arte di far parlare i personaggi nei film, in TV, nei romanzi, a teatro' di Robert McKee. Tuttavia, in definitiva, il modo migliore per padroneggiare il dialogo è scriverlo, sentirlo, correggerlo e riscriverlo. La pratica rende perfetti.

Uccidi il Gatto

Una delle tante ragioni per cui "Il Trono di Spade" è stata una storia così notevole è perché non aveva paura di uccidere i suoi personaggi principali, o almeno di ferirli gravemente. Questa strategia è stata utilizzata dai narratori per secoli come mezzo per "alzare la posta", ed è una delle ragioni per cui molti critici cinematografici guardano con sdegno i film che presentano personaggi imbattibili che si gettano in combattimenti pericolosi ed emergono vittoriosi senza un graffio - sono noiosi! Con il passare del tempo e col pubblico diventa sempre più esigente, la richiesta di posta in gioco più alta è in aumento, e anche i film sui supereroi come "Avengers: Infinity War" riconoscono che la posta in gioco deve essere più alta affinché il pubblico rimanga coinvolto. Anche i personaggi amati possono subire danni o perdere la lotta; in altre parole, anche il gatto potrebbe non farcela! Si potrebbe perdere un occhio (Thor), essere ferito gravemente (War Machine), perdere i migliori amici (Guardiani della Galassia), e il nostro eroe potrebbe finire per morire (Logan).

Quindi, "Uccidi il Gatto" significa non avere paura di essere cattivo con i tuoi personaggi. Stabilisci l'impensabile (perdere un figlio, un lavoro, l'auto, un migliore amico) e poi consegnagli il peggio. Mostraci come i tuoi personaggi affrontano quella perdita, come elaborano il lutto, si riprendono (o no) ed emergono vittoriosi (o no). Non avere paura di uccidere la ragazza che amano ("Il Cavaliere Oscuro"), o svelare la crudeltà del mondo in cui vivono ("Bastardi senza gloria"), o costringere a tagliarsi un braccio ("127 Ore"), o farli pentire di ciò che non hanno detto ("Lady Bird"), o uccidere il proprio gatto, letteralmente ("The Grand Budapest Hotel")."

La Scomposizione delle Scene nel Trattamento

Mentre scrivevo 'Pickings', ho appreso un metodo che ha apportato un notevole contributo alla qualità del mio lavoro: la 'Scomposizione delle Scene nel Trattamento'. Realizzo una semplice tabella (come mostrato nella pagina successiva) e analizzo il mio copione scomponendolo scena per scena, battuta per battuta. Questo metodo contribuirà a ottimizzare l'efficienza strutturale del tuo film e fornirà una visione chiara del suo avanzamento film. Costituisce uno straordinario strumento analitico, permettendoti di monitorare il ritmo e lo sviluppo dei personaggi; ti consente di esaminare la struttura narrativa e massimizzare il potenziale di ogni scena. Per me, rappresenta un'alternativa all'applicazione di numerosi fogli al muro, offre più spazio per annotazioni, risulta più flessibile e mi consente di riorganizzare le scene a mio piacimento, mantenendo il ritmo inalterato.

Scena	Descrizione della scena	Ripartizione della scena	Scopo della Scena / Punti della Trama / Arco del Personaggio
S01	Scena d'apertura, presentazione di "The Truman Show" e del suo personaggio principale, il nostro protagonista, Truman.	1. Un'intervista in stile documentario con CHRISTOF che introduce Truman; MERYL (la moglie di Truman) e MARLON (migliori amici), tutti parlano alla telecamera in un'intervista documentaristica. Durante queste interviste passiamo in una stanza da bagno, dove TRUMAN (il nostro protagonista) sta parlando a uno specchio (lo specchio è l'obiettivo della telecamera) – **TITOLI DI TESTA: THE TRUMAN SHOW.** 2. Truman, ancora parlando a se stesso allo specchio, viene interrotto, è in ritardo. Esce.	1. Presentazione del protagonista, Truman - un uomo che ignora che la sua vita quotidiana sia registrata e trasmessa in tutto il mondo. 2. Presentazione dei personaggi principali, Christoph (il creatore/regista), Meryl (la moglie) e Marlon (il miglior amico). 3. Uno sguardo alle motivazioni di Christoph nel realizzare lo show: voleva creare qualcosa di reale, non fabbricato, qualcosa di onesto.
S02	Truman – Guidando verso il lavoro	1. Giorno 10,909 – Truman esce di casa, saluta i suoi vicini (tutti muniti di telecamere, vediamo le cose dal loro punto di vista); accolto da SPENCER e il suo CANE. Spiamo Truman tramite telecamere posizionate in varie location e scene lungo tutto il film. 2. Un enorme riflettore metallico cade dal cielo, schiantandosi a pochi metri da dove Truman è in piedi, proprio mentre sta per salire sulla sua auto. Lo raccoglie e guarda in su, meravigliato. 3. Guidando verso il lavoro, Truman ascolta alla radio una notizia riguardante un aereo che perde pezzi, l'annunciatore chiede al suo pubblico di ricordare i "pericoli del volo", Truman annuisce in accordo. Mentre Truman guida verso il lavoro, riveliamo LA CITTÀ.	1. Stabilire la routine quotidiana di Truman; ci torneremo più tardi. 2. Incidente scatenante #1 – Truman trova il riflettore. Senza sospetti. 3. Stabilire come lo show "manipoli" la sua realtà, il riflettore caduto porta a una menzogna ribadita su quanto siano pericolosi gli aerei; un motivo a cui torneremo. 4. Lo show ha creato un'intera città; vari personaggi conoscono tutti il suo nome e interagiscono con lui.

Ogni decisione che prendi nel tuo film dovrebbe mirare a ottenere un risultato e avere uno scopo. Questo modo di analizzare il tuo trattamento ti aiuta a definire lo scopo di ogni scena e a comprendere quali sono le motivazioni dei tuoi personaggi per la scena in questione. Questo si rivelerà estremamente utile una volta che inizi a lavorare con gli attori, quando emerge la temuta domanda 'qual è la mia motivazione in questa scena?'. Un altro strumento che trovo utile è la 'tabella delle emozioni chiave'. Una volta che ho il mio schema delle scene, lo passo in rassegna, scena per scena, e per ogni scena e ogni momento, mi chiedo: 'Qual è l'emozione chiave qui?'. Quali sentimenti dovrebbe suscitare nel pubblico in questo momento? È tristezza? Felicità? Paura? Tensione? Dovrei provare pena per un personaggio? Questa risposta può guidarti nella creazione della tua lista di inquadrature e a massimizzare il potenziale della scena nel suscitare emozione, che è ciò che comunque una buona scena dovrebbe fare.

Analizza le Bozze della Tua Sceneggiatura

Coloro tra voi che hanno esperienza nell'analisi di sceneggiature potrebbero aver posto la domanda: "I registi indipendenti a basso budget effettuano un'analisi approfondita della loro sceneggiatura prima di tuffarsi nella pre-produzione?". La risposta dovrebbe essere "sì!" o, perlomeno, "dovrebbero". Purtroppo, in troppi scelgono di immergersi nella realizzazione del loro primo film dopo aver completato solo la prima bozza, credendo che l'entusiasmo da solo renderà il loro film degno di nota. Potreste pensare che sto scherzando – ma non è così! Come persona che possiedo e gestisco una compagnia di produzione e distribuzione cinematografica, non vi posso dire quante prime bozze ricevo nella mia casella di posta in attesa di risposta – persone che mi inviano una bozza grezza di una sceneggiatura, sperando di farla realizzare sulla base del solo merito che è stata "scritta" o che è completata. Non vi posso dire quanti amici ho dovuto rifiutare dopo aver scoperto che la sceneggiatura che volevano che dirigessi era carente e che non avevano mai dedicato tempo a modificarla, rifinirla e migliorarla. Quindi, frequentate un corso di analisi cinematografica o di teoria del film, e se non volete spendere soldi, potete trovare molti strumenti di analisi cinematografica su internet (YouTube è un paradiso per questo tipo di cose, consiglio vivamente il canale YouTube "Lessons from the Screenplay", è fantastico!). Effettuare un'analisi della struttura narrativa della tua bozza può fare la differenza tra un ottimo film e uno scarso. Per me, frequentare corsi di analisi cinematografica e studiare i miei stessi film è stata una grande fonte di ispirazione e un ottimo mezzo di sviluppo personale. Analizzate ogni bozza quando è completata, prendete appunti e applicateli alla vostra prossima bozza.

Mostra, Non Raccontare

Nel 2018, durante una discussione sulla natura dell'esposizione con un gruppo di sceneggiatori, ho appreso e compreso meglio perché così tanti scrittori amatoriali si affidano spesso ad essa per trasmettere informazioni. Cos'è che rende il dialogo espositivo la scelta numero uno delle cattive sceneggiature? La risposta è che è "efficace". Lo scopo dell'esposizione è dare al tuo pubblico una panoramica di una situazione, introdurre personaggi, eventi passati e rivelare informazioni critiche sulla tua storia. Tuttavia, può anche rivelarsi molto noiosa e potrebbe distruggere il tuo film se non gestita con attenzione. L'esposizione può trasmettere informazioni tramite dialoghi abilmente scritti che la nascondono all'interno del loro stile ("Pulp Fiction", "Get Shorty"), tramite narrazione all'inizio del tuo film ("Coco", "Il Signore degli Anelli"), in una singola scena ("Chinatown", "Il Padrino"), in formato di testo o animazione ("Guerre Stellari", "Jurassic Park"), durante una sequenza d'azione intensa ("Terminator", "Matrix"), o tramite personaggi così vividi e divertenti da riuscire a mascherare quell'esposizione dietro una nuvola di fascino e capriccio ("Ritorno al Futuro", "Il favoloso mondo di Amélie", "Le avventure acquatiche di Steve Zissou").

Dando l'efficacia dell'esposizione nella trasmissione delle informazioni, questa viene spesso abusata da scrittori che mancano della sofisticatezza nell'uso del "sottotesto". Gli scrittori che si affidano all'esposizione per comunicare al pubblico come un personaggio pensa, si sente o cosa sta per fare sono di gran lunga i peggiori trasgressori, e mi delude molto ogni volta che vedo film piccoli e grandi affidarsi a quel tipo di esposizione per trasmettere informazioni al pubblico; questo approccio insinua che lo spettatore non sia abbastanza intelligente da pensare da solo. La chiave sta nell'approccio "2+2" alla narrazione. Andrew Stanton della Pixar ha descritto il suo approccio "2+2" alla narrazione in un TED Talk nel 2012. Quando vuoi trasmettere informazioni al tuo pubblico, la prima cosa da tenere a mente è l'approccio "mostra, non raccontare". La seconda cosa da ricordare è che non hai bisogno di dare al tuo pubblico un pezzo d'informazione importante subito; vuoi mostrare i pezzi che, messi insieme, daranno loro le informazioni necessarie per comprendere la trama. Vediamo un ottimo esempio di "mostra, non raccontare" tratto da uno dei miei film preferiti di tutti i tempi. Vediamo se riesci a individuare i punti in cui un pessimo scrittore avrebbe potuto facilmente far dire ai personaggi ciò che stanno provando:

* * *

Sam prende uno dei libri. Si intitola "La Ragazza di Giove". C'è un'illustrazione sulla copertina di una giovane principessa aliena con lacrime scintillanti sulle guance. Sam esamina gli altri libri nella valigia. Sembra leggermente perplesso.

SAM
Sono tutti libri della biblioteca. Nella mia scuola, è permesso prendere in prestito solo un libro alla volta. Alcuni di questi saranno sicuramente in ritardo.

Sam esita. Realizza improvvisamente qualcosa. Chiede senza giri di parole:

SAM
Li hai rubati?

Silenzio. Suzy annuisce con riluttanza. Sam
sembra confuso.

                    SAM
     Perché? Non sei povera.

Suzy fissa i libri. Spazza via distrattamen-
te un po' di polvere dai libri. Li riordina
leggermente. Dopo un po', dice infine:

                    SUZY
     Forse ne restituirò alcuni un
     giorno. Non ho ancora deciso. So
     che è sbagliato. Penso di averli
     presi solo per avere un segreto da
     custodire. In qualche modo, que-
     sto a volte mi fa sentire meglio.
Sam ci riflette su. Appoggia il mento al pu-
gno. Dice con tono serio:

                    SAM
     Sei depressa?

Suzy si morde le unghie. Si alza, facendo
spallucce.

                    SAM
     Perché?

Pausa. Suzy risponde con tono filosofico:

                    SUZY
     Beh, posso mostrarti un esempio,
     se vuoi, ma non mi fa sentire mol-
     to bene. L'ho trovato sul nostro
     frigorifero.

Suzy guarda nella sua cartellina di pelle
e ne sfoglia alcune pagine. Ne estrae un
piccolo opuscolo.

INQUADRA:
La copertina dell'opuscolo. Vi si trova il
disegno di una tazza da tè rotta e il titolo
"Come Affrontare il Bambino Molto Proble-
matico". Sam si corruccia e i suoi occhi si
allargano.

Moonrise Kingdom
WES ANDERSON

* * *

La Cura al Dialogo Esplicativo

"Il sottotesto" è il significato sottostante le parole che escono dalla bocca del tuo personaggio. Tutto ciò che il tuo personaggio dice dovrebbe avere un significato o portare un peso che ci dia un'intuizione sul modo in cui il personaggio stesso pensa, si sente, o in qualche modo aiuti a far avanzare la trama senza fare affidamento sull'esposizione. In altre parole, si ricorre al dialogo esplicativo quando non si ha una piena comprensione delle motivazioni del personaggio. Di solito, quando un personaggio in una sceneggiatura ben scritta ricorre all'esposizione, è per trasmettere informazioni importanti a un altro personaggio che non le possiede già. Le sceneggiature scritte in modo scadente, d'altra parte, usano l'esposizione per comunicare i pensieri e le opinioni del personaggio, oltre ad affermare fatti di cui i personaggi sono già a conoscenza, ma che necessitano di essere espressi esplicitamente per il bene di informare il pubblico. Qui entra in gioco la tabella che ho illustrato nella mia analisi del trattamento. Quando conosci le motivazioni del personaggio in una scena, quando hai una comprensione profonda del tuo personaggio, puoi scrivere il dialogo in modo che esprima ciò che sente e pensa senza dirlo esplicitamente. Per esempio:

* * *

PERSONAGGIO A
Stavi dando loro false speranze?

PERSONAGGIO B
No. Non lo stavo facendo.

PERSONAGGIO A
Bene. Perché allora non hai sollevato queste preoccupazioni prima?

PERSONAGGIO B
Perché tutta questa faccenda è ridicola e, francamente, una grande perdita di tempo! Quanto tempo ancora mi costringerai a stare seduto qui ad ascoltare le tue clienti mentire su di me? Non dovrei nemmeno essere qui adesso; dovrei essere nel mio ufficio dove guadagno di più e faccio più di te e delle tue clienti messe insieme.
  (pausa)
Sono più intelligente di te. Sono migliore di te…
  (pausa)
Sto cambiando il mondo, ed è qualcosa che questi parassiti succhiasangue non capiranno mai. Quindi, vaffanculo.

* * *

Questa è una scena priva di sottotesto. Il personaggio ha un solo pensiero in mente riguardo alla situazione corrente, che esprime in modo diretto e non filtrato, risultando poco creativo; in altre parole, *è noioso!* Riproviamo:

* * *

GAGE
Stava dando loro false speranze?

MARK
No.

GAGE
Perché non ha sollevato queste preoccupazioni prima?

MARK
(sottovoce)
Sta piovendo.

GAGE
Come, scusi?

MARK
Ha appena iniziato a piovere.

GAGE
Signor Zuckerberg, ho tutta la sua attenzione?

MARK
No.

GAGE
(pausa)
Pensa che la meriti?

                    MARK
Cosa.

                    GAGE
Pensa che meriti la sua piena attenzione?

                    MARK
Ho dovuto giurare prima di iniziare questa deposizione e non voglio commettere spergiuro, quindi
ho l'obbligo legale di dire di
no.

                    GAGE
Va bene. 'No.' Non crede che meriti la sua attenzione.

                    MARK
Penso che, se i suoi clienti vogliono salire sulle mie spalle e
chiamarsi alti, hanno il diritto
di provarci. Ma non è obbligatorio che mi piaccia stare qui
ad ascoltare le persone mentire.
Avete una parte della mia attenzione - una quota minima. Il resto
è rivolta agli uffici di Facebook,
dove io e i miei colleghi stiamo
facendo cose che nessuno in questa stanza, inclusi e soprattutto
i suoi clienti, è intellettual-
mente o creativamente capace di
fare. Ho risposto adeguatamente
alla sua domanda condiscendente?

GAGE osserva MARK con disinvol-
tura. MARK non incrocia il suo
sguardo, né quello di DIVYA, TY-
LER e CAMERON…

The Social Network
Aaron Sorkin

* * *

Sento molte persone porre la domanda" «Come faccio a imparare a scrivere un grande dialogo?". Ebbene, questa è la vostra risposta. La lettura di sceneggiature ben scritte da sceneggiatori di talento vi aiuterà a perfezionare la vostra capacità di scrivere dialoghi, ma capire il sottotesto è ciò che rende grande la scrittura di dialoghi.

Prendi un Grande Dialogo e Rovinalo

Un trucco interessante, che ho imparato da un insegnante di sceneggiatura, è effettivamente illustrato nell'esempio precedente. Prendi una scena davvero buona, con dialoghi davvero intelligenti, e riscrivila aggiungendo molta esposizione. L'obiettivo è prendere ciò che i personaggi stanno dicendo, ma, invece di essere astuti e nascondere il loro vero significato dietro il sottotesto, scrivi la scena senza filtri, in modo molto simile all'esempio precedente di "The Social Network". Questo esercizio ti darà uno sguardo approfondito nella mente di un personaggio ed è in realtà il modo più veloce per mostrarti la differenza tra le sue intenzioni e le sue parole.

"Amo scrittori come Elmore Leonard, che riescono a delineare un personaggio in tre o quattro righe di dialogo, così non hanno bisogno di pagine di retroscena o di goffe esposizioni". ~ Mark Billingham

Il Test dell'Esposizione - Un'Analisi Dettagliata

Come abbiamo stabilito in precedenza, ci sono vari tipi di trasgressori nel gioco del dialogo esplicativo. I peggiori sono quelli che raccontano di informazioni già evidenti sullo schermo o rappresentabili nell'inquadratura. Spesso, questo è il primo segno di un autore inesperto che non ha dedicato tempo a rielaborare il testo. Eccone un esempio: "Oh, mio Dio! Guarda! C'è una macchina che sta venendo nella nostra direzione, e stiamo per schiantarci!". Potrà sembrare ridicolo, ma sono certo che avete già notato alcuni di questi esempi, il che sottolinea proprio il mio argomento — si producono ancora film nel 2024 con personaggi che si esprimono così. I secondi peggiori trasgressori, molto più frequenti, sono quelli che raccontano cose già note ai personaggi (ma non al pubblico) con l'unico scopo di informare il pubblico di una nuova informazione. Un famoso esempio di questo tipo di dialogo esplicativo può essere trovato nel film d'animazione Disney "Big Hero 6" (sorprendentemente, perché il resto del film è in realtà piuttosto buono):

* * *

TADASHI
Cosa direbbero mamma e papà?

HIRO
Non lo so, sono morti quando avevo tre anni, ricordi?

* * *

Questo tipo di esposizione non rovinerà il tuo film, ma dimostra una seria mancanza di creatività e, a mio parere, è semplicemente pigro. Fatti questa domanda: come scriveresti esattamente la stessa scena? Oppure, troveresti un altro modo creativo per trasmettere la stessa informazione al pubblico?".

* * *

<pre>
                    TADASHI
        Cosa direbbero mamma e papà?

        Hiro non dice nulla, abbassa lo
        sguardo verso il pavimento. Si-
        lenzio. TAGLIO A: un'inquadratura
        di una vecchia foto di famiglia
        in bianco e nero; Tadashi incro-
        cia lo sguardo nella foto.
</pre>

* * *

Hiro non dice nulla, abbassa lo sguardo verso il pavimento. Silenzio. TAGLIO A: un'inquadratura di una vecchia foto di famiglia in bianco e nero; Tadashi incrocia lo sguardo nella foto.

Il Carattere è Definito dalle Scelte

Molti sceneggiatori esordienti cercano di delineare i personaggi dando loro molti dialoghi (anche io sono colpevole di questo). Ma il vero carattere emerge quando un personaggio "fa" qualcosa, non solo quando "dice" qualcosa. Si manifesta attraverso le scelte che fa, sia nella gestione dei conflitti esterni (la lotta tra il personaggio e una forza esterna) che nei conflitti interni (i personaggi e loro stessi). Come affronta il tuo personaggio gli ostacoli e le sfide nella storia? Che tipo di persona è? Ruba? Usa la violenza? Cerca di razionalizzare la situazione? Fa affari loschi, complotta, si incolpa o incolpa gli altri? Si dà all'alcol? Alle droghe? Scappa o affronta i problemi frontalmente? Prova a mettere il tuo personaggio dinanzi a una piccola sfida prima che il film inizi effettivamente per vedere quale strada sceglie per affrontarla. Le loro scelte li definiranno, rendendo più facile per te scrivere il loro dialogo e facendoli apparire più interessanti da guardare. Inoltre, tieni presente che i tuoi personaggi sono tuoi; sono creati dalla tua immaginazione, portano il tuo DNA e dovrebbero suscitare in te emozioni forti, proprio come farebbe una persona reale.

La Mia Opinione Sui Doctor di Sceneggiatura

I doctor di sceneggiatura, o revisori di sceneggiatura, sono un fenomeno interessante. Sebbene molti doctor di sceneggiatura rinomati svolgono un lavoro straordinario a Hollywood, spesso sono fuori dalla portata di cineasti a basso budget o indipendenti. Infatti, quando i cineasti indipendenti con budget limitato cercano revisori di sceneggiatura, spesso si interfacciano con qualcuno scarsamente qualificato per offrire consigli sulla loro sceneggiatura. Spesso non hanno mai scritto, riveduto o venduto una sceneggiatura, e in alcuni casi, non hanno alcun interesse nel leggere i materiali che invii loro. Secondo la mia opinione, la maggior parte dei "revisori di sceneggiatura accessibili" non rappresentano un buon investimento. Se cerchi un revisore di sceneggiatura accessibile, ti consiglio di iscriverti a un corso di sceneggiatura; sorprendentemente, studenti e insegnanti di questi corsi potrebbero leggere la tua sceneggiatura e offrirti un feedback onesto sui suoi punti di forza e sulle sue debolezze.

Concorsi di Sceneggiatura

Una volta che ti senti pronto a permettere ad altre persone di leggerla e criticarla, prova a presentarla a concorsi di sceneggiatura. Ci sono programmi straordinari e competizioni davvero eccellenti che ricompensano generosamente i vincitori con premi in denaro e visibilità. Se il tuo obiettivo è realizzare film per il mercato americano e costruire una reputazione negli Stati Uniti, ti consiglio di dare un'occhiata a concorsi come Austin Film Festival Teleplay & Screenplay Contest, Blue Cat Screenwriting Contest, Big Break Screenwriting Contest, Page Awards Screenwriting Contest, Slamdance, Sundance Screenwriters' Lab e Creative World Awards, tra gli altri. Se la tua sceneggiatura viene scelta, l'esposizione ottenuta potrebbe darti gli strumenti necessari per realizzare il tuo film più rapidamente. E se ciò non dovesse accadere, considera il lato positivo: hai scritto una sceneggiatura che puoi ora produrre e trasformare in un vero film.

Scrivi in Base al Tuo Budget

Se il tuo obiettivo è scrivere, dirigere e produrre i tuoi film, allora sarebbe inutile scrivere un progetto irrealizzabile con i tuoi attuali mezzi o che necessiti di uno sforzo considerevole di raccolta fondi. Ciò dipende chiaramente dalle tue competenze, dall'esperienza e dalla tua ambizione finale. Se hai talento negli effetti visivi, allora potrai (e dovrai!) sicuramente realizzare un film ricco di effetti visivi, ma se non conosci gli effetti visivi, che senso ha scrivere un film che ne sia dipendente? Creare un film realizzabile con i tuoi mezzi immediati semplificherà notevolmente le cose ora e farà sì che sia più probabile che il tuo film venga effettivamente realizzato quando avrai terminato la sceneggiatura (anche con soli $300 in banca).

Scrivi Con Ciò Che Hai a Disposizione

Restando fedeli all'idea di scrivere in base al budget, il regista Robert Rodriguez (Sin City, Desperado) suggerisce di scrivere una sceneggiatura che includa luoghi e oggetti a cui hai già libero accesso. Hai solo un appartamento? Fantastico! Scrivi una storia che si svolge nel tuo appartamento (Hard Candy, Friday, Rope). Hai una macchina? Ottimo! Perché non scrivere una storia su un uomo che prende un autostoppista psicopatico? Puoi girare tutto il film in macchina (vedi Tom Hardy in Locke). Vivi a New York City o in un'altra grande città? Fantastico: hai accesso al set cinematografico più grande del mondo, purché non blocchi il marciapiede e mantieni un approccio minimale - le autorizzazioni sono opzionali e gratuite! (Almeno a New York City, verifica il costo delle autorizzazioni). Puoi girare un film che si svolge per le strade di New York, Las Vegas, Chicago, ecc. - se sei abbastanza discreto e occupi poco spazio, potresti non aver bisogno nemmeno di un'autorizzazione (naturalmente, verifica le leggi locali!). Le opportunità sono infinite. Prendi ciò a cui hai accesso e inseriscilo nella tua sceneggiatura.

Nessun Film Viene Scritto, Viene Riscritto

Il principale motivo per cui esistono isceneggiature scadenti, secondo la mia opinione, è la mancanza di volontà da parte dello scrittore di mettere in discussione il proprio lavoro e riscrivere la bozza fino a quando non funziona. Una sceneggiatura scadente può essere piena di dialoghi scadenti, di un concetto difettoso e di una trama trascurata. Questi sono tutti elementi che possono (e dovrebbero!) essere migliorati con una riscrittura, a volte due, tre, quattro, dieci bozze o anche di più. Lo scopo di una riscrittura è di modificare il proprio lavoro, riscrivere i dialoghi dove non funzionano, correggere buchi nella trama o potenziarla, dare più vita ai personaggi e rendere ogni momento il più importante possibile. Fondamentalmente, rendere la cosa migliore possibile. Non essere uno di quegli sceneggiatori che inviano bozze grezze alle persone con l'idea che "è pronta!". Riscrivila, quindi modificala ancora e ancora, finché non raggiunge il tuo standard, fino a quando puoi leggerla e "sentire" qualcosa. Se è qualcosa al di sotto della tua definizione di incredibile, allora probabilmente non è ancora pronta per essere approvata.

Scrivi Alcuni Cortometraggi

Quasi ogni persona che vive nel mondo libero oggi ha accesso a una telecamera, che sia il tuo iPhone, Galaxy o la vecchia telecamera amatoriale di tuo padre. Quindi, se il tuo obiettivo è scrivere, dirigere e produrre un lungometraggio, dovresti prima realizzarne un paio. Siediti e scrivi una sceneggiatura che puoi permetterti di girare domani - non preoccuparti della distribuzione, di chi potrebbe vederla o di cosa penseranno le persone; semplicemente scrivila! Scrivere, dirigere e produrre un cortometraggio ti preparerà per il lavoro vero e proprio; è la migliore masterclass di cinematografia esistente, e l'insegnante è la vita stessa. Alla fine, è l'unico modo per acquisire esperienza nel mondo reale e diventare un regista legittimo. È l'unico modo per entrare in intimità con il processo. Nessun libro ti insegnerà mai ciò che potrebbe insegnarti un cortometraggio; questo è il punto fondamentale. Più film realizzi, migliore diventi nel fare film, e un cortometraggio è un mini film, non è vero? Quindi, perché aspettare? Chi ti sta impedendo? Impegnati ora a scrivere, dirigere e produrre il tuo primo cortometraggio entro la fine del mese. Inoltre, prova a iscriverti a delle sfide cinematografiche da weekend; sono incredibili!

C'è Solo una Regola

In passato, partecipavo ogni anno al New York Book Expo e ogni volta avevo l'opportunità di sedermi per alcune ore ad ascoltare autori famosi parlare del loro processo creativo. Ogni volta tornavo a casa con una prospettiva diversa. Recentemente, ho partecipato a un panel in cui la scrittrice Barbara Kingsolver discuteva del suo processo, di come le vengano nuove idee e di come affronta la scrittura i. La sua è un'esperienza personale straordinaria (positiva o negativa) e ha deciso di scriverne. Ha molte idee per la testa quotidianamente e sente il bisogno di concentrarsi su un'idea alla volta per evitare di perdersi nel processo di scrittura. Circa cinque minuti dopo, Nicholas Sparks prende il microfono e ammette il contrario: ha solo un'idea, e quando finisce di scrivere, pensa che sarà il suo ultimo libro, e poi – un'altra idea gli viene in mente; quando ha terminato un nuovo libro, non ha idea di quale sarà il prossimo. Allo stesso modo, Stephen King è uno scrittore molto disciplinato con una vera e propria routine di scrittura quotidiana. Aaron Sorkin, d'altra parte, no. Ammette di passare una buona parte della giornata guardando ESPN e cercando ispirazione; ogni scrittore lavora in modo diverso. Non importa qual è il tuo processo, l'unica cosa che conta è che, quando approvi una sceneggiatura, quella sceneggiatura deve attenersi a una sola regola, e una sola regola soltanto: "non essere noiosa". Questa è l'unica regola che non puoi infrangere. Tutto il resto: il tuo approccio, i tuoi metodi, il tuo stile, eccetera, sono flessibili. Non esiste un approccio giusto o sbagliato alla scrittura di sceneggiature, ma ci sono molte strade da percorrere, e ognuno affronterà l'arte in un modo diverso. La cosa interessante della scrittura è che impari di più su te stesso e sulla tua tecnica con ogni nuovo pezzo di materiale su cui lavori. Se vuoi sapere che tipo di scrittore sei, devi scrivere, e fare dell'atto di scrivere un'abitudine quotidiana e riscrivere finché non lo ritieni degno.

Software di Scrittura

Questo è un argomento molto dibattuto e non ha una risposta giusta o sbagliata. Ma poiché mi è stato chiesto più volte, "Che tipo di software usi per scrivere?", coglierò l'occasione per rispondere. Per me, l'applicazione che offre il miglior rapporto qualità-prezzo è Celtx, principalmente perché posso scrivere ovunque e riprendere da qualsiasi punto, e mi fornisce gli strumenti per analizzare la sceneggiatura, inserire la lista delle riprese, creare un programma, ecc. È una soluzione abbastanza semplice, anche se non priva di difetti. La maggior parte dei professionisti scrive su Final Draft - e anch'io l'ho usata per molto tempo, potrei tornare a utilizzarla una volta che avranno aggiornato la loro app per iPad (gran parte della mia scrittura avviene su iPad). Quindi, la risposta a questa domanda è irrilevante - se non potessi usare Celtx o Final Draft, scriverei il mio materiale su un documento Word.

Lo Scrittore è il Re

Non ho dubbi che la sceneggiatura sia di gran lunga il bene più importante che si possa avere nell'industria cinematografica oggi. Se non hai soldi, esperienza o contatti ma hai un capolavoro di 120 pagine in formato PDF, allora hai qualcosa che Hollywood desidera ed è disposta a pagare molto. Avrai quindi più facilità nel far leggere la tua sceneggiatura da agenti, produttori e registi e nel realizzare il tuo film. Una sceneggiatura straordinaria semplifica la vita. Ecco perché incoraggio le persone a concentrare le loro energie nell'acquisire conoscenze teoriche ed esperienza pratica nella scrittura, sopra ogni altra cosa. Questo è il motivo per cui penso anche che dovresti fare uno sforzo quotidiano e cosciente per migliorare la qualità della tua scrittura. Leggi sceneggiature, leggi romanzi, ascolta podcast e iscriviti a newsletter e blog che analizzano l'arte della scrittura. Scrivi ogni giorno, lavora per diventare un maestro del mestiere. È un obiettivo difficile da raggiungere, ma è il perseguimento dell'obiettivo stesso che rende la qualità del tuo lavoro attuale migliore della qualità del tuo lavoro precedente. E sarà ciò che determinerà la qualità della tua sceneggiatura e, di conseguenza, la qualità del tuo film.

Scrivi Tenendo a Mente la Distribuzione e il Marketing

L'artista dentro di te potrebbe essere tentato di pensare che creare una sceneggiatura con la parola "marketing" in mente sia una vendita disonesta, ma posso assicurarti che praticamente ogni film è stato creato tenendo in mente la commercializzazione. Ogni volta che uno studio cinematografico (grande o piccolo) produce un film, lo fa perché vuole avere un prodotto da vendere; la decisione di fare un film è una decisione commerciale, non artistica. E a volte questi film sono deludenti, mentre altre sono fantastici! La differenza tra deludente e fantastico non ha nulla a che fare con il piano di marketing dello studio o con la decisione di fare un film commercializzabile, ma è collegata esclusivamente alla sceneggiatura - il piano del film. Il punto è questo: puoi prendere una decisione commerciale per creare un film commercializzabile, ma ogni decisione che segue deve essere una decisione artistica, ed è lì che il tuo film prende forma. Non evitare di realizzare film su argomenti facilmente commercializzabili. Anzi, ti incoraggerei a tenere presente la commercializzazione del tuo film mentre lo scrivi. Prima riesci a pensare a come il tuo film verrà venduto e commercializzato una volta completato, meglio è. E una volta che hai preso la decisione commerciale di creare un film commercializzabile, digli al lato imprenditoriale di te di starsene buono per alcuni mesi mentre l'artista in te scrive la sceneggiatura.

La Tua Prima Lettura del Copione

Quando sono entrato in questo mondo, ero dell'idea che le letture del copione fossero riservate a film di grande budget e spettacoli televisivi, film realizzati da studi cinematografici o rappresentazioni teatrali, ma è solo perché non comprendevo il loro vero scopo. In teoria, dovresti condurre due letture del copione fondamentali: una dopo aver completato la seconda o terza bozza della tua sceneggiatura e l'altra durante la pre-produzione. La tua prima lettura del copione ha uno scopo molto importante: apre il tavolo (letteralmente) per una discussione sulla tua sceneggiatura. Risponde alle domande che potresti avere e consente alle persone (cui attribuisci valore) di darti un feedback sincero sulla qualità del tuo lavoro. I tuoi personaggi sono affini al pubblico? La trama ha senso? È emozionante? Noiosa? Troppo lenta? Troppo veloce? Quali sono alcuni dei suoi difetti? Cosa è piaciuto o non è piaciuto alle persone? Ci sono buchi nella trama? C'è qualcosa che non ha senso? Queste domande e molte altre dovrebbero trovare risposta entro la fine della tua prima lettura del copione. Quindi, dopo aver completato la seconda o terza bozza, invita un gruppo di amici, colleghi, attori e registi e chiedigli di dedicare due ore del loro tempo per sedersi con te e i tuoi amici a casa tua, bere del vino, mangiare qualcosa e leggere una sceneggiatura che andrà in produzione tra qualche mese. Tutto ciò che chiedi è che le persone ti diano un feedback onesto, un fatto che dovrebbe essere ribadito prima dell'inizio della lettura. Distribuisci moduli di feedback, offri degli snack e mostra la tua gratitudine per gli amici e i colleghi che sono venuti per te (non erano obbligati a partecipare, quindi il fatto che siano venuti è da apprezzare!).

Una volta terminata la lettura, prenditi il tempo per avere una discussione onesta sulla tua sceneggiatura. Quella discussione ti aprirà gli occhi su nuove idee e farà scaturire nuovi pensieri e interessanti prospettive; risponderà alle domande e ti darà una visione reale delle opportunità perse e/o degli obiettivi raggiunti. Te lo dico - ne vale la pena. La cosa migliore di queste letture del copione per me è che le persone tendono a darti feedback anche se non lo stanno scrivendo. Se la scena che hai scritto è divertente, le persone rideranno a crepapelle; se la scena è triste, la stanza diventerà istantaneamente silenziosa; se la scena è tesa, potrai sentirlo nell'aria. Una lettura del copione ti offre davvero un'idea di come si sentirà proiettare la migliore versione del tuo film a un gruppo di persone a cui tieni e di cui apprezzi le opinioni.

Pixar e Marvel sono entrambe conosciute per il fatto di organizzare riunioni del "Gruppo di Consulenza" ("Brain Trust" in inglese), durante le quali i filmmaker che hanno lavorato su altri film dell'azienda contribuiscono con feedback e offrono supporto durante tutto il processo. Leggi il libro "Creativity, Inc." per uno sguardo affascinante su cosa sia veramente un "Brain Trust"; cambierà il tuo approccio al mondo della creazione artistica.

La Parola Finale Sulla Scrittura

Proprio come qualsiasi altra abilità, la tua capacità di scrivere bene migliorerà nel tempo con la pratica. Più leggi, più scrivi e più assorbi la "scrittura", migliore scrittore diventi. Leggi sceneggiature, leggi romanzi, leggi articoli, leggi blog e guarda video su YouTube riguardanti il tema della scrittura; diventa ossessionato dalla scrittura, e il mondo ti mostrerà la strada.

"Le persone dicono, 'Quali consigli hai per coloro che vogliono diventare scrittori?'. Io dico, in realtà non hanno bisogno di consigli, sanno che vogliono essere scrittori e lo faranno. Quelle persone che sanno che vogliono davvero farlo e sono portate per questo, lo sanno". ~ R.L. Stine

*   *   *

Suggerimenti per Non-Scrittori

Il motivo per cui insisto sull'importanza di padroneggiare l'arte della sceneggiatura è che penso che essa apra tutte le porte giuste per i filmmaker indipendenti. Tuttavia, alcune persone hanno una grande visione direttoriale senza alcuna abilità nella scrittura o non nutrono il desiderio di scrivere; mentre questa parte del libro è rivolta ai filmmaker indie che scrivono le proprie sceneggiature. Ho pensato di prendere un momento per condividere il mio parere su come realizzare una sceneggiatura eccellente senza scriverla effettivamente tu stesso.

Adattare una Pièce Teatrale

Nel 2018, un amico attore mi presentò una pièce teatrale in cui aveva recitato quando era a scuola. Il tipo che aveva scritto la pièce mi suggerì di darci un'occhiata chiedendomi se fossi interessato ad adattarla per il cinema e girarla come cortometraggio. Ho letto la sceneggiatura e ho subito visto il suo potenziale cinematografico. Ho condiviso le mie idee e i miei pensieri con un gruppo di cari amici (tutti attori che avevano recitato nella pièce originale), ho ottenuto il permesso dell'autore per girare il film senza costi e l'ho girato in location a Queens. Attualmente, *"Dual Action"* è in post-produzione e farà la sua comparsa nei festival cinematografici nel 2019; è costato meno di $700.

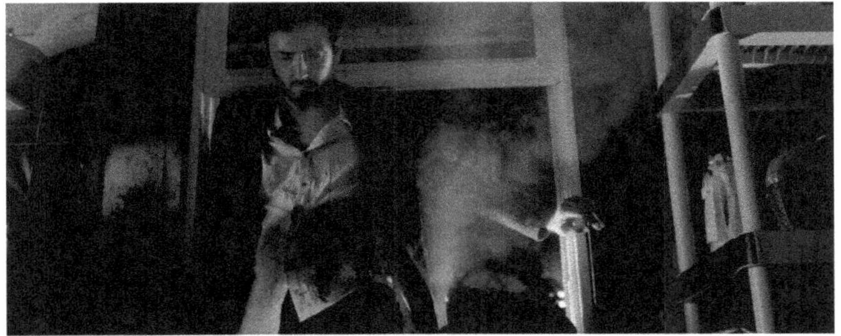

Skye Stracke in "Dual Action"

*   *   *

Filmare un Monologo

Negli ultimi anni, ho lavorato per migliorare le mie competenze di composizione attraverso app di effetti visivi come Adobe After Effects. Nel 2018, io Katie Vincent, mia stretta collaboratrice, abbiamo deciso di fare un breve film VFX che è stato interamente girato su green-screen. Il cortometraggio è fondamentalmente un monologo di cinque minuti sulla fine dei tempi, recitato da una sorta di regina bianca delle nevi, una creatura bella ma pericolosa risvegliata per mettere fine all'umanità coprendo la terra di neve e ghiaccio. È un'allegoria di come tormentiamo e abusiamo della Madre Terra e delle inevitabili conseguenze di quell'abuso che alla fine torneranno a perseguitarci. Abbiamo girato il tutto per meno di $500 (il costo del trucco e di una luce a LED che volevo comprare per me stesso), e i risultati sono incredibili. Non vedo l'ora di condividere tutto questo con il mondo.

Girare un Film Muto

Ho menzionato l'importanza dei film muti nei capitoli precedenti, ma voglio cogliere questa opportunità per ricordarti nuovamente che c'è molta potenza in un film muto. Puoi realizzare un vero e proprio cortometraggio muto o semplicemente un cortometraggio su un personaggio che non può parlare. La capacità di girare film muti migliorerà notevolmente le tue competenze di regia e ti darà una maggiore comprensione di come funziona il cinema, come muovere la telecamera, come muovere l'attore e come ambientare la scena. Non sono necessarie abilità nella scrittura di dialoghi.

Prova con il Pubblico Dominio

Esistono su Internet e sono di dominio pubblico tantissime storie vere, romanzi di finzione, film e opere teatrali, e una rapida ricerca su Google te li svelerà. Puoi prendere una qualsiasi di queste opere e rifarla, riscriverla e girarla. Non è solo un ottimo modo per acquisire esperienza, ma è anche il miglior modo per creare contenuti con un marchio senza spendere un patrimonio. Vuoi fare un film su Zorro? Procedi pure, è nel pubblico dominio. Che ne dici di Dracula? Sherlock Holmes, Alice (da *"Alice nel Paese delle Meraviglie"*), Ebenezer Scrooge, Frankenstein, ecc. Questi sono tutti personaggi nel pubblico dominio e chiunque può scriverci su una.

Ora, solo perché ho detto la parola "Zorro", non dovresti automaticamente calcolare i 20 milioni di dollari che pensi possano servire per realizzare un western epico su questo personaggio. Chi ha detto che dovresti essere limitato da uno standard di produzione? Ad esempio, supponiamo che tu decida di realizzare un lungometraggio su Rapunzel. Non potrebbe essere girato in una cabina nel bosco con 20.000 dollari? Non potrebbe essere filmato con un budget limitato, un cast limitato e una troupe limitata? Il modo in cui scegli di raccontare queste storie può variare, ma puoi stare certo che una versione a basso budget di Zorro può ancora utilizzare il nome "Zorro" nella sua sceneggiatura e nel suo marketing. Tutto ciò di cui hai bisogno è una maschera e una spada, tutto il resto è creatività.

"La cinematografia è come qualsiasi forma d'arte. Devi cercare di capirla, e lo farai provando". ~ Nicolas Winding Refn

*　*　*

Risorse per la Scrittura

<u>Libri Preferiti sulla Sceneggiatura</u>

- *Screenplay* di Syd Field
- *L'Arte della Scrittura Drammatica* di Lajos Egri
- *Come scrivere una grande sceneggiatura* di *Linda Seger*
- *Story* di Robert McKee
- *Il viaggio dell'eroe* di Christopher Vogler
- *Into the Woods* di John Yorke
- *Anatomia di una storia* di John Truby
- *Screenwriting: The Art, Craft, and Business of Film and Television Writing* di Richard Walter
- *The 21st Century Screenplay* di Linda Aronson
- *Save the Cat* di Blake Snyder

<u>Canali YouTube per Scrittori</u>

- *Now You See It*
- *Nerdwriter*
- *Lessons from the Screenplay*
- *Every Frame a Painting*
- *The Closer Look*
- *Channel Criswell*
- *CinemaSins*
- *Films&Stuff*

PARTE DUE
Strategia

Il Piano di Gioco

Quindi, hai la tua sceneggiatura. L'hai scritta, letta, testata, hai ricevuto feedback e, ai tuoi occhi, è perfetta. Sei pronto per partire, giusto? Beh, non così in fretta. C'è una grande montagna da scalare per passare da dove ti trovi oggi al gridare "Azione!". Questa è la fase del piano di gioco. Il piano di gioco copre tutto ciò di cui hai bisogno per realizzare il tuo film in modo pulito e organizzato. È il tuo piano aziendale, la tua "lista delle cose da fare". È il percorso che ti condurrà da un PDF stampato a un film in movimento sullo schermo. Qui le cose diventano reali.

La Strategia Fai-Da-Te

Questo libro è specificamente progettato per i filmmaker indipendenti a basso budget e, se lo sei, è probabile che tu sia un esperto in uno o più settori della cinematografia. Questo è fondamentale se vuoi realizzare un film senza un budget esistente e con una troupe minima, ma anche i filmmaker Fai-Da-Te più prolifici non possono padroneggiare da soli ogni elemento della cinematografia e avranno bisogno di assumere aiuti esterni per realizzare il loro film. Tuttavia, il tuo compito, prima di mettere piede sul set, è essere preparato. Devi sapere come scrivere, produrre, dirigere, montare e distribuire un film se vuoi essere un vero filmmaker Fai-Da-Te. Questa conoscenza ti servirà solo nel lungo periodo e, mentre continuerai a realizzare film sempre più grandi e migliori, sarà il "costruttore di fiducia" che ti aiuterà a superare molte difficoltà e ti fornirà le competenze tecniche necessarie per completare il tuo film in qualsiasi circostanza. Se riesci a padroneggiare diversi elementi della cinematografia Fai-Da-Te, risparmierai migliaia di dollari nella pre-produzione, post-produzione e in ogni aspetto intermedio. Avere la giusta conoscenza in questo settore farà la differenza tra vincere e perdere.

Abbraccia lo Spirito Fai-Da-Te

Quando sentivo il termine "filmmaker indipendente a basso budget", rabbrividivo perché nella mia mente pensavo: "Perché dovrei imparare a fare film fai-da-te a basso budget? Questo titolo non corrisponde ai miei obiettivi finali. Non voglio fare film a basso budget, voglio fare film con grossi budget! Voglio lavorare con attori famosi e produrre contenuti reali". La verità è che molti dei filmmaker che lavorano a Hollywood oggi sono filmmaker indipendenti a basso budget. Persone come Tarantino, Scorsese, Robert Rodriguez e Christopher Nolan utilizzano e sfruttano tecniche di produzione fai-da-te a basso budget nel loro lavoro, nonostante i budget enormi che hanno a disposizione. Inoltre, la maggior parte di loro è partita da zero e ha dovuto dimostrare il proprio valore con un film fai-da-te a basso budget prima di avere l'opportunità di lavorare per uno studio importante. E, anche dopo essere stati assunti da aziende più grandi, sono comunque tenuti a rispettare i budget.

Christopher Nolan ha realizzato tre cortometraggi prima di girare *"Following"* per soli $6.000. Robert Rodriguez era un filmmaker fai-da-te prima di girare *"El Mariachi"* per $7.000. Quentin Tarantino ha realizzato un film indipendente fai-da-te a basso budget chiamato *"My Best Friend's Birthday"* per meno di $500. Persino il celebre Steven Spielberg ha realizzato tre cortometraggi a basso budget prima di girare il suo primo lungometraggio, *"Firelight"*, per soli $400.

Chiunque stia facendo qualcosa di significativo in questa industria oggi ha iniziato come filmmaker indipendente a basso budget, e le competenze sviluppate durante quel periodo sono radicate nel modo in cui realizza i suoi film oggi. È il requisito fondamentale per avere successo in questo settore, ed è qualcosa che devi abbracciare.

Il Grande Beneficio del Filmmaking Fai-Da-Te

Sapere come "fare cose" nel mondo del cinema è un patrimonio valutabile che potrebbe permetterti di risparmiare molti soldi, darti un vantaggio nel reperire fondi e aumentare le tue probabilità di successo a lungo termine. Se hai dedicato del tempo a studiare la sceneggiatura e comprendi la struttura della storia, il tuo primo film sarà migliore. Lo stesso vale per la cinematografia, il montaggio, gli effetti visivi, ecc. Più sai, più sicuro sei in questo settore, più riduci la tua impronta e migliore sarà il tuo prodotto finale. Quando hai un budget, puoi assumere esperti, ma quando non ce l'hai, il tuo film dipende dalla tua capacità di fare gran parte del lavoro da solo. Dov Simens sosteneva che se vuoi fare un film da 1.000.000 di dollari, prima devi fare un film da 100.000 dollari e se vuoi fare un film da 100.000 dollari, devi aver completato un film da 10.000 dollari. E l'unico modo per garantire la qualità di quel film da 10.000 dollari è dedicare del tempo a imparare le basi del filmmaking fai-da-te (scrittura, produzione, regia, montaggio, post-produzione e distribuzione). Essere maestro in tutti i mestieri è effettivamente utile per coloro che si dedicano all'arte del filmmaking fai-da-te a basso budget.

Comprensione della Tua Strategia di Finanziamento

Prima di iniziare a smontare la tua sceneggiatura e a creare un budget, devi sapere che tipo di film stai realizzando e come hai intenzione di finanziarlo. In questo campo, ci sono solo due scelte possibili: una è fare un film che *puoi* permetterti, l'altra è fare un film che *non puoi* permetterti. Se hai deciso di scrivere un film che puoi girare domani, permettimi di congratularmi con te: sei ufficialmente in pre-produzione. Tuttavia, se hai scritto un film che non puoi permetterti, devi decidere quale sarà la tua strategia di finanziamento. Cioè, come lo finanzierai? Prestiti bancari? Donazioni da amici e familiari? Crowdfunding? Investitori privati? O stai seguendo la strada del produttore esecutivo? Ecc. Tratteremo presto il finanziamento.

La Strategia di Ripresa

La tua strategia di ripresa è un breve piano di gioco basato sulle complessità della tua sceneggiatura, ed è qualcosa di cui devi essere consapevole prima di iniziare la pre-produzione. Puoi ridurla a un riassunto di una singola frase dell'intero processo di produzione in CAST, CREW, GIORNI, LUOGO e BUDGET. Ad esempio, se hai una storia che si svolge all'interno di un'auto (un unico luogo) con tre attori, la tua strategia di ripresa sarà: una ripresa in un'unica location, con 3 attori, 4 membri della troupe, 10 giorni di riprese e un budget di $10.000. Avere questa strategia di ripresa in mente semplificherà il processo di pre-produzione e darà a te e al tuo team di produzione una migliore comprensione della strada da percorrere. Quindi, se dico a un fornitore che sto lavorando su una ripresa in un'unica location, con 3 attori, 4 membri della troupe, 10 giorni di riprese e un budget di $5.000, non ha bisogno di chiedermi se sto girando in pellicola o digitale. Già sanno se posso permettermi squib, HMI 4K, una Alexa Mini o lenti Super-Speed. Avranno una comprensione molto migliore di come si svolgerà questa ripresa. Una ripresa da $10.000 probabilmente consisterà in una DSLR o una videocamera economica, due lenti affittate, un primo assistente alla macchina, un truccatore, un elettricista, un fonico (e forse alcuni aiutanti di produzione gratuiti) - di nuovo, probabilmente.

La Strategia di Distribuzione

Avere un›idea chiara su come intendi far vedere il tuo film al pubblico è qualcosa che dovresti avere non appena determini il tuo budget, poiché ciò influenzerà il modo in cui finanzi, produci e realizzi il tuo film. Il fatto è che la maggior parte dei film indie a basso budget con attori non riconoscibili si basa fortemente sui festival e sul marketing passaparola per avere successo. La distribuzione è una grande sfida e, anche se un distributore acquisisce il film, è improbabile che il regista e i suoi investitori vedano qualche profitto alla fine. Ecco perché questo libro approfondisce la distribuzione fai-da-te, ed è mio obiettivo assicurarmi che non venga truffato da distributori piccoli e sconosciuti che prenderanno il tuo film e non ti daranno nulla in cambio. Ne parleremo più avanti, ma per ora devi sapere se distribuirai tu stesso questo film, o se prevedi di venderlo a un distributore. Nella maggior parte dei casi, è necessario un piano A (vendere a un distributore durante un festival cinematografico) e un piano B (se non lo vendi - distribuiscilo tu stesso).

La Scuola di Cinema a Budget Zero

Una delle più grandi debolezze dei registi indipendenti alle prime armi con un budget limitato è anche una delle loro più grandi risorse: *l'entusiasmo*. Questo entusiasmo è fame. È motivazione, è energia, è il desiderio di "fare", il desiderio di raccontare storie, di intrattenere le persone, farle ridere, riflettere, piangere e "sentire". E se stai leggendo questo libro, è probabile che tu sia travolto da quel desiderio. Ha infiltrato la tua stessa essenza e ha occupato la tua mente per molto tempo. Questo entusiasmo ti fa venire voglia di uscire nel mondo e girare il tuo primo lungometraggio domani! Ed è fantastico! Tuttavia, questa stessa passione può farti del male, deluderti e alla fine portare a delusioni se non viene gestita e filtrata correttamente. Il fatto che tu abbia tutto il necessario per girare un lungometraggio domani non significa che tu debba iniziare a lavorare senza preparazione, specialmente se non hai mai girato un film prima. Tutto ciò che devi fare è seguire il percorso che ogni regista dovrebbe intraprendere per realizzare il suo primo lungometraggio. E questo è la "scuola di cinema a budget zero del mondo reale" - girare un film (cortometraggio o lungometraggio) senza soldi.

Conoscenze Teoriche

La prima volta che ho speso soldi per l'"istruzione cinematografica" è stata quando ho frequentato il corso di Dov Simens nel 2014. Essendo un diplomato delle scuole superiori che ha studiato all'estero, non ho potuto accedere alle scuole di cinema negli Stati Uniti perché non avevo un GED (e francamente, non ero molto interessato a ottenerne uno). Così, ho deciso di "autoistruirmi". Ho guardato tutorial su YouTube, letto blog e seguito corsi online, e fino ad oggi, la mia formazione cinematografica continua, è diventata una sorta di viaggio infinito per me. La buona notizia è che i costi associati a questo tipo di formazione sono sempre insignificanti se confrontati con l'esperienza della scuola di cinema "tradizionale".

Se scegli di seguire il percorso standard di realizzare alcuni cortometraggi prima di affrontare il tuo primo lungometraggio, penso che l'autoistruzione sia il miglior modo per iniziare. Fai uno sforzo cosciente per dedicare un certo numero di ore ogni settimana alla raccolta di conoscenze teoriche. Guarda video, leggi articoli, libri, ecc. Insegna a te stesso a scrivere, produrre, dirigere e montare film e poi esci e realizzane uno con un budget di $0.

Metti in Pratica la Teoria

Impegnati a imparare tutto ciò che puoi sul processo e poi metti in pratica ciò che hai imparato nel mondo reale; il risultato è un film. Una sequenza di riprese, una storia, un personaggio, qualcosa di reale che porta il tuo nome. Qualcosa che puoi portare ai festival, un prodotto che puoi proiettare e da cui ottenere feedback. Questo è il processo di materializzazione della tua visione. La chiave è non annegare nella teoria, non leggere libro dopo libro sulla tecnica senza avere il coraggio di uscire e girare qualcosa da solo. Un buon equilibrio sarebbe un libro, un film. Per ogni libro che leggi, realizzi un cortometraggio (o due, o un lungometraggio). Mettere alla prova le tue conoscenze teoriche è il modo migliore per imparare cosa funziona e cosa non funziona.

Mettere a Punto le Basi

Il tuo compito in questo momento è allenarti, diventare un esperto in ogni elemento della produzione cinematografica in modo da poter affrontare il tuo primo film con esperienza. Devi essere davvero un bravo sceneggiatore, un produttore competente e un regista molto efficiente. Devi capire il montaggio, il mixaggio audio, il marketing, la promozione e la distribuzione, e non puoi ottenere questa esperienza solo dai libri di testo. L'unico modo per acquisire questo tipo di esperienza è fare cortometraggi e farli spesso. Certo, puoi adottare l'approccio "prova ed errore" sul tuo primo

lungometraggio, ma considera il fatto che il tuo primo lungometraggio verrà effettivamente utilizzato come la tua carta d'identità
professionale: è la tua prima vera opera d'arte, e se hai intenzione
di far pagare alle persone per vederla, dovrai consegnare un lavoro
di qualità. Quindi l'obiettivo dovrebbe essere di realizzare un ottimo cortometraggio prima di investire dei oldi per un lungometraggio. Perfeziona le tue basi prima di iniziare.

Scuola di Cinema

La questione se sia saggio spendere tutto quel tempo e denaro per
frequentare una scuola di cinema può essere risolta con una semplice domanda: *Qual è la tua strategia?* Se è seguire il percorso di
alcuni dei registi che ho menzionato in precedenza, cioè costruire
la tua carriera partendo da zero, realizzare cortometraggi a basso
budget che ti conducano al tuo primo lungometraggio e poi andare
avanti da lì, allora la risposta è no, non hai davvero bisogno di una
scuola di cinema. I soldi che spenderesti per la scuola di cinema
potrebbero essere utilizzati per realizzare un lungometraggio piuttosto consistente, e potresti anche riuscire a ingaggiare un attore di
nome. Se la tua strategia è essere assunto nell'industria cinematografica, ad esempio lavorare in televisione o come direttore della
fotografia, truccatore o capo elettricista, e hai i soldi da parte, allora
certo, fallo. La scuola di cinema è un ottimo posto per incontrare
persone e fare connessioni. In effetti, penso che questo sia uno dei
suoi maggiori vantaggi. Alla fine, l'unico modo per imparare a fare
un film è facendo un film. La conoscenza teorica è ottima, ma non
ti trasformerà in un regista. Se vuoi essere un regista, dovrai realizzare dei film. È semplice.

*"Tutto ciò di cui hai bisogno per fare un film è una
pistola e una ragazza". ~ Jean-Luc Godard*

Padroneggiare Adobe

Che tu stia lavorando con un montatore cinematografico o che operi da solo, comprendere come effettuare il montaggio dovrebbe essere una delle tue priorità principali. Ho gestito tutti gli aspetti della post-produzione in ognuno dei miei film, e anche se ho collaborato con montatori quando avevo il budget, il potere finale di montare il film era nelle mie mani. È un potere che credo dovresti avere. Considerando che un montatore economico negli Stati Uniti costa dai $100 ai $200 al giorno, un montaggio di due settimane con due passaggi ti costerebbe da $1.400 a $2.800 (senza includere il trailer, i video promozionali e altro). Questi sono soldi che potresti spendere altrove. Inoltre, se padroneggi l'arte del montaggio, potresti generarci guadagni durante i periodi di inattività e mentre sei tra un progetto e l'altro. Credo anche che se diventi esperto nel montaggio cinematografico, diventerai automaticamente un regista migliore perché sarai più preparato, prenderai decisioni sul set che si riflettono nelle scelte di montaggio e il tuo utilizzo della macchina da presa diventerà più efficace perché avrai un'idea chiara di come montare l'inquadratura successiva. Avrai una migliore comprensione del montaggio alternato, dei lunghi piani sequenza e dei movimenti della macchina da presa. Il montaggio è una competenza che devi possedere se hai intenzione di diventare un regista di successo nel mondo del cinema a basso budget.

After Effects

Non ritengo che tu debba diventare un maestro della composizione prima di decidere di intraprendere le riprese del tuo primo lungometraggio, ma ti consiglierei di dedicare una settimana o due a imparare quanto puoi sull'argomento tramite Adobe After Effects. Dalla creazione dei titoli di un film alla realizzazione di effetti visivi, dal grading del colore all'aggiunta di grafiche su schermo, dalla rimozione di oggetti al chroma keying - avere il controllo su un software come Adobe After Effects è una competenza che merita di essere sviluppata, ed è qualcosa che ti rimarrà utile per sempre. E ancora una volta, l'istruzione è gratuita.

Photoshop

Un elemento che ti farà risparmiare molti soldi nella pre-produzione, durante la produzione, nella post-produzione e durante la distribuzione del film è Adobe Photoshop. Progettare il logo del film, i titoli di coda, i titoli, i poster e l'arte di un film è qualcosa che generalmente può essere valutato in decine di migliaia di dollari, e quei soldi possono essere meglio spesi altrove. Il pacchetto Adobe costa circa $50 al mese e include tutto ciò di cui hai bisogno per girare, montare e distribuire un film. C'è persino una libreria di tutorial dedicata e gratuita su tv.adobe.com. Molti montatori stanno passando a Premiere, e la maggior parte dell'arte grafica viene realizzata con Photoshop, quindi ti consiglio di approfittarne. Vedrai ulteriori esempi di quanto possa essere utile nei capitoli successivi.

Lavorare Gratuitamente

Prima di avventurarti nella realizzazione di lungometraggi, ti consiglio vivamente di offrirti come aiuto su un set cinematografico. Cerca online chi è alla ricerca di assistenti di produzione, stagisti e assistenti in genere. Offri i tuoi servizi senza chiedere un compenso e poniti come obiettivo di trascorrere un certo numero di ore sul set prima di iniziare la produzione del tuo film. Questa esperienza ti insegnerà davvero come comportarti su un set cinematografico. Osservare un altro regista lavorare con gli attori può anche fornire preziose intuizioni sull'efficacia dei loro metodi.

> *"Ciò che io e Joe amiamo dell'industria cinematografica è che è come il Far West. Siamo due ragazzi cresciuti a milioni di miglia dall'industria del cinema; non importa da dove vieni o dove vai a scuola. Tutto ciò che conta è se riesci a trovare un modo per praticare l'arte ed esprimerti in modo tale che le persone rispondano".*
> *~ Anthony Russo*

Imparare Tramite il Networking

Voglio dirlo con forza: una delle cose migliori che puoi fare per te stesso è uscire e fare networking, networking, networking. Presentati ad attori, registi, produttori, direttori della fotografia, chiunque lavori nella tua industria, nella tua città o nel tuo Paese. Circondarti di persone con gli stessi obiettivi e altrettanto ambiziose e dedite al lavoro è il modo più rapido per raggiungere i tuoi obiettivi. Gli altri possono insegnarti molto e darti accesso alla loro genialità e alle loro risorse. Scoprirai che durante i circuiti dei festival conoscerai molte persone simili. Non avere paura di invitarle a bere qualcosa e vedere se sono aperte alla collaborazione. Puoi anche incontrare altri cineasti cercando gruppi di networking nella tua città o nel tuo Paese, oltre che frequentando corsi di recitazione, scrittura, improvvisazione e cinematografia.

Dedica un Giorno allo Studio della Creazione di Siti Web

Un sito web dall'aspetto professionale farà molto per promuovere il tuo marchio e darà alle persone con cui lavori fiducia nella tua capacità di consegnare il prodotto. Il sito ufficiale del tuo film può essere la piattaforma di marketing più forte, quindi ti consiglio di dedicare del tempo per imparare le basi. Ora, se ti avessi dato questo consiglio quattro anni fa, l'avresti respinto come "troppo complicato". Ma nel 2024, creare un sito web è una delle cose più facili da fare. Siti web come Wix e Squarespace ti consentono di progettare un sito dall'aspetto accattivante in meno di un'ora. Utilizzando le tue nuove competenze in Photoshop avrai gli strumenti necessari per progettare risorse, grafiche e opere d'arte (vedi? Ti ho detto che sarebbe stato utile).

"Ogni giorno è una lotta".
~ Richard Linklater

Creare un Cortometraggio Ultra-Low - Checklist

Puoi leggere tutti i libri del mondo e guardare tutti i corsi di cinematografia mai realizzati, ma alla fine niente batte l'esperienza del mondo reale. Se non hai mai realizzato un film prima, ti consiglio di iniziare con un cortometraggio o una piccola produzione in un'unica location. Scrivi un cortometraggio che puoi permetterti di girare domani utilizzando attrezzature, oggetti e location che sono a tua disposizione gratuitamente. Ecco cosa ti serve per realizzare un cortometraggio a budget zero:

(1) **Una *sceneggiatura* eccezionale:** assicurati di passare attraverso diverse fasi di riscrittura e che la sceneggiatura rispetti la qualità per cui vuoi essere conosciuto. Segui i consigli nella sezione sulla scrittura e fai i compiti. Riscrivila finché non la ritieni incredibile! Qualsiasi cosa che sia meno, non è accettabile.

(2) **Scomposizione della sceneggiatura:** elenca tutti gli oggetti, le location, gli attori, ecc. presenti nella tua sceneggiatura. Io uso Celtx, ma puoi utilizzare anche un semplice foglio di Excel. Trova ciò che funziona meglio per te.

(3) **Location gratuita:** la maggior parte dei cortometraggi a budget zero viene girata all'aperto, nell'appartamento del regista o in una location a cui si ha accesso gratuito.

(4) **Oggetti gratuiti:** se hai accesso a oggetti gratuiti che potrebbero rendere il tuo film più costoso di quanto non sia in realtà, devi trovare un modo per utilizzarli nella sceneggiatura. Potrebbe essere una macchina, un computer, una spada di lusso, un lanciarazzi, qualsiasi cosa riesci a ottenere senza spendere nulla.

(5) **Personale gratuito:** fai del tuo meglio per assicurarti di avere più di una persona dietro la macchina da presa. Se hai amici o conosci persone che hanno bisogno di

esperienza, puoi coinvolgerli come primo assistente alla camera, fonico, truccatore, ecc. Non aver paura di chiedere favori, è una competenza che ti farà risparmiare molto denaro in futuro. Se non conosci nessuno, puoi pubblicare un annuncio su Craigslist o su qualche altro gruppo sui social media. Ci sono molti studenti in cerca di lavoro e, anche se sono sicuro che il tuo annuncio riceverà alcune critiche ("come osi pubblicizzare una posizione non retribuita?"), sarai sorpreso da quanti risponderanno in modo positivo. Queste persone cercano esperienza e, purché tu sia disposto a offrire loro un buon ambiente di lavoro, lavoreranno duramente per te.

(6) **Cibo:** prenditi del tempo per preparare dei panini per le persone prima delle riprese. Non chiedere alle persone di lavorare per te per più di quattro ore senza cibo, anche se stai girando in un parco.

(7) **Telecamera gratuita:** al giorno d'oggi, chiunque possieda uno smartphone ha accesso a una telecamera 4K. E se non hai altra scelta che girare con l'iPhone, è meglio che non girare affatto. Ci sono diverse app che puoi utilizzare per avere più controllo sulla tua immagine, come "Filmic Pro" (un'app che ti consente di regolare la messa a fuoco, il controllo dell'apertura, salvare file MOV ad alta risoluzione, registrare in modalità 4K di alta qualità e altro). Se hai qualche soldo da spendere, affitta una telecamera DSLR e una lente da 35mm. Puoi noleggiarle online su siti come KitSplit e ShareGrid (mentre scrivo questo capitolo, ho fatto una rapida ricerca su KitSplit e ho trovato una Blackmagic Pocket Cinema Camera 4K con una lente Rokinon a $60 al giorno, una C100 con una lente + treppiede a $135 al giorno e un kit di ripresa RED Gemini a $200 al giorno).

(8) Permessi gratuiti: se stai girando in alcune grandi città (come New York) e non stai bloccando il marciapiede, puoi ottenere un permesso opzionale gratuitamente. Tutto ciò che devi fare è chiamare l'ufficio del sindaco e chiedere un Permesso Opzionale. Se vivi a New York City, puoi accedere al sito web della città, compilare il modulo online e inviarlo via fax. Sebbene i permessi gratuiti non siano richiesti per legge a New York, ti daranno un senso di legittimità e se qualcuno passa e ti chiede di spostarti, avrai il sostegno della città. Un permesso può richiedere da un giorno a qualche giorno per essere ottenuto, a seconda di quanto affollata sia la città, quindi è meglio fare la richiesta almeno con una settimana in anticipo. Alcune cittadine o alcuni piccoli paesi saranno più che felici di darti permessi per le riprese; ovviamente, anche in questo caso accertatene per tempo.

(9) Utilizza la luce disponibile: se stai lavorando con un budget di $0, dovrai sfruttare molta luce naturale, lampade e luci pratiche. Puoi illuminare una scena con un lampione o qualsiasi lampada da $10 quando si gira al chiuso. Realizzare un cortometraggio senza spendere denaro è un'ottima opportunità di apprendimento per chiunque aspiri a diventare un regista. Ci sono innumerevoli video su YouTube che ti insegneranno come illuminare una scena in modo magnifico con luci standard che si trovano in qualsiasi casa. Procurati un diffusore pieghevole per ammorbidire la luce solare quando si gira all'aperto. Puoi usare un lenzuolo o acquistare un buon diffusore portatile per $13 su Amazon.

(10) Divertiti: mantenere un ambiente di lavoro divertente per tutti può essere una sfida quando devi gestire 85 persone sul set, ma quando hai un cast e una troupe minimi, meno di 10 persone per intenderci, il compito diventa molto più gestibile. Mantieni un atteggiamento positivo, metti della musica, sorridi e fai uno sforzo per assicurarti che le persone che ti dedicano il loro tempo e il loro impegno si divertano! Ciò garantirà un'esperienza positiva e un prodotto finale di migliore qualità.

Crea una Pagina su IMDB

Ora che hai effettivamente realizzato qualcosa, è una buona idea creare un account con IMDB che abbia almeno un credito nel suo portfolio di contributi, quindi cogli l'occasione per creare quel contributo realizzando una pagina su IMDB per il tuo film con budget zero. È gratuito; devi solo visitare contribute.imdb.com/updates?update=title – e assicurati di avere un sito web e quell'annuncio sui social media perché te lo chiederanno. Elenca gli attori, il regista, il produttore, il montatore e imposta una data di uscita arbitraria; puoi cambiarla successivamente.

Distribuzione del Tuo Cortometraggio

Al giorno d'oggi, ci sono poche piattaforme dove è possibile trarre profitto dai cortometraggi, e con il tuo primo cortometraggio a ultra basso budget, questa probabilmente non è la ragione per cui l'hai realizzato. I canali di base includono YouTube, Instagram, Facebook, Twitter e Vimeo. Tuttavia, ci sono altre piattaforme che puoi utilizzare per promuovere il tuo cortometraggio (se non hai denaro per partecipare a festival). Alcune di queste includono "Short of the Week", "Film Shortage", "Films Short", "Fandor", "Filmdoo", "Viddsee", "NoBudge" e "Whatashort", solo per citarne alcune. Puoi anche caricarlo su Amazon e venderlo lì o offrirlo gratuitamente su Amazon Prime iscrivendoti su videocentral.amazon.com.

Costruisci il Tuo Studio YouTube

YouTube è una piattaforma eccellente per i cineasti che mirano a guadagnare qualcosa mentre perfezionano la loro arte. Creando cortometraggi e caricandoli su YouTube, puoi sbloccare un canale in cui la tua arte è monetizzata. Il processo è relativamente semplice: una volta che il tuo canale YouTube accumula un certo numero di iscritti e ore totali di visualizzazione, diventi idoneo per il "Programma Partner di YouTube". Una volta accettato, vengono visualizzati annunci prima, dopo o durante i tuoi film, generando entrate in base all'interazione degli spettatori con questi annunci. In altre parole, più visualizzazioni ottieni, più soldi guadagnerai. Più cortometraggi di qualità realizzi e carichi su YouTube, migliore diventi come narratore (e come promotore di storie). Non solo perfezioni le tue abilità di narrazione e produzione, ma cresce anche la tua base di fan e iscritti, creando una comunità di sostenitori appassionati. Nel tempo, la tua comunità può tradursi in un flusso di entrate stabile. Inoltre, la visibilità su YouTube può attirare potenziali investitori o case di produzione interessate a collaborare con te su progetti più grandi. Infine, oltre alle entrate da YouTube, la piattaforma funge da tuo portfolio ufficiale, mostrando il tuo stile e le tue capacità in evoluzione a un pubblico globale. In questi giorni, un cineasta che si guadagna da vivere su YouTube non è solo realistico, è davvero consigliato!

"Non lasciarti sedurre sempre dalle stesse cose. Ci sono cose interessanti che puoi esplorare che potrebbero far arrivare il tuo film al pubblico meglio dei tradizionali meccanismi di distribuzione".
~ Alex Gibney

*　　*　　*

Ottenere Recensioni

Sì, il tuo cortometraggio può essere recensito online da critici cinematografici professionisti. Alcuni di loro potrebbero avere una tariffa, mentre altri lo faranno gratuitamente. Ecco un elenco di alcune opzioni: Screencritix; The Independent Critic; Indie Shorts Mag; FilmSnobbery; UK Film Review; Pretty Clever Films; DIRTfilms; Gorilla Film Online; Film Quarterly; ecc. Se hai realizzato un film horror, sei fortunato. Ci sono centinaia di siti web e blog dedicati alla recensione, alla presentazione e alla promozione di cortometraggi horror, e sono sempre alla ricerca di contenuti di qualità. Approfondirò i dettagli su come ottenere recensioni nel capitolo sulla Distribuzione.

Considerare i Festival Cinematografici

Sì, la maggior parte dei festival cinematografici NON è gratuita, ma offre qualcosa che vale oro: l'esposizione. I festival sono il luogo ideale per chiunque voglia fare networking e socializzare con altri aspiranti registi; è il posto dove vincere premi, gestire vendite, ottenere recensioni, fare affari e distribuire il tuo biglietto da visita. È il posto in cui devi essere se vuoi socializzare con professionisti con la stessa mentalità che seguono la stessa strada. I festival cinematografici daranno a te e al tuo film molta visibilità per un investimento relativamente basso. La chiave per un tour di festival cinematografici di successo è essere strategici, intelligenti e tempestivi: prima invii il tuo film a un festival, meno soldi costerà. Puoi trovare festival gratuiti per le candidature visitando siti web come FilmFreeway e cercando candidature a festival con un costo inferiore a $10: ce ne sono parecchi. Tieni presente che una volta che un film è stato pubblicato online, è probabile che non venga accettato nella maggior parte dei festival cinematografici. Inoltre, devi pianificare i tuoi festival in base alla data di uscita desiderata, il che significa che se il tuo film è pronto per essere sottoposto al festival a marzo e hai deciso di pubblicarlo online a ottobre, invia candidature solo ai festival cinematografici che si svolgono tra marzo e ottobre, altrimenti potrebbero sovrapporsi con l'uscita del tuo film. Assicurati di leggere il regolamento del festival prima di inviare la candidatura.

Creare una Società Legale

A meno che tu non stia realizzando un lungometraggio con un budget inferiore a $2.000, è consigliabile spendere $200 per creare una LLC (Limited Liability Company) negli Stati Uniti - in Italia, molto probabilmente l'opzione è creare una S.r.l. ("Società a Responsabilità Limitata"). Questo è un requisito per diverse ragioni. In primo luogo, offre un livello di protezione legale personale nel caso si verifichi un qualsiasi inconveniente. Se accadesse qualcosa di grave, tu e i tuoi beni personali sareste al sicuro e protetti. In secondo luogo, ti offre un chiaro vantaggio finanziario, sia dal punto di vista della pianificazione del budget che da quello fiscale. In quanto proprietario di una S.r.l., risparmi migliaia di euro in tasse ed è possibile dedurre una serie di spese legate al film o alla produzione cinematografica in generale. In terzo luogo, ti protegge dall'aumento dei costi assicurativi su progetti futuri nel caso in cui si verifichi un inconveniente e diventi soggetto a richieste di risarcimento. Questo equivale a pagare tariffe più elevate per un'assicurazione sanitaria a causa di una condizione preesistente. La creazione di una S.r.l. dovrebbe essere una delle prime azioni da compiere una volta che si decide di avviare la produzione del proprio film. Ti offre anche la possibilità di aprire un conto bancario separato, il che ti rende più attentoal budget, responsabile e trasparente nella gestione dei fondi.

Proteggi i Diritti del Tuo Copione

Proteggere i diritti d'autore di un copione è veloce, facile ed economico. Puoi optare per i servizi di un sito web come LegalZoom, al costo di circa $50, oppure farlo da solo tramite l'Ufficio del Copyright degli Stati Uniti (circa $30) su www.copyright.gov/registration. In Italia, puoi scegliere di depositare una copia del tuo copione presso un ufficio di copyright riconosciuto o un notaio. Tutto ciò che devi fare è creare una copia fisica o una versione digitale del tuo copione; quindi recati presso un notaio pubblico o un ufficio di copyright riconosciuto dal governo italiano; presenta il tuo copione per il deposito e fornisci tutte le informazioni necessarie; paga eventuali tariffe associate, se applicabili, e sei a posto. Il notaio o l'ufficio di copyright ti forniranno un certificato o una conferma del deposito, che può essere utile per dimostrare la data di creazione della tua opera in caso di violazione dei diritti d'autore o controversie legali.

Invia la tua Sceneggiatura alla WGA

Se desideri avere un ulteriore livello di protezione, puoi inviare la tua sceneggiatura o il tuo trattamento alla WGA (Writer's Guild

Association) negli Stati Uniti. Non è necessario essere membri del Writer's Guild per registrarsi presso di loro; devi soltanto visitare www.wgawregistry.org/registration.asp (Costa Ovest) o www.wgae-ast.org/script_registration (Costa Est) e pagare la tassa di $25. Questo ti dà l'opzione di inserire il numero di registrazione WGA nella sezione del copyright in fondo alla prima pagina della tua sceneggiatura. Ti darà un po' di tranquillità mentre inizi a farla visionare alle persone, specialmente se la stai inviando negli Stati Uniti.

In Italia, l'equivalente della Writers Guild of America (WGA) per sceneggiatori e drammaturghi è il "Sindacato Nazionale Scrittori". Questa organizzazione rappresenta scrittori in vari settori, tra cui cinema, televisione, radio e teatro, lavorando per proteggere i loro diritti, promuovere i loro interessi e negoziare accordi collettivi. Contattali per verificare se offrono un servizio simile di registrazione del copyright.

Crea un Sito Web

Una delle prime cose che devi fare nella pre-produzione è acquistare un nome di dominio e creare un sito web per il tuo prossimo film. Di solito me ne occupo abbastanza presto nel processo di pre-produzione. Costa meno di $15 registrare un nome di dominio con un'azienda come GoDaddy, e se opti per utilizzare un servizio di creazione di siti web come Wix, ti costerà un extra di $14 al mese per mantenerlo. In alternativa, puoi costruire un sito web con Wix e mantenerlo gratuitamente, ma dovrai accettare di avere il logo di Wix visualizzato nella parte inferiore della tua pagina. E naturalmente, puoi sempre optare per l'uso di Wordpress, che non costa nulla.

Costruire un sito web dall'aspetto ufficiale prima di annunciare il tuo prossimo film per la prima volta è importante. Vuoi poter indirizzare le persone verso un sito in cui possono apprendere tutto ciò che c'è da sapere sul tuo prossimo progetto, e questo può essere facilmente creato tramite un'applicazione a pagamento per la creazione di siti web come Wix o un costruttore di siti web gratuito come Wordpress. Ho realizzato tutti i miei siti web su Wix, e hanno un aspetto piuttosto buono (visita il sito web del mio film, "Pickings" su www.pickingsfilm.com). È consigliabile aggiungere un'opzione di registrazione alla newsletter sulla prima pagina e includere collegamenti alle pagine dei social media del tuo film in modo che le persone possano rimanere in contatto e ricevere aggiornamenti sul tuo progresso.

"Guardati allo specchio e chiediti, cosa voglio fare
ogni giorno per il resto della mia vita... fallo".
~ Gary Vaynerchuk

*   *   *

Social Media

Usa i tuoi social media per annunciare il tuo film, ma una volta fatto l'annuncio, lascialo stare. Non toccare i social media fino a quando non avrai una strategia di social media marketing in atto e la promozione del film sarà in corso. Ecco perché: se finisci per assumere un addetto stampa o vendi il film a un distributore, il marketing sui social media diventerà una parte importante della loro campagna di pubblicità e pubbliche relazioni (P&A), e rischi di rovinarlo pubblicando contenuti sui social media in anticipo, prima che il film sviluppi un pubblico. Quando stavo per rilasciare *"Pickings"*, il mio addetto alle PR (Pubbliche Relazioni) mi ha chiesto di cancellare ogni post sui social media che avevamo pubblicato fino a quel momento, poiché, a quanto pare, non puoi annunciare vecchi contenuti alla stampa e renderli interessanti come notizie fresche. Quindi, come qualsiasi altra parte della strategia di marketing e distribuzione, i social media devono essere pianificati e gestiti in base alla data di uscita del film. Il mio consiglio è di costruire una presenza sui social media e pubblicare teaser in modo strategico, evitando di pubblicare contenuti prima di avere un piano di social media marketing in atto. Approfondirò i dettagli della pianificazione dei social media nel capitolo sulla Distribuzione.

Creare un Piano Aziendale

Creare e vendere film è un'attività imprenditoriale e, come qualsiasi altra impresa, richiede una pianificazione. Lo scopo di un piano aziendale per il cinema è stabilire la strategia per crearlo, finanziarlo, distribuirlo, commercializzarlo e distribuirlo. Un piano aziendale dovrebbe far parte della tua produzione fin dall'inizio. Darà agli investitori (anche se sei l'unico) uno sguardo sul tuo film, la storia, la strategia per raccogliere i fondi e come hai intenzione di utilizzarli per realizzare il film. Inoltre, il piano di marketing (che è spesso incluso nel piano aziendale) copre il modo in cui hai intenzione di vendere e promuovere il film al tuo pubblico; presenta la strategia passo dopo passo per la commercializzazione, la vendita e il profitto dal tuo film. Non c'è via di scampo: vai online, cerca piani aziendali e piani di marketing cinematografico, scaricali e usali come modello per il tuo film. Non è la cosa più sexy del mondo, ma ne hai bisogno. Il tuo piano aziendale non dovrebbe essere lungo 100 pagine; quelli buoni sono brevi e vanno dritti al punto (quello che ho fatto per "Pickings" aveva trenta pagine) e dovrebbero includere un accordo di riservatezza per il lettore; un riepilogo esecutivo (una sinossi del film, perché lo stai facendo e quanti soldi ti servono per farlo); un elenco dei desideri del team (un elenco di attori, artisti e tecnici con cui vuoi lavorare o con cui hai già accordi); un piano di produzione (date delle riprese, date di produzione, post-produzione, tour dei festival, ecc.); dati finanziari (budget, crediti d'imposta, rimborsi agli investitori, ecc.); strategia di marketing e pubblicità; strategia di distribuzione (hai intenzione di vendere a un distributore? O di distribuirlo tu stesso? In caso contrario, come?). Sii il più dettagliato possibile.

"Scomposizione della Sceneggiatura/Budget

Ci sono innumerevoli libri che ti insegneranno come creare un budget dettagliato, e alcuni cercano di renderlo più complicato di quanto sia effettivamente. Software come Celtx e StudioBinder lo faranno per te, oppure puoi visitare molti siti web che offrono fogli di scomposizione scaricabili gratuitamente online. Il processo è abbastanza semplice: si passa attraverso la sceneggiatura, scena per scena, pagina per pagina, e si prende nota di ogni elemento di cui avrai bisogno per la scena che stai leggendo. Location, cast, comparse, oggetti di scena, costumi, luci, effetti, ecc. Questo ti offre una panoramica di ogni scena che hai intenzione di girare, ed è il primo passo da compiere in fase di pre-produzione una volta che la sceneggiatura è pronta. Esistono molte classi, svariati corsi online e articoli che approfondiscono i dettagli su come scomporre una sceneggiatura, ma se utilizzi un software come Celtx o Studio-Binder, il processo è abbastanza autoesplicativo. La ragione per cui mi piace scrivere con Celtx, in particolare, è che una volta terminata la scrittura, il processo di scomposizione della sceneggiatura è integrato nel software. Una volta ottenuta la scomposizione, puoi iniziare a lavorare sul budget. Puoi anche optare per la creazione di un foglio Excel ed evitare il costo mensile di un software dedicato. Qualunque cosa tu faccia, assicurati di mantenere tutto organizzato, poiché il tuo team di produzione avrà bisogno di accesso a quelle scomposizioni in seguito. L'organizzazione è sempre un salvavita.

"Mi piace pensare di fare film nell'industria cinematografica, dove i film stanno facendo abbastanza numeri affinché gli studi mi permettano di continuare a lavorare, ma desideri anche che quei film abbiano contenuti di cui sei fiero di averli realizzati. Non è facile, ma è un divertente rompicapo da risolvere". ~ Wes Craven

PARTE TRE
Finanziamento

Assumere un Produttore Esecutivo

A meno che tu non abbia pianificato di finanziare il film da solo, dovrai cercare un produttore esecutivo, preferibilmente uno che ami la tua sceneggiatura, che ti apprezzi (come persona) e che voglia aiutarti a realizzare il tuo film, ma, soprattutto, devi trovare qualcuno a cui puoi vendere la tua visione. La raccolta fondi è un processo solitario; è di gran lunga il luogo più solitario nel mondo della produzione cinematografica ed è dove molti sogni vanno a morire: hai una sceneggiatura, hai una visione, hai tutto il necessario per passare al passo successivo, ma non hai ancora i soldi. Ecco perché è così cruciale fare squadra con un produttore esecutivo; ti aiuterà a navigare nel solitario mondo della raccolta fondi e ti avvicinerà di un passo alla realizzazione del tuo film. La cosa interessante riguardo ai produttori esecutivi è che si nutrono di fiducia, quindi, a meno che tu non abbia il 100% di fiducia nelle tue capacità non solo di raccogliere i soldi ma anche di realizzare questo film e renderlo redditizio, le tue possibilità di assumere un produttore esecutivo esperto sono scarse. Ecco dove aiuta aver già realizzato un film. Se stai cercando un produttore esecutivo per il tuo primo film, la tua è una battaglia in salita, ma se hai già realizzato un film (soprattutto uno di successo), sei a miglia avanti rispetto alla concorrenza.

Mostra i Tuoi Talenti

In generale, una delle prime domande che ti troverai ad affrontare quando tratti con un produttore esecutivo serio o quando cerchi un investitore è: "Cosa hai fatto finora? E dove possiamo vederlo?". Questo è il punto in cui l'esperienza ripaga. Si potrebbe sostenere che questo è uno dei principali scopi dei cortometraggi: mostrare la tua capacità di raccontare una storia avvincente ed evocare emozioni reali in dieci minuti o meno, il tutto operando con un budget inesistente. Un cortometraggio di successo è il miglior strumento di vendita che esista ed è un asset che il tuo produttore esecutivo sfrutterà durante la raccolta fondi. Se sei un regista indie esperto, sei già a metà dell'opera. Gli investitori si sentiranno più sicuri nell'affidare il loro capitale a te, soprattutto se credono che tu abbia le competenze necessarie per completare il film restando nel budget, nei tempi previsti e ottenere recensioni positive, oltre a ottenere l'accesso a festival cinematografici più grandi.

Creare una Proposta di Film Efficace

Lo scopo di una proposta di film è mostrare i dettagli del tuo progetto agli investitori potenziali e convincere produttori seri a collaborare con te e ad aiutarti a ottenere i finanziamenti per il tuo film. I finanziatori vogliono vedere che hai tutto sotto controllo e, soprattutto, vogliono una presentazione rapida ed efficace del tuo progetto senza dover leggere un intero piano aziendale: è qui che entra in gioco una proposta di film. Una proposta di film dovrebbe idealmente includere la sinossi del tuo film, la tua biografia (insieme a eventuali premi vinti), il logline/elevator pitch del film, una lista dei desideri per il cast, un elenco del tuo team (chi hai già messo insieme finora? Ci sono interessi da attori, direttori della fotografia e altre persone coinvolte nel progetto?), una mood board (una rappresentazione visiva del tuo film che ne mostra il potenziale aspetto), un foglio di copertina del budget e concludere con una breve presentazione delle vendite nonché della tua visione registica in breve. Questo è il punto in cui la conoscenza e l'esperienza nell'applicazione di Photoshop possono essere utili. Ho visto molte proposte di film e posso dirti che leggo solo quelle professionali. Non puoi mettere insieme un mucchio di testo noioso su un foglio bianco tramite Microsoft Word e aspettarti di impressionare qualcuno. Se investi tempo ed energia nella creazione di una proposta di film professionale, ti presenterai come un professionista, il che è esattamente ciò che desideri. Nel gioco del finanziamento, l'impressione è tutto.

Ricevere l'Interesse Anticipato da Attori Affermati

Come precedentemente detto - se riesci ad aggiungere un volto riconoscibile al tuo lungometraggio, è più probabile che il tuo film si distingua, entri in festival più grandi e abbia successo nel lungo periodo. Più grande è la star, maggiore è l'esposizione e più probabilità hai di raccogliere fondi e raggiungere un pubblico. La maggior parte dei registi cercherà di coinvolgere un attore noto nel proprio film fin dalle prime fasi, e ci sono diverse ragioni per farlo. Naturalmente, devi gestire le tue aspettative in questo caso. Le probabilità che tu riesca a ottenere attori come Ryan Gosling o Emma Stone nel tuo primo film indie a basso budget sono scarse (a meno che tu non stia lavorando con un raro capolavoro di sceneggiatura e che sia finito nelle mani giuste), ma potresti attirare un ottimo attore indie. Ci sono molti attori famosi che lavorano costantemente in film indie a basso budget, molti dei quali con registi alle prime armi. Negli Stati Uniti, questi includono Dave Franco, Emily Browning, Casey Affleck, Rooney Mara, Kristen Stewart, Jason Schwartzman, Danny Trejo, Michael Madsen, Elijah Wood e altri. Gli attori famosi potranno investire il loro tempo in film indie a basso budget se la qualità della sceneggiatura è eccezionale! Quindi, se hai una sceneggiatura fantastica, puoi ottenere un nome noto.

Ottenere un impegno da un attore fin dalle prime fasi susciterà l'interesse di studi e produttori esecutivi e renderà più facile avere finanziamenti per il tuo film. Inoltre - e questo potrebbe sembrare uno scherzo - avere un attore riconoscibile nel tuo film indie ti aiuterà effettivamente a risparmiare denaro nel lungo periodo. Esatto, avrai alcuni costi aggiuntivi, ma sarai sorpreso da quanti fornitori saranno disposti a lavorare per meno se gli dai l'opportunità di lavorare accanto a un volto riconoscibile. Le location commerciali (come bar, negozi, ecc.) saranno disposte a offrire sconti, e avrai ora la possibilità di raccogliere fondi attraverso placement di prodotti. Inoltre, truccatori, costumisti, direttori della fotografia e altri professionisti potrebbero potenzialmente accettare una tariffa più bassa per avere l'opportunità di lavorare accanto a un volto che possono inserire nel loro portfolio. Nel complesso, il tuo film diventerà più attraente, e più persone saranno disposte a coinvolgersi. Inoltre, assicurarsi un volto noto fin dalle prime fasi significa anche che avrai un periodo di casting più agevole quando inizierà ufficialmente. Gli attori vogliono lavorare con altri attori che ammirano, e se sei riuscito ad assicurarti un attore indie di successo, il tuo direttore del casting lo userà come argomento di vendita per altri attori.

"Sii bravo al punto che non possono ignorarti".
~ Steve Martin

*   *   *

Puoi permetterti un attore di fama consolidata?

Molti registi indipendenti con budget limitati sono convinti che non possano permettersi un attore famoso e che non abbiano i soldi per assumerne uno, portandoli a scartare persino la fase iniziale di ricerca. Beh, anche se non ho avuto un attore famoso nel mio primo lungometraggio, ho avuto il piacere di trattare con i loro agenti. Inizialmente, *"Pickings"* era previsto come una produzione sindacale SAG[1] con un attore famoso. Tuttavia, le esigenze finanziarie e logistiche intrinseche alla produzione SAG, unite al fatto che stavo operando con un budget praticamente inesistente, mi hanno costretto a optare per attori che, sebbene esperti, non avevano necessariamente un riconoscimento diffuso e scegliere una produzione non sindacale. Anche se alcuni dei nostri attori avevano interpretato ruoli in programmi TV come *"Orange is the New Black"* e *"Gotham"*, nessuno di loro era "riconoscibile", rappresentando una sfida significativa nella fase di marketing del film, una sfida che, con il senno di poi, avrei dovuto prevedere. Da allora, ho avuto il piacere di lavorare con attori relativamente noti (Susan Gallagher, Sebastian Arcelus, Catherine Curtin e Lily Brooks O'Briant, tra gli altri). Da queste esperienze, posso dirti con sicurezza che assumere attori famosi non è economico, ma certamente non deve mandarti in rovina.

Quanto costerà avere un attore famoso nel tuo film? Dipende da tre fattori principali: (a) e lo ripeto ancora una volta: *la sceneggiatura*. Se un attore AMA la tua sceneggiatura, accetterà di recitare nel tuo film e potrebbe anche essere disposto a ridurre il suo compenso se crede che possa servire alla sua crescita artistica. Il secondo fattore è (b) *il programma:* se l'attore deve fare spazio nel suo programma per il tuo film ed è un disagio, puoi scommettere

---

1. L'equivalente dello Screen Actors Guild (SAG) in Italia è il "Unione Nazionale Interpreti Teatro e Audiovisivo" (UNITA). Questa organizzazione rappresenta gli interessi degli attori in Italia, molto simile a quanto fa il SAG negli Stati Uniti.

che il costo sarà più alto. Se prenoti un attore tra un impegno e l'altro e non ha conflitti di programma (e questo succede più spesso di quanto si pensi), potrebbe essere più disposto a negoziare il suo compenso (dopotutto, anche gli attori hanno bollette da pagare). Se un attore è molto impegnato, il suo compenso aumenta. Se ha appena finito un programma TV o un film e non ha nulla in programma, hai un certo margine di trattativa. L'ultimo fattore sarà irrilevante per la maggior parte di voi, ma potrebbe valere per qualcuno ed è (c) *il regista del film*. Se il regista ha realizzato un film di successo (ben recensito), potrebbe rappresentare un biglietto da visita per assicurarsi un attore famoso nelle prime fasi di finanziamento.

Ottenere una Lettera d'Intenti

Ciò che stai cercando di ottenere dalla tua potenziale celebrità è la "Lettera d'Intenti" - in sostanza, una lettera dall'attore o dal suo agente, che attesta la disponibilità dell'attore a girare il tuo film in determinate date e l'interesse a lavorare al tuo progetto. Questa Lettera d'Intenti sarà la chiave per ottenere il capitale necessario per realizzare il tuo film se scegli di ingaggiare una figura di spicco, e non è così complicato riuscirci. Tutto ciò che devi fare è chiamare gli agenti che rappresentano gli attori con cui desideri lavorare (sono tutti elencati su IMDB Pro) e dire che stai lavorando a un lungometraggio e vorresti ingaggiare X. La prima telefonata finisce sempre allo stesso modo: "mandami una email", per cui dovrai scrivere un'email con una copia del One Sheet o della Proposta di Film del film. Una volta ricevuta conferma da parte dell'agente, questi potrebbe chiedere una copia della sceneggiatura. Una volta confermato un attore, ti potranno richiedere un acconto o un contratto, quindi sii pronto a questa evenienza. Ammetterei che portare a termine questo compito diventa significativamente più semplice con l'aiuto di un casting director ben affermato. L'assunzione di un casting director aumenta la serietà del tuo progetto agli occhi degli attori e dei loro rappresentanti. Potresti considerare di contattare i casting director con una proposta per un accordo "se-vieni", offrendo loro essenzialmente il ruolo esclusivo di casting director del film se riescono con successo a ottenere un attore di fama per il tuo progetto. Il processo di attaccare un attore di fama al tuo film diventa notevolmente più agevole con un casting director che fa da intermediario a tuo favore: sarà questa figura infatti a contattare gli attori e i loro agenti senza la necessità di convalidare continuamente la legittimità del progetto agli agenti.

Negozia!

Non dovrai fare molto sforzo per trovare un investitore cinematografico che crede fermamente nell'idea che "chi fa l'oro, fa le regole" e il fatto è che mentre presenti il tuo film ai potenziali investitori, a volte riceverai offerte e proposte ridicole. Dovresti avere la prontezza di dire "no" agli investitori che vogliono avere l'intera torta e non sono disposti a trattare. Ci sono molti modi per strutturare il finanziamento di un film, e se stai lavorando con un produttore esecutivo esperto, questi dovrebbe essere in grado di guidarti, ma in molti film a basso budget, gli investitori chiederanno di ottenere una clausola di "primo pagamento" (il loro investimento viene pagato sul reddito lordo ed è la prima cosa che esce dal conto bancario del film quando la società di produzione viene pagata), e si aspetterebbero anche di avere una certa proprietà del film. Nel mondo indie, la maggior parte degli investitori non chiederà il controllo creativo ma potrebbe richiedere il diritto di "veto" sul tuo montaggio finale. Devi essere in grado di dire "lascia perdere" se i termini non ti piacciono. Può sembrare un'affermazione ovvia, ma sarai sorpreso da quanti registi cedono il 95% della loro quota dei profitti del film per avere la possibilità di dimostrarsi, quando in realtà non è necessario. Si aggrappano alla prima offerta che arriva per paura di perdere i soldi e ne diventano schiavi. Non essere una di quelle persone: sii disposto a dire "no" se l'accordo non è a tuo favore.

Fai in Modo di Saperti Vendere

Le persone che scelgono di investire i propri soldi in progetti cinematografici sono persone che hanno un certo apprezzamento per il cinema (non sono degli stupidi). Alcuni pensano che sia cool, altri pensano che sia un buon investimento, e alcuni sono cinefili totali, e la cosa che tutti hanno in comune è il loro apprezzamento per l'arte del cinema e per le persone che lo creano. Questo è qualcosa di cui dovresti essere pronto ad approfittare quando ti presenti agli investitori. Quando incontri gli investitori, quando firmerai, lavorerai e tratterai con gli investitori, devi mostrare il tuo amore e l'affetto per il cinema e interpretare la parte del regista entusiasta pronto a conquistare il mondo.

Quando un investitore sceglie un investimento, terrà conto di due fattori principali: (a) il film e (b) *il regista*. Le persone tendono a dimenticare l'ultimo pezzo del puzzle e concentrano tutta la loro attenzione nel cercare di vendere il loro film e presentarlo come il miglior investimento al mondo. Il problema di questo approccio è che trascuri di vendere te stesso, il partner, la persona con cui faranno affari. Presentati come una persona profondamente innamorata del proprio mestiere, la tua passione è il miglior strumento di vendita che hai, e posso garantirti che renderà il processo di raccolta fondi molto più semplice. Come autore, regista e produttore di questo emozionante nuovo progetto, è tuo compito articolare la tua visione ed entusiasmare le persone intorno a te! Vuoi che siano i tuoi sostenitori entusiasti, perché se lo sono, avrai la loro fiducia e la loro fede, e non cercheranno di interferire con la tua visione. Scegliere i giusti partner è cruciale, ed è compito tuo (o del tuo produttore esecutivo, se ne hai uno) fare i compiti e assicurarti di collaborare con qualcuno che abbia a cuore il miglior interesse del film e che ti apprezzi come persona. Ricorda che un finanziatore di oggi potrebbe essere il tuo finanziatore di domani e che ogni connessione che crei potrebbe durare una vita. In fin dei conti, gli investitori vogliono recuperare i loro soldi, ma vogliono anche investirli in persone a cui vogliono bene! Dimostragli che puoi finire il film in tempo e nel rispetto della programmazione, fatti piacere come persona e avrai i loro soldi!

Il Motivo della Figlia Attrice

Molti registi esperti sono consapevoli di un motivo ricorrente noto come il "motivo della figlia attrice". Ecco come si sviluppa tipicamente: stai cercando una location, vedi una casa in cui vorresti girare il film, e poi il proprietario viene da te, ti stringe la mano e dice: "Sai, mia figlia è un'attrice", oppure "Se hai bisogno di un uomo che appaia come un mafioso, appartenevo alla mafia e ho fatto lezioni di recitazione". Poi, qualche giorno dopo, ti incontri con un investitore, e ti faranno la stessa proposta: "Sai, mia figlia/moglie/figlio o chiunque sarebbe perfetto per questo ruolo". Aspettati di sentire questa proposta da ogni nuova persona che incontri, senza esagerare. Circa una persona su dieci con cui interagisci ti farà questa proposta.

Sorge quindi il dilemma: dovresti, e potresti, sfruttare queste situazioni? Puoi promettere a qualcuno un ruolo in un film per risparmiare sui costi di noleggio della location o per ottenere una somma da un investitore? Puoi promettere a qualcuno un ruolo in cambio di un revisore dei conti gratuito o di alcuni oggetti di scena gratuiti? La risposta è assolutamente sì! Sono sicuro che sarai felice di sapere che questo tipo di baratto accade sempre. Ovviamente, dal punto di vista artistico, non vuoi promettere un ruolo importante a una persona se nemmeno sai se sa recitare, ma i ruoli minori sono un'altra storia. Puoi assegnare venti secondi di tempo sullo schermo a un personaggio che ha una sola battuta o che interagisce per un breve momento con il tuo protagonista, o che semplicemente si siede in background con un drink in mano.

Ho partecipato a una sessione di domande e risposte con David Lowery in un cinema locale in occasione dell'uscita del suo film *"A Ghost Story"*. Ricordo che ha raccontato come hanno ottenuto la location principale per quel film. Hanno promesso al proprietario della location (un imprenditore di condizionatori d'aria) che avrebbero fatto apparire sua nipote nel film, e così è stato. Inizialmente, avrebbe dovuto interpretare una comparsa, ma Lowery è rimasto impressionato dalle sue capacità e le ha assegnato un ruolo con delle battute. Nel frattempo, nel mio mondo (quello di Usher), sono riuscito a risparmiare un bel po' di soldi sulla pubblicità per *"Pickings"* dopo aver assunto un addetto stampa per interpretare il ruolo di cameriera nel film. Aveva una sola battuta, e quella battuta mi ha fatto risparmiare un paio di migliaia di dollari nel lungo termine. Quindi, preparati al "motivo della figlia attrice" e sii pronto a sfruttarlo.

Mai Firmare Ciò Che Non Si Capisce

Se stai lavorando con un bravo produttore esecutivo, questi potrebbe essere disposto a coprire i tuoi costi legali mentre sono in corso le trattative con gli investitori, soprattutto se ben consolidati. La maggior parte delle persone scarica semplicemente accordi di finanziamento cinematografico da Internet e li personalizza, ma quando hai a che fare con studi cinematografici professionali, investitori o persone che hanno già esperienza in questo settore, di solito ti invieranno il loro contratto di finanziamento personalizzato. In questo momento è fondamentale che tu porti quel contratto da un avvocato per una revisione prima di accettare le condizioni. Se il contratto è abbastanza semplice da capire, va bene, ma se stai guardando del testo e non hai idea di cosa significhi, non firmarlo! È meglio spendere soldi e farlo esaminare da un avvocato che firmare qualcosa che non comprendi.

* * *

"Il successo deriva dal produttore che crea le condizioni ottimali per il processo creativo del regista. Non dal guidare il regista attraverso un approccio unico per tutti". ~ Jason Blum

* * *

Filma il Film in Fase di Prova

Un trucco interessante che ho visto usare dai registi fai-da-te durante il processo di finanziamento è l'uso di animatics o proiezioni di prove. Quello che il regista fa è portare un paio di amici e girare il film con un iPhone o una DSLR in una sessione, dall'inizio alla fine, come una pièce teatrale, o sul palco o a casa sua. Ciò ti consente di (a) visualizzare meglio il tuo film e comprendere la lista delle riprese; (b) mostrare al cast/crew/investitori/produttori come sarà il film; (c) individuare nuovi problemi ai quali non avevi pensato e che ora puoi risolvere in pre-produzione, per essere meglio preparato quando girerai effettivamente. Quando ho realizzato 'Pickings', ho provato il film con il mio cast per circa una settimana, e poi l'ho girato per intero come una pièce teatrale. Ciò mi ha permesso di ideare diverse scenografie per scene diverse e mi ha dato una migliore comprensione del ritmo.

Realizza un Trailer di Presentazione

Un'altra cosa interessante che puoi fare per attirare potenziali investitori è girare un trailer di presentazione (noto anche come trailer di prova). Invece di girare l'intera sceneggiatura con i tuoi amici e proiettarla agli investitori, puoi optare per la produzione di un trailer di alta qualità che servirà a replicare il tuo 'trailer ideale' per questo film. Questo approccio può essere utile per le presentazioni agli investitori e agli studi cinematografici, o quando stai cercando di coinvolgere un attore famoso ma non hai esperienza precedente. È anche utilizzato da molte persone del settore come parte delle loro campagne di crowdfunding. Abbiamo fatto lo stesso per *"Pickings"* durante la nostra campagna su Indiegogo nel 2016 (ne parleremo meglio in seguito).

"Il tempo passa. Quindi qualsiasi cosa tu stia per fare, fallo. Fallo ora. Non aspettare". ~ Robert De Niro

*   *   *

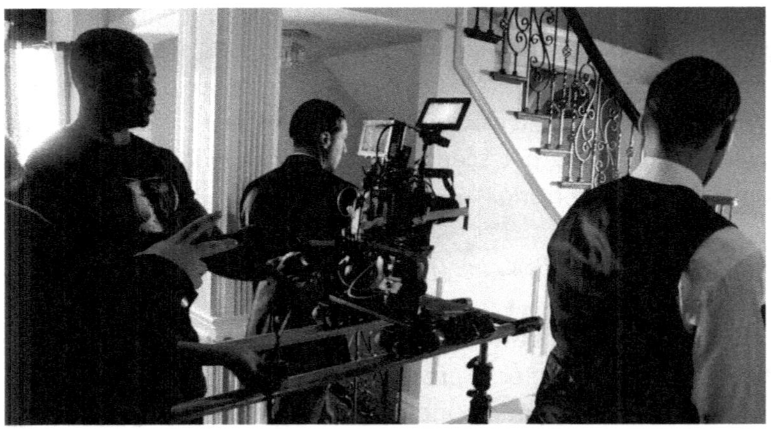

Nelle retrovie, la ripresa del trailer di presentazione di "Pickings"

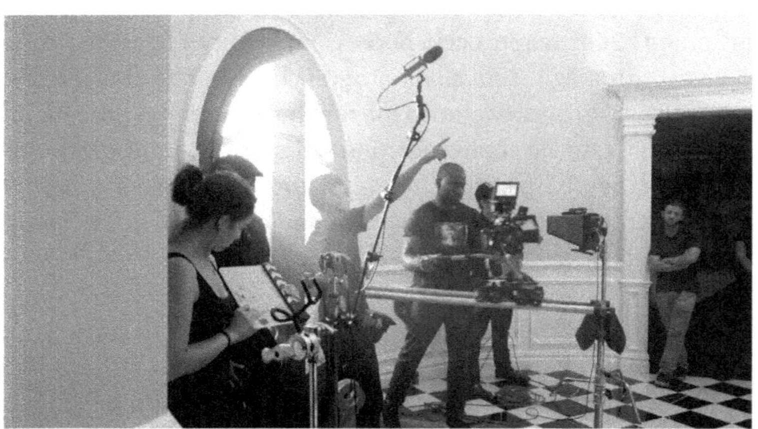

Pianificare le Proiezioni per gli Investitori

Le proiezioni per gli investitori sono dove si concludono gli affari. Affittate una sala cinematografica, invitate potenziali investitori e consegnate loro copie di una brochure ben progettata e splendidamente stampata (la Proposta di Film). Poi fate partire la vostra presentazione in una stanza piena di persone in grado di consegnarvi un assegno sul posto. Se avete un trailer di presentazione o un film di prova, sarà il momento di mostrarlo; in caso contrario potete proiettare un cortometraggio o un lungometraggio su cui avete lavorato.

Finanziamento Collettivo

L'unico consiglio che non sono qualificato a dare riguarda l'arena del crowdfunding, dal momento che l'unica campagna di crowdfunding che ho mai fatto non è riuscita a raggiungere il suo obiettivo. Quello che posso fare è parlare della mia esperienza personale con il crowdfunding e di cosa penso di aver fatto di sbagliato. Inizierò dicendo che molte persone riescono a finanziare i loro film tramite il crowdfunding ed è, di gran lunga, uno dei metodi più accessibili di finanziamento cinematografico disponibili oggi per i registi indipendenti. Non potrei essere più d'accordo. I miei errori con il crowdfunding erano più legati al produttore di cui mi sono fidato per gestire la campagna che a qualsiasi altra cosa. Quando il copione per "Pickings" fu completato, reclutai un "produttore esecutivo" che non aveva esperienza precedente ma aveva molto a cuore il mio film. Credeva di poter raccogliere oltre 350.000 dollari per realizzarlo. Mi fidai delle sue parole e le chiesi di firmare un contratto di produttore esecutivo. Lei avrebbe raccolto i soldi e ottenuto una percentuale di tutto ciò che avrebbe portato sul tavolo, e se avesse raccolto più di 500.000 dollari, avrebbe ottenuto una quota del 5% nel film stesso. Mi sembrava un accordo equo, quindi le diedi il "via libera". Lavorò instancabilmente per alcuni giorni, preparando la campagna su Indiegogo; producemmo un trailer di presentazione di due minuti per il film, ed eravamo tutti pronti. Meno di quattro giorni dopo dal lancio online della campagna, il mio produttore decise di lasciare il Paese, mollandomi da solo con un'azione di Indiegogo che non potevamo promuovere o modificare. Lo sforzo di raccolta fondi morì e il film rischiò di morire con essa. Immagino che ci siano molte lezioni da imparare da questa situazione, ma per me la lezione più importante dovrebbe essere quella di assumere un produttore esecutivo con un curriculum. Se avessi assunto qualcuno di serio, se non avessi accettato la prima offerta che mi era stata fatta da un produttore disposto ma inesperto, sarebbe stata una storia completamente diversa.

L'approccio dell'Auto-finanziamento

Ci sono molti cineasti spaventati o preoccupati per la loro capacità di scrivere, dirigere e produrre un lungometraggio, specialmente quando c'è il rischio di perdere i soldi di qualcun altro; è qui che la strategia dell'auto-finanziamento funziona meglio. L'idea è scrivere un lungometraggio che puoi permetterti di girare domani, indipendentemente dalla quantità di denaro a cui potresti avere accesso oggi. Finanziare il tuo stesso film è, di gran lunga, il miglior approccio per molti cineasti alle prime armi, ed è lo stesso approccio che ho adottato. È quello che raccomando di più, ed è ciò di cui parla questo libro. Se non avessi avuto i soldi per realizzare *"Pickings"*, lo avrei comunque realizzato, ma con meno denaro. Ho rifiutato di permettere a qualcosa o a qualcuno di scoraggiarmi dal fare il film che volevo fare, quindi l'ho fatto comunque.

Se non hai i soldi per realizzare il tuo film dei sogni e sei preoccupato per il processo di finanziamento, non realizzare il tuo film dei sogni! Mettilo da parte, conservalo in un cassetto e sappi che tornerai a realizzarlo una volta acquisita l'esperienza necessaria per farlo nel modo giusto! Per ora, concentra tutti i tuoi sforzi su scrivere, dirigere e produrre il tuo primo lungometraggio con un budget che puoi permetterti senza produttori o partner finanziari, solo tu e il tuo team, chiunque esso sia. Non sarà facile, ma può essere fatto, e dovrebbe essere fatto, e tu sei l'unico che può farlo. Nessuno farà il tuo film al posto tuo.

"Con pochi dollari, una buona storia e persone appassionate, puoi realizzare un film che reggerà il confronto con qualsiasi film da 70 milioni di dollari". ~ Jason Patric

"Ho una mente fortemente visuale. Visualizzo un'immagine fino ai tagli finali. Scrivo tutto questo nei minimi dettagli nello script ma non lo guardo mentre sto girando. Lo conosco a memoria, proprio come un direttore d'orchestra non ha bisogno di guardare la partitura... Quando finisci lo script, il film è perfetto. Ma girandolo perdi forse il 40 percento della tua concezione originale". ~ Alfred Hitchcock

PARTE QUATTRO
Pre-produzione

Connettiti con Persone Talentuose

Posso affermare senza alcun dubbio che il mio film non sarebbe stato nemmeno la metà se non fosse stato per le persone talentuose con cui ho collaborato lungo il percorso. In particolare, un direttore della fotografia con un occhio per la qualità, attori che non solo sono stati così gentili da dedicarmi il loro tempo, ma che non hanno avuto alcun problema a darmi il 110% del loro talento e impegno, assistenti di produzione e stagisti che non si sono fatti problemi a fare più del dovuto perché sapevano che si trattava di un piccolo film indipendente a basso budget e che hanno contribuito alla produzione quanto chiunque altro. La chiave nel trovare e gestire il talento è la perseveranza, unita a una forte visione e alla volontà di non accontentarsi di scarsa qualità. Molte persone assumono i loro amici attori solo perché li conoscono e sanno di poterli avere a costo zero. Molte persone si accontentano della persona che offre la tariffa più bassa anziché cercare altre modalità di collaborazione con persone più talentuose (e più costose) offrendo loro crediti, lavoro pro bono e altre forme di compensazione. Quello che sto dicendo è che esistono diversi modi per ottenere risultati, e secondo me è meglio cercare di fare così piuttosto che accontentarsi di una persona che ha bassi standard di qualità. Accontentarsi di qualcosa solo perché è economico quando esiste chiaramente un'alternativa migliore è un atteggiamento pigro e, secondo me, il modo più rapido per uccidere la tua visione e massacrare ciò che altrimenti avrebbe potuto essere un film migliore.

"Quando ero bambino, non c'era collaborazione; sei tu con una telecamera che comanda i tuoi amici. Ma da adulto, fare cinema significa apprezzare i talenti delle persone con cui ti circondi e sapere che non avresti mai potuto realizzare nessuno di questi film da solo". ~ Steven Spielberg

Il Produttore

La maggior parte di voi che sta leggendo questo libro sta probabilmente pianificando di produrre il proprio primo lungometraggio da solo. Dopotutto, hai prodotto un cortometraggio (o alcuni), quindi quanto è diverso un lungometraggio? Beh, la risposta a questa domanda dipende interamente dal tuo livello di fiducia ed esperienza. In fin dei conti, se sei un regista indipendente a basso budget, allora sei automaticamente il tuo produttore cinematografico, perché sei responsabile di tutto, dalla pre-produzione alla distribuzione, dalla selezione della troupe alla gestione del calendario di uscita. Un produttore è responsabile di assicurarsi che il film venga consegnato in tempo e senza sforare il budget, e per ogni cortometraggio che hai mai realizzato, quel ruolo è stato molto probabilmente gestito da te. Quindi, se hai lavorato abbastanza sul set e sei sicuro della tua capacità di svolgere il lavoro da solo, probabilmente non hai bisogno di assumere un produttore, ma ciò non significa che tu non abbia effettivamente bisogno di un produttore: tutto ciò che devi fare è diventare creativo con i crediti e offrire un credito di produttore a parenti, amici o membri del team per il lavoro extra svolto dietro le quinte.

Un credito di produttore e le responsabilità ad esso associate dovrebbero essere attribuiti solo a qualcuno che ha un interesse diretto nel successo del tuo film, qualcuno che è coinvolto quanto te e disposto a mettere in gioco tempo, denaro e risorse. Molti giovani registi coinvolgono i loro genitori come produttori perché sono meno propensi a interferire con il processo creativo, ma io ho un approccio molto più flessibile nel conferire crediti di produttore a chi li merita effettivamente (soprattutto quando si tratta del tuo primo lungometraggio). Durante la realizzazione del mio primo film, ho accettato di conferire un credito di produttore a un certo fornitore perché mi ha dato libero accesso a molti dispositivi di alta qualità che altrimenti mi sarebbero costati migliaia di dollari. In un altro progetto, ho conferito a un'attrice di mia fiducia (con enfasi sulla fiducia) un credito di produttore e un ruolo di produttore quando sembrava che il film non sarebbe stato realizzato senza un aiuto extra. La sua partecipazione come produttrice e l'assunzione di alcune di quelle responsabilità (senza compenso) hanno contribuito a realizzare il film che volevamo, insieme. Durante le riprese di un cortometraggio a budget molto ridotto, ho conferito un credito di produttore al mio aiuto elettrico in cambio di un giorno di aiuto nell'organizzazione e nell'ottenimento delle autorizzazioni di ripresa a New York City. Puoi utilizzare il credito di produttore, co-produttore o produttore associato per premiare le persone direttamente coinvolte nel successo del tuo film e convincerle a unirsi e offrire una mano d'aiuto.

Il Direttore della Fotografia

Se stai girando un film con un budget ridotto, potresti non essere in grado di permetterti un direttore della fotografia (DOP) esperto, ma se puoi permettertelo, fallo! Il tuo DOP è essenzialmente il tuo principale collaboratore creativo sul set. A volte potrebbe essere il tuo unico amico, e il suo consiglio e supporto durante tutto il processo sono fondamentali. Soprattutto quando ti senti incerto su una decisione o se hai idee visive che vorresti esplorare ulteriormente ma ti manca la conoscenza tecnica. Un buon DOP comprenderà e condividerà la tua visione. Sarà coinvolto nel tuo film ed è estremamente importante che stia dalla tua parte. Un rapporto negativo con il tuo DOP potrebbe significare la fine del tuo film, quindi un reciproco rispetto è fondamentale, per non dire altro. Posso sinceramente affermare che il mio primo lungometraggio, Pickings, non sarebbe potuto essere realizzato nel modo in cui è stato realizzato se non fosse stato per il mio direttore della fotografia, Louis Obioha. Mi sono affidato pienamente alla sua esperienza e competenza durante le riprese, e la sua conoscenza non solo ha reso il film bellissimo (cosa che è), ma mi ha dato le conoscenze di cui avevo bisogno per dirigere le riprese del mio prossimo progetto.

Se non hai il budget per assumere un direttore della fotografia, dovresti prenderti il tempo necessario per imparare tutto ciò che puoi sulla cinematografia prima di trovarti sul set con il cast e la troupe (che ti guarderanno per avere risposte). Non correre il rischio di sembrare come se non sapessi cosa stai facendo. Questa è la ragione principale per cui dirigere la fotografia dei tuoi cortometraggi è un'abilità così preziosa. Ti fornisce gli strumenti necessari per gestire il set come regista/DOP quando arriva il momento di girare il tuo lungometraggio.

Il Produttore Esecutivo /Responsabile di Produzione

Quando ho realizzato *"Pickings,"* ho scelto di risparmiare i $3.700 che avrei dovuto investire per assumere un produttore esecutivo ("line producer") decidendo di essere il mio stesso produttore esecutivo; è probabilmente stato uno dei più grandi errori che ho commesso durante quella produzione. Quella decisione alla fine mi è costata molto di più in termini di denaro speso e tempo perso. Per cominciare, un produttore esecutivo è il "coordinatore dell'evento"; è suo compito assicurarsi che il progetto rimanga all'interno del budget, rispetti il programma, e che il film non venga interrotto a causa di eventi imprevisti. E se ciò dovesse accadere, un bravo produttore esecutivo può rimetterti subito sulla retta via e alleggerirti di molta pressione. Ora, assumerò un produttore esecutivo quando sto girando una commedia romantica in un'unica location con un budget di $20.000? Forse no; la logistica non è così complicata e il budget è piuttosto semplice, ma quando stai girando un film come *"Pickings"* con un budget di $350.000, sei location, 115 membri del cast e della troupe combinati, trentacinque giorni di riprese, scene di azione, effetti speciali, armi finte, auto, esplosioni simulate, effetti visivi, presenza della polizia e permessi complicati, allora sì... forse trova spazio nel budget un bravo produttore esecutivo.

Molti registi indipendenti a basso budget finiranno per assumere i loro produttori di linea anche come responsabili di produzione (Unit Production Managers, UPM[2]). Il titolo UPM è effettivamente riservato ai film approvati dalla DGA[3], ma i loro compiti rimangono gli stessi. In poche parole, un responsabile di produzione si occupa di organizzare gli aspetti finanziari e commerciali; è suo

---

2. . Un Unit Production Manager (UPM) negli Stati Uniti e un "Responsabile di Produzione" (RdP) in Italia gestiscono entrambi la logistica di produzione e i budget, ma i loro ruoli possono variare in base al progetto e alle pratiche industriali.

3. . In Italia, l'equivalente del Directors Guild of America (DGA) è l'"Associazione Nazionale Autori Cinematografici" (ANAC) e l'"Associazione Italiana Registi e Sceneggiatori" (A.I.R.S.).

compito mantenere la produzione all'interno del budget e assicurarsi che tutto proceda senza intoppi. Stileràil programma delle riprese, supervisionerà il budget, assumerà il personale, negozierài salari, prenoterà fornitori e attrezzature, gestiràle prenotazioni delle location e organizzerài permessi, oltre a garantire che il tuo film rispetti le regole e i regolamenti sindacali. Sono alcune delle persone più impegnate sul set di un film e spesso saranno accreditate per prime nei titoli di coda del film.

Il Regista di Ripresa

Dirigere un lungometraggio è molto simile a giocare a un gioco di strategia bellica; devi sapere cosa può fare o non fare ciascun membro del tuo team. Devi essere in grado di spiegare chiaramente la tua visione, impartire ordini e fidarti che verranno eseguiti. Allo stesso tempo, devi tenere d'occhio la situazione e assicurarti che il lavoro venga fatto bene. Fare cinema richiede organizzazione, disciplina e la capacità di gestire le persone, e nessuno fa questo meglio dell'assistente di regia. L'assistente di regia può sembrare a volte il tuo migliore amico o il tuo peggior nemico sul set, a volte entrambi contemporaneamente. Il suo lavoro consiste nel garantire che la produzione rimanga in programma monitorando il progresso quotidiano, controllando i tempi, dando il via al pranzo, preparando le schede di chiamata e mantenendo la calma sul set. È la parte relativa al "controllo del programma" che talvolta può causare attriti tra l'assistente di regia e il regista (ad esempio, quando l'aspetto artistico ostacola la tempistica, e il regista vuole inserire nuove riprese che non erano nel piano sequenza, o quando il tuo stile artistico entra in conflitto con la gestione del tempo). Quindi, se hai scelto un assistente di regia straordinario con cui ti trovi bene, va benissimo; in caso contrario, potresti voler riflettere consapevolmente su come mantenere una relazione sana con il tuo assistente di regia sul set. Compragli da bere prima che inizi la ripresa e passa un'ora a parlare del tuo piano di gioco generale.

In definitiva, sei tu il capo sul set e ciò che dici va, ma gestire un set come un dittatore è il modo più rapido per far ribellare la gente contro di te. Quindi, il modo migliore per gestire un assistente di regia è considerarti suo partner; la parola magica è "compromesso". Se decidi di dedicare trenta minuti in più a girare qualcosa che non è nel copione, non è nella scheda di chiamata e non è nell'elenco delle riprese, devi o (a) vendere la tua visione per fermarlo dal chiamare il tempo ogni cinque minuti, o (b) fare un compromesso, togliendo una ripresa meno importante per fare in modo di rispettare i tempi. Perché in fin dei conti, l'assistente di regia vuole fare un buon lavoro, e fare un buon lavoro significa che a volte deve, a volte, tenere sotto controllo anche il regista.

Un'altra possibile fonte di attrito sul set potrebbe essere l'accoppiamento tra l'assistente di regia e il direttore della fotografia (DOP). A seconda delle personalità che hai sul set, questi individui potrebbero talvolta essere fonte di conflitto, e questi conflitti sono un vero e proprio spreco di energia. Il principale motivo dei conflitti tra assistente di regia e DOP deriva da un virus che colpisce ogni artista che lavora sul set di un film, quello che influenza maggiormente i direttori della fotografia - si chiama "perfezionismo". Quando un DOP con un occhio per i dettagli dice che ci vorranno dieci minuti per preparare la luce per una ripresa, può contare sull'assistente di regia che chiama il tempo dopo nove minuti, ma nella maggior parte dei casi, i dieci minuti del DOP diventano trenta, se non di più, se non mantenuti sotto controllo. Quindi dai all'assistente di regia il rispetto che merita e sii disposto a fare compromessi; non sprecare la tua visione, ma non essere un dittatore; trova l'equilibrio.

Assistenti di Produzione - Supremi Salvavita

Gli assistenti di produzione fanno tutto ciò che deve essere fatto su un set cinematografico, dal prendere il caffè a fare copie della sceneggiatura, portare i C-Stands, tenere in mano bandiere, trasportare attrezzature, guidare, svolgere commissioni e aiutare il cast, la troupe o il trucco quando c'è hanno bisogno. La cosa fantastica degli assistenti di produzione è che nel mondo del cinema a basso budget, si possono trovare gratuitamente o a prezzi molto convenienti, e quelli veramente bravi resteranno con voi. Vogliono acquisire esperienza e sono disposti a mettere in pratica quanto sanno fare. Contano anche di essere pagati o promossi quando li richiamate per un altro progetto, quindi cercate di non approfittarne. L'unico problema di cui dovreste essere consapevoli con gli assistenti di produzione entusiasti è che non amano dire "no", specialmente se il regista fa una richiesta direttamente. Quindi, fate attenzione a non chiedere troppo ai vostri assistenti di produzione perché potrebbero facilmente stancarsi, e quando sono estremamente stanchi, è lì che si commettono errori. Date loro il rispetto che meritano, non li pressate troppo, nutriteli e tutto andrà bene!

Competenza SAG

Se scegli di lavorare con il SAG[4] (o la sua controparte italiana UNITA), devi essere consapevole e seguire alla lettera le loro regole e i loro regolamenti. Non c'è molta flessibilità quando si tratta di contratti sindacali degli attori, quindi assumere un produttore o un assistente alla regia che conosce bene i contratti sindacali degli attori ti risparmierà molto tempo ed energia. La prima volta che ho mai assunto un produttore per un progetto è stata quando ho avuto bisogno di lavorare con attori del SAG. Non mi era mai successo prima e non sapevo molto dei contratti del SAG o delle regole e dei regolamenti del SAG; avevo bisogno di qualcuno che potesse compilare la documentazione e rappresentare il nostro film con il sindacato perché non era qualcosa che sapevo come fare, e non volevo sbagliare. Violare le regole del sindacato comporta multe, e comprendere queste regole ti aiuterà ad abituarti più rapidamente al loro modo di lavorare, quindi è qualcosa che raccomando vivamente. Negli Stati Uniti, puoi realizzare un cortometraggio SAG "ultra-low" da solo prima di intraprendere un lungometraggio, acquisendo così un po' di esperienza e familiarizzando con le loro regole. Verifica se l'Unione Nazionale Interpreti Teatro e Audiovisivo (UNITA) offre lo stesso tipo di contratti per i cineasti a basso budget.

---

4. . L'equivalente dello Screen Actors Guild (SAG) in Italia è il "UNITA", che si traduce in "Unione Nazionale Interpreti Teatro e Audiovisivo". Questa organizzazione rappresenta gli interessi degli attori in Italia, difendendo i loro diritti, le condizioni di lavoro e un adeguato compenso, simile al ruolo del SAG per gli attori negli Stati Uniti.

Nessuno Ti Dice Nulla

Una delle cose più importanti che ho imparato sulla gestione delle persone sul set del mio film è che le persone in genere hanno paura di "molestare" i dirigenti quando si presentano piccoli problemi; le frustrazioni delle persone vengono tenute per sé e vengono "sussurrate" tra il team perché nessuno vuole disturbare il regista. Le persone hanno paura di essere "quella persona", la persona che si lamenta, quindi tengono i loro problemi nascosti finché alla fine esplodono diventando grandi. Questo problema esiste in ogni gerarchia, ed è meglio tenerlo d'occhio e affrontarlo fin dall'inizio, specialmente se ti stai dirigendo verso una lunga ripresa con un gruppo di persone che non conosci bene. Incoraggiare le persone a portare le loro domande e i loro problemi direttamente a te aiuterà ad alleviare la tensione e migliorare l'efficienza con cui i problemi vengono risolti sul set.

Conosci la Tua Squadra

Sono convinto che quando devi passare molto tempo con qualcuno, è meglio che sia qualcuno a cui piaci. E così, quando abbiamo iniziato ad assumere la squadra per la realizzazione di *"Pickings"*, io e il mio direttore della fotografia li abbiamo invitati tutti a bere qualcosa in un bar locale. Quella sera, abbiamo tutti legato e ci siamo davvero piaciuti. Ho fatto lo stesso e di più con il mio cast, ed è qualcosa che ho intenzione di fare per ogni film su cui lavoro. Fare film è un lavoro di collaborazione, e se conosci e impari a voler bene alle persone con cui lavori, questo da solo può eliminare molta tensione, mal di testa e cattivo sangue: quando tutti si vogliono bene, fare film diventa un piacere. I membri della troupe sono una categoria che segue molto la mentalità da "fratello", e molti di loro rispondono molto bene a una leadership sicura di sé. Molti di loro vogliono alla fine fare ciò che stai facendo ora, quindi tienilo a mente quando sei sul set. Mostra fiducia (fingila se necessario), divertiti e tratta tutti con rispetto, e la tua troupe ti amerà. Il rispetto è la regola del gioco, e conoscere la tua troupe rende più facile vincere quel gioco.

Mantieni l'Allegria!

Quando le cose si fanno difficili, quando sorgono problemi e la gente si stanca, quando si affrontano giornate di tredici ore, si girano scene di notte, si scombina il sonno delle persone e si mantiene un'organizzazione rigorosa - cast e troupe diventano ansiosi, stanchi e irritabili. Quindi, una cosa che cerco sempre di fare è mantenere felice la mia gente. Ho imparato un consiglio di Kevin Smith su come mantenere alto il morale sul set. Kevin compra hamburger per la sua troupe tra un pasto e l'altro; regala ai membri del cast dolcetti e gadget vari durante la giornata, cose divertenti per mantenere leggera l'atmosfera - queste cose non sono molto costose ma possono essere dei salvavita quando si gira per lungo tempo. Tarantino fa suonare la musica sul set e impedisce ai membri del cast e della troupe di addormentarsi scattando foto a membri del team che dormono con un dildo viola chiamato "Big Jerry". Poi appende quelle foto su un grande muro che segue la produzione ovunque vada; alcuni registi giocano a carte, lanciano un pallone da football, giocano a basket e trovano altri modi per mantenere l'atmosfera leggera durante i momenti di pausa. Quando ho realizzato "Pickings", in realtà non sapevo che fosse qualcosa che avrei dovuto fare, ma alla fine ho fatto un po' di tutto per istinto. Abbiamo festeggiato la fine della giornata bevendo qualcosa; siamo andati in spiaggia, abbiamo giocato a biliardo e, in generale, ci siamo divertiti durante le pause. In seguito ho scoperto che ero stato davvero salvato dai miei attori principali - che erano tutti una grande fonte di positività e, a mia insaputa, hanno aiutato a evitare che la gente cedesse alla disperazione quando le cose si facevano davvero dure. Il mio direttore della fotografia andava al Dunkin Donuts ogni mattina per prendere delle leccornie per la sua troupe prima che fosse allestito il tavolo di craft services, e io e il mio cast giocavamo a giochi divertenti durante le riprese. Abbiamo vissuto tanti alti e bassi - ma alla fine ce l'abbiamo fatta, e non ci sarei riuscito senza il mio team. Mi rendo conto che non ogni ripresa sarà così difficile o così facile, e che c'è sempre il potenziale per un calo del morale e per la disillusione delle persone, ma sono più intelligente, sono migliore e ho più esperienza, e ora - ogni volta che sono sul set - assumo sempre un ruolo proattivo nel mantenere il mio cast e la mia troupe di buon umore.

Niente Meno che l'Entusiasmo è ACCETTABILE

Uno dei più grandi errori che ho commesso con il mio primo lungometraggio è stato "convincere" alcune persone a assumersi le loro responsabilità. È stato un errore che alla fine mi è costato molto tempo e denaro e ha quasi fatto deragliare l'intera produzione. Il nostro film era molto vicino a essere interrotto a causa di un paio di "cattive assunzioni". Circa una settimana prima di iniziare le riprese, ho dovuto chiedere a un membro molto importante del mio team che aveva il controllo sul nostro programma "di non mollare" perché avevo la sensazione che stesse per lasciare il progetto e non volevo che ritardasse la data di inizio. Grande errore! L'ho convinta a restare e le ho dato un aumento - e poi, una settimana dopo l'inizio delle riprese, non ha retto alla pressione e ha deciso comunque di mollare, lasciando il progetto in rovina e il nostro programma "in aria". Allo stesso modo, ho dovuto convincere un attore a rimanere - l'attore, meno di una settimana prima dell'inizio delle riprese, ha deciso di accettare un altro progetto meglio remunerato e ha infranto il suo impegno nei miei confronti. L'ho "convinto" a restare e ho persino spostato il mio programma per ospitarlo. Grande errore! Quell'attore non arrivava in orario e, quando lo ha fatto, non era pronto a fare il suo lavoro. È stato scortese, non professionale e praticamente un cretino con tutti sul set, me compreso. E sebbene abbia girato solo per cinque giorni sul set, il suo personaggio era molto importante per il film ed è stato tagliato dall'intero film, non per vendetta, intendiamoci, ma perché non riusciva a leggere le sue battute senza inciampare su se stesso. Qualcosa è successo tra le prove e le riprese che lo ha bloccato e non gli ha fatto ricordare nessuna delle sue battute. Quell'esperienza mi ha insegnato una lezione molto importante: se qualcuno non è sicuro al 600% di voler fare il lavoro, non assumerlo - alla fine finirà per fregarti.

Partecipare ai Festival del Cinema

Partecipo a molti festival del cinema, non solo quelli in cui vengono proiettati i miei film, ma festival di tutte le forme e dimensioni, e questa abitudine ha già dato enormi risultati. Portare con sé un biglietto da visita che dice "Sceneggiatore, Regista, Produttore" in qualsiasi festival del cinema funge da introduzione con una stretta di mano che dice: "Collaboriamo". Dal momento che incontro attori, direttori della fotografia, assistenti alla regia, pubblicisti, agenti, ecc., partecipare a festival del cinema di piccole, grandi e medie dimensioni è l'opportunità definitiva di networking, ed è lì che ho incontrato attori che hanno recitato nei miei film, così come direttori della fotografia e registi con cui ho sviluppato amicizie. L'abitudine di partecipare ai festival del cinema è molto preziosa, quindi impegnati a partecipare ad almeno alcuni festival del cinema ogni anno, e quando i tuoi progetti vengono selezionati, vai! È la tua carriera; è la tua possibilità di presentarti, ottenere visibilità e incontrare altri professionisti che stanno giocando allo stesso gioco come te.

Mantieni un Diario

Quando realizzi un film, stai facendo 10.000 cose contemporaneamente: dalla pianificazione all'esecuzione, dalle assunzioni alle audizioni, dalla comunicazione alla gestione di varie attività quotidianamente. Quindi è ragionevole pensare che non ricorderai tutto ciò che fai, sia giusto che sbagliato. A volte, gli errori verranno ripetuti, le buone azioni passeranno inosservate, e potresti dire la cosa sbagliata al momento sbagliato e sperimentare gli effetti di quelle azioni in seguito. Mantenere un diario è qualcosa che consiglio vivamente. È una raccolta di lezioni di vita scritte da te; è materiale per un libro; è una grande fonte di riflessione, un elenco di tutto il bene e il male compresso in lezioni che ti istruiranno per ogni nuovo progetto a cui lavori e ti prepareranno per il successivo. Ogni volta che concludo una fase, che sia la pre-produzione, sul set o in post-produzione, scrivo qualcosa nel mio diario. Scrivo ogni singola cosa che ho fatto male e ogni singola cosa che ho fatto bene. E ogni volta che mi avvicino a un nuovo progetto, esamino le mie note dai film precedenti. Questa è una pratica che non posso che raccomandare vivamente.

La Tua Seconda Lettura al Tavolo

La tua seconda lettura al tavolo serve a uno scopo molto importante: incontrare il tuo team, leggere lo script, rispondere alle domande e fare brainstorming. È più una riunione di produzione che altro, ed è il momento della verità in cui il tuo principale truccatore, costumista, direttore della fotografia, coordinatore delle scene d'azione e altri capi dipartimento possono leggere lo script con te e scrivere tutte le loro domande. Una volta finita la lettura, ti troverai di fronte a domande riguardanti la tua visione, e approfitterai di questa opportunità per fare alcune domande anche tu. "In questa scena, cosa immagini per il trucco?"; "Quante telecamere avremo per questo incidente d'auto?"; "Devi vederlo saltare attraverso la finestra in un'unica ripresa? O possiamo fare dei tagli?". In generale, avrai una "tavola visione" o "foglio di stile" e dovrai prenderti il tempo per tenere riunioni di produzione indipendenti con ogni capo dipartimento chiave. Alcuni capi dipartimento potrebbero chiedere di fare un test (test di ripresa, test di trucco, prove di stunt, ecc.), ed è compito tuo e del tuo produttore assicurarsi che venga fatto. Ma il motivo per cui è importante tenere una lettura al tavolo con tutti è che la natura collaborativa del cinema permette alle persone di vari dipartimenti di suggerire idee ed esprimere pensieri che influenzeranno alla fine gli altri capi dipartimento. Il direttore della fotografia potrebbe dare suggerimenti sul colore e feedback al tuo scenografo o costumista; il supervisore degli effetti visivi può suggerire idee al tuo truccatore principale; sono tutte idee e contributi che aiuteranno a influenzare la visione finale presentata dai capi dipartimento. Il cinema è un'opera collaborativa, e sebbene tu sia il capo, è fondamentale che tu apra il palcoscenico alle collaborazioni e permetta agli artisti con cui lavori di contribuire con le loro idee e con i loro suggerimenti, e poi giudicare da solo. La verità, nella maggior parte dei casi, è che il regista cinematografico di un film indipendente a basso budget è generalmente la persona meno esperta presente. Tutti intorno a te sono stati su set molto più di te, quindi assumere persone straordinarie e ascoltare ciò che hanno da dire è fondamentale se vuoi avere successo in questo settore.

Casting

Il casting, senza dubbio, è una delle decisioni più importanti che prenderai nella realizzazione di un film. Puoi avere i dialoghi migliori mai scritti, ma se scegli l'attore sbagliato, tutto quel duro lavoro andrà sprecato, e il tuo film morirà prima ancora di iniziare. E te lo dico per esperienza, da qualcuno che ha fatto scelte di casting orribili in passato e ne ha pagato caro le conseguenze. Ti esorto a prendere questo processo seriamente. Devi essere altrettanto meticoloso nel casting quanto lo sei nella scrittura o nella scelta del tipo di telecamera giusta.

"Casting a volte è destino e destino più che abilità e talento, dal punto di vista del regista".
~ Steven Spielberg

*   *   *

Nota dall'editore

"Usher Morgan realizza film negli Stati Uniti, e questo contesto influisce sulla sua discussione riguardo ai servizi di casting, alla gestione delle paghe e alle normative di assunzione a livello statale e locale, tra le altre cose. Sebbene cerchiamo di tradurre accuratamente questo testo in italiano, vi incoraggiamo a verificare le informazioni fornite prima di prendere decisioni o impegni finanziari."

Servizi di Casting

Ci sono molteplici risorse disponibili per i registi che gestiscono il proprio casting. Molti di questi servizi sono economici, alcuni sono gratuiti, e tutti sono accessibili online. Se stai realizzando un film negli Stati Uniti, è probabile che utilizzerai Breakdown Express (www.breakdownexpress.com), che non costa nulla inizialmente e ti dà accesso ad attori davvero talentuosi. Oppure potresti provare un sito web come Backstage (www.backstage.com), che costa circa $25 per annuncio. Potresti anche provare la fortuna con Central Casting, NY Casting e LA Casting. Ecco un buon consiglio: mai, ma proprio mai, inserire il tuo indirizzo email personale o il numero di telefono nell'annuncio del servizio di casting. La tua casella di posta sarà invasa da foto artistiche e le persone ti chiameranno ogni due minuti chiedendoti di "dare un'occhiata" al loro reel. Quindi fai molta attenzione a quali informazioni scegli di rivelare nell'annuncio di casting. Quello che faccio io è creare un indirizzo Gmail come Casting (nomedelfilm)@gmail.com o un indirizzo email personale tramite GoDaddy per ogni nuova produzione a cui partecipo. In questo modo, una volta completato il casting, puoi chiuderlo e non preoccuparti di ricevere un'infinità di email nella tua casella di posta.

Per il casting di attori in Italia, puoi esplorare i seguenti siti web e le seguenti piattaforme:

Casting Up: www.castingup.it

iCasting: iCasting è un servizio completamente GRATUITO tra i più utilizzati in Italia che permette a tutti di trovare e candidarsi per i casting di proprio interesse attivi in tutto il Paese.

www.cinextras.it: L'Agenzia Cin'extras si occupa di casting di attori, comparse, figurazioni e piccoli ruoli per la realizzazione di film, fiction e spot pubblicitari.

Le Audizioni Video Hanno uno Scopo

La maggior parte degli attori professionisti al giorno d'oggi è più che disposta a inviare un'audizione video prima di essere chiamata per un'audizione fisica. Grandi e piccole case di produzione stanno approfittando del fatto che ogni persona che vive negli Stati Uniti ha una telecamera di alta qualità nel proprio taschino, e quella telecamera (il loro telefono) può essere utilizzata per registrare e inviare un'audizione video al regista, esponendoli a potenziali attori senza dover affittare uno spazio e trascorrere ore a esaminare attori dilettanti che sono chiaramente sbagliati per la parte. Tuttavia, c'è una pericolosa tendenza che comporta la presa di decisioni di casting basate esclusivamente sui meriti di un'audizione video, ed è qui che spesso si commettono errori di casting. Il vero scopo di un'audizione video è darti un'idea della capacità di una persona di recitare - non ti dice se l'attore è adatto per il ruolo. Quella decisione dovrebbe essere presa solo in un'audizione di persona, e per una buona ragione. Un buon attore è una persona che risponde bene alla direzione, e come regista, se non sei nella stanza a dirigerlo, allora non hai idea di quanto sia davvero bravo quell'attore. Inoltre, proprio come con la troupe, vuoi assumere attori che ti piacciono e con cui hai un buon rapporto, e questo è qualcosa che non puoi mai ottenere attraverso un'audizione video. Quindi, chiedi ai tuoi attori di inviare un'audizione video, ma assicurati di organizzare callback fisici nel mondo reale in cui puoi incontrare e interagire con i tuoi attori, porre loro domande, dare feedback e osservare come rispondono. Questa è l'importanza della dinamica attore/regista ed è ciò che farà la differenza tra un film di successo e uno che non lo è.

Il Casting è Spaventoso

Quando ti trovi dall'altro lato di quel tavolo, raramente pensi allo stato d'animo dell'attore quando entra in una stanza. Durante la mia prima sessione di casting, non avevo idea di quanto fosse spaventoso il processo per le persone che entravano e uscivano dalla stanza. Ma quando un'amica attrice venne a trovarmi a fine giornata, mi disse che aveva notato una signora terrorizzata seduta fuori dalla stanza. Tremava, era nervosa e non aveva problemi a esprimere i suoi dubbi sulle proprie capacità di superare quell'audizione. Io ero all'oscuro di tutto perché la maggior parte delle persone che entrava nella stanza quel giorno si esprimeva, almeno durante la presentazione, sembrava rilassata e avere tutto sotto controllo. Il giorno successivo, ho cambiato il mio approccio e ho fatto uno sforzo per creare un ambiente di casting rilassante per l'attore. Mi sono tolto il cappello in modo che potessero vedere i miei occhi, ho sorriso di più, sono stato cortese e gentile; in altre parole, volevo assicurarmi che si sentissero a loro agio. Non so se abbia avuto alcun effetto sulla loro interpretazione, ma due anni dopo ho incontrato in un festival cinematografico un'attrice che conoscevo che mi ha fatto notare che si ricordava del mio provino perché ho dedicato del tempo a lei; sono stato gentile, amichevole e ho lasciato davvero una buona impressione. Il fatto che si ricordasse di me due anni dopo e si fosse presa la briga di commentare il provino mi ha fatto capire che la gentilezza ha davvero un effetto e che va molto lontano nel garantire che le persone si ricordino positivamente del tuo nome.

Sii Gentile

Senza voler insistere ulteriormente sull'argomento, desidero ribadire il valore della gentilezza in questo settore perché ritengo che sia importante. Sono sconcertato dai registi che trattano gli attori (nella sala delle audizioni e sul set) con mancanza di rispetto, disinteresse o abuso. Quando sei responsabile, quando sei "il capo", devi fare uno sforzo per attenerti a quella vecchia regola di Spiderman - "con un grande potere, viene una grande responsabilità". Abusa del tuo potere e rischi di lasciare cicatrici alle persone, di ferirle e di danneggiare il tuo stesso marchio nel processo. Non c'è assolutamente nessuna scusa per non essere gentili in questo settore e ti consiglio di fare uno sforzo per tenere sotto controllo il tuo ego e gestire dispute, disaccordi e conflitti con gentilezza e rispetto. Altre persone stanno osservando e tutto ciò che fai e dici sul set si diffonderà come un incendio. Quindi, sii gentile con le persone: è di estrema importanza nel lungo termine. Tuttavia, devi assolutamente tracciare una linea chiara nella sabbia e non permettere a nessuno di oltrepassarla. Mai. Solo perché sei gentile non significa che dovresti permettere alle persone di approfittare di te, di abusare di te o di maltrattarti o maltrattare te o chiunque altro nel tuo cast e nella tua troupe, mai. Non essere mai debole e difenditi sempre, altrimenti rischi di perdere il rispetto delle persone. Ma non perdere mai la calma; sii strategico nelle tue risposte.

"La gentilezza genuina è la forza ultima".
~ Gary Vaynerchuk

* * *

L'Assistente di Casting

Non posso dirti quanto sia importante avere un assistente personale presente durante la sessione di casting; l'assistente di casting renderà la tua vita più facile in più modi. Oltre a svolgere il loro vero e proprio lavoro (chiamare le persone, gestire la telecamera, svolgere commissioni e tenere traccia del tempo), queste figure svolgono un ruolo psicologico più profondo per le persone che fanno il provino, specialmente se sono membri del sesso opposto. Questo potrebbe non essere la cosa più politicamente corretta da dire, ma è vero. Fa parte della natura umana, e nel mondo reale (e soprattutto ora), le persone di questa industria sono dolorosamente consapevoli delle dinamiche di potere coinvolte nei registi maschi che intervistano attrici femminili e negli attori maschi che cercano di impressionare le loro controparti femminili in modi che vanno al di là delle loro qualifiche come attori. Questo non riguarda solo il genere; avere due persone in sala fa sembrare la produzione più seria che avere una persona seduta da sola a un piccolo tavolo. È anche un fatto ben noto che i bambini e i loro genitori si sentiranno più a loro agio quando il bambino farà un provino in una stanza che ha una rappresentazione di entrambi i sessi, specialmente se si richiede ai genitori di rimanere fuori dalla stanza durante il provino. Quindi, che tu sia d'accordo con queste opinioni o no, dovresti considerare i benefici di avere un assistente di casting o un amico presente. Almeno ti risparmieranno molto tempo e, nel migliore dei casi, elimineranno qualsiasi sensazione di disagio che potrebbe essere associata al processo di audizione e ti aiuteranno a lasciare una buona impressione.

Test di Chimica

Se cerchi di presentare una relazione autentica tra i personaggi, soprattutto tra fratelli o coppie, sarebbe nel tuo migliore interesse vedere come questi attori interagiscono nella vita reale. Una delle cose che ho fatto per *"Pickings"* è stata chiamare gli attori bambini e metterli in una stanza con gli attori che avevo già scelto come membri della loro famiglia. Volevo metterli in una stanza e lasciarli parlare, conversare, interagire tra di loro; abbiamo fatto alcuni giochi e domande e risposte - è stato divertente per tutti. Ho fatto raccontare ai bambini storie tristi e felici ai loro fratelli e ho ottenuto un buon sguardo su quanto fossero a loro agio gli uni con gli altri. E sono contento di averlo fatto. La relazione sullo schermo sembra autentica perché gli attori non stavano recitando. Quella stessa energia, quella stessa chimica stava avvenendo anche nello spazio delle prove, e credo che tutti fossero d'accordo che si trattasse di una grande pratica. In fin dei conti, la decisione di scegliere un attore è interamente tua - e un casting errato può portare a problemi, quindi il mio approccio è utilizzare qualunque accorgimento possibile per risolvere potenziali ostacoli nella pre-produzione, e questo include la pratica dei test di chimica.

Sii un *"Regista degli Attori"*

Quando ho iniziato in questo campo, un regista "esperto" si è preso la briga di informarmi che gestire gli attori sarebbe stata la parte più sgradevole del mio lavoro come regista e, purtroppo, ci sono molti registi cinematografici dilettanti che lo credono. La verità è che, dopo aver completato due lungometraggi e diversi cortometraggi, posso sinceramente dire che lavorare con gli attori è la parte più gratificante e piacevole del mio lavoro. Sinceramente, lo amo. Gli attori, per loro natura, sono persone ultracreative che vogliono accontentare - vogliono fare un buon lavoro, ed è per questo che il rapporto tra me e i miei attori è sacro. Ho deciso fin dall'inizio che sarei stato un "regista degli attori", ovvero un regista che comprende gli attori e fa tutto il necessario per fornire loro gli strumenti di cui hanno bisogno per avere successo. Uno dei modi in cui ho fatto ciò è stato prendere lezioni di recitazione dopo aver già completato un lungometraggio, e quell'esperienza mi ha aperto gli occhi sulla vera natura dell'attore. Come risultato, sono diventato anche uno sceneggiatore migliore (imparare a tenere sempre presente la motivazione durante la scrittura è un potente strumento di recitazione che si traduce perfettamente nella sceneggiatura). E così, ti raccomando vivamente di iniziare a concentrarti sull'arte della recitazione se vuoi migliorare le tue abilità come regista. In fin dei conti, c'è una cosa che stai cercando di stabilire con i tuoi attori fin dall'inizio, e cioè la fiducia. E se scegli un attore, significa che devi mettere la tua fiducia nelle loro mani, ossia nella loro capacità di interpretare il personaggio. Hanno bisogno di indicazioni, certo, ma quelle indicazioni verranno facilmente se hanno fiducia in te e ti rispettano, e questa fiducia e questo rispetto devono partire da te.

"Non Suggerire agli Attori 'Come Dire' la Battuta"

Se hai avuto il piacere di lavorare con attori per un periodo prolungato, potresti essere incappato nel termine "Line Reading" (nel cinema italiano, "Line Reading" non è un termine ampiamente riconosciuto in modo specifico come in inglese).

Una "Line Reading" avviene quando un regista dice all'attore "come" dire in modo specifico una battuta. In poche parole, se hai scritto la battuta, "Tu non sarai mai mio padre" e hai un modo molto specifico in cui desideri che l'attore la dica, non puoi essere biasimato per voler dire all'attore esattamente come desideri che la dica. Tuttavia, dal punto di vista dell'attore, questo rappresenta una mancanza di fiducia nella loro capacità di interpretare il ruolo e incarnare il personaggio che gli hai assegnato. Sarebbe il segnale più evidente che un regista cinematografico non sa come dirigere o lavorare con gli attori. La relazione tra un regista e il suo attore è sacra, secondo la mia opinione, ed è per questo che tendo a chiamare i miei attori "partner collaborativi", perché i registi esperti sanno che recitare è un'esperienza estremamente vulnerabile. E stabilire la fiducia tra l'attore e il regista è la cosa più importante che puoi fare per quella relazione. Dopotutto, se pensi di poter fare un lavoro migliore nel recitare il ruolo rispetto all'attore che hai scelto per il ruolo, allora vai avanti e fallo. Molti registi lo fanno. Ma se affini le tue capacità di comunicazione e impari a lavorare con gli attori, alla fine migliorerai la tua abilità di regia e renderai i tuoi film ancora migliori.

Prenditi il tuo Tempo

Lo hai visto in film prima: un attore sale su un palco di audizioni, dice due battute, e la persona dall'altro lato del tavolo grida, "Prossimo!". Ora, non sono un direttore di casting professionista, ma persino io so quanto deve essere orribile quell'esperienza per un attore e quanto danno si sta facendo un regista di casting quando si sbarazza dell'attore prima che abbia mai la possibilità di recitare. La regia degli attori, nella sua essenza, è un processo collaborativo. L'attore dà, e tu prendi, poi tu restituisci, e l'attore prende, e insieme costruite una scena e un personaggio, e create una sensazione che si traduce attraverso lo schermo e induce un'emozione. Questa è la magia della recitazione, e quella magia non può essere affrettata, e non puoi aspettarti di evocarla in trentacinque secondi o meno. Quindi il mio consiglio è di prenderti il tuo tempo.

La prossima volta che ti trovi nella stanza delle audizioni, sorridi, sii gentile, chiedigli di prendere posto, rilassati. Questo non è un colloquio di lavoro (anche se lo è, non lo dici), siamo solo io e te - ci stiamo conoscendo. Chiedigli come è andata la giornata, il viaggio, il weekend, da quanto tempo recita? Che tipo di ruoli di solito trova interessanti? Che hobby ha? ecc. Mi piace parlare con l'attore per almeno due-tre minuti prima di chiedergli di leggere qualcosa: gli dà la possibilità di rilassarsi e rimuove qualsiasi senso di intimidazione che altrimenti avrebbe provato nei miei confronti (tieni presente che quando fai un'audizione, la persona dall'altro lato del tavolo è, nella maggior parte dei casi, intimidita, soprattutto quando si tratta di attori inesperti).

Una volta che conosco la PERSONA e l'ATTORE, allora gli chiedo di leggere il copione. Di solito mi chiedono se ho note, domande o se voglio che lo leggano in un certo modo - la mia risposta è sempre la stessa: "Fallo a modo tuo prima; voglio vedere cosa porti sul tavolo". Dare all'attore questo tipo di libertà fa due cose: (a) dimostra che hai fiducia nelle tue capacità di sceneggiatore/regista e (b) dimostra che hai fiducia in lui o in lei, questo è importante.

Sii paziente con loro, lasciali leggere fino in fondo, e quando hanno finito, dai solo feedback positivi, ma con una svolta. "È stato fantastico, mi piace come hai fatto X. Ora proviamolo in questo modo" - quel "in questo modo" è una direzione, non una lettura della linea. Non stai leggendo la battuta, stai dando loro un'emozione o mettendo il testo in contesto. Quindi, anziché dire "sii più spaventato", dici "prova a farlo più stridulo" o "provaci più tranquillo, guarda in giro, hai paura". La chiave è eliminare la parola "sii più..." e sostituirla con "prova...".

Scegli gli Estratti Giusti

Avendo amici attori, trascorro la mia giusta parte di tempo ad aiutarli a prepararsi per le audizioni, e ho notato, volta dopo volta, che ci sono registi che inviano i più strani "sides" ai personaggi principali/secondari. In Italia, il termine "sides" si riferisce alle pagine o sezioni specifiche di una sceneggiatura fornite agli attori per le audizioni o le prove. Anche se non esiste un equivalente diretto comunemente utilizzato per "sides", ci riferiremo a esse come "estratti".

Questi registi inviano agli attori un estratto che contiene o una singola e poco immaginativa battuta di dialogo o una in cui il personaggio deve dire qualcosa di casuale che non sembra avere alcun significato nella storia. Il vero scopo di questi estratti è dare al regista un'idea di come un attore interpreta un personaggio; in altre parole, ti dice se l'attore è adatto al ruolo. E se è così, perché inviare all'attore una scena in cui il personaggio chiede al cameriere il conto, quando c'è una scena importante solo poche pagine dopo? Non ha senso vedere un attore recitare una scena passiva che non serve alla storia. Con l'eccezione dei "day player" (attori che hanno solo una manciata di battute), gli unici estratti che dovresti inviare agli attori sono quelli che mostrano l'incarnazione del personaggio. Devi inviare loro qualcosa di impegnativo, qualcosa che ti dirà quanto sia adatta questa persona per interpretare quel ruolo.

Aspetto Legale e Assicurativo

Sì, è previsto girare un lungometraggio con un budget limitato, ma ecco i miei pensieri sull'assicurazione: ne hai bisogno! Lo scopo dell'assicurazione per la produzione cinematografica è di proteggerti dai danni, e posso affermare con assoluta certezza che mi ha salvato più di una volta. La maggior parte dei luoghi, delle società di noleggio attrezzature, dei direttori della fotografia e degli elettricisti richiederà un Certificato di Assicurazione prima di permetterti di noleggiare o utilizzare le loro attrezzature (ora, poiché sto realizzando film negli Stati Uniti d'America, queste informazioni sono rilevanti, ma se stai girando film in Italia, dovrai condurre la tua ricerca). Torno sempre da Athos (per le attrezzature) e dalla Philadelphia Insurance Company o Film Emporium (per le riprese cinematografiche) perché ho avuto buone esperienze con loro. Athos consente pagamenti mensili bassi, che sono certamente da preferire rispetto ai costi più elevati di altri fornitori di assicurazioni. Ora, se stai girando un lungometraggio da $20.000 in una singola location (molto probabilmente la tua casa o il tuo quartiere) e stai utilizzando le tue attrezzature, allora procedi a tuo rischio. Se succede qualcosa, non ti farai causa da solo, ma se prevedi di noleggiare attrezzature costose o utilizzare luoghi dove qualsiasi cosa possa danneggiarsi, avrai bisogno di un'assicurazione. Athos tende ad essere l'opzione più economica; coprirà $30.000 di attrezzature per circa $40 al mese, il che è piuttosto conveniente considerando che puoi stampare Certificati di Assicurazione online e che le franchigie sono piuttosto basse.

Guerriglia non Significa "Senza Permessi"

E se non puoi permettertelo? E se l'assicurazione è fuori dal tuo budget? Allora fai il film senza di essa, ma tieni presente che se succede un imprevisto, è colpa tua. Per essere totalmente onesto, ho girato molti progetti senza assicurazione e in ognuno di essi sapevo del rischio. Erano per lo più girati in interni o in location gratuite, con un team minimo di due o quattro persone (compreso il cast). Tuttavia, c'è solo una circostanza in cui non girerò mai, mai un film in guerriglia senza assicurazione o permessi, ed è quando sono coinvolte armi finte o acrobazie pericolose. Ci sono molte storie horror di registi che si sono divertiti con armi finte senza permesso e, quando sono arrivati i poliziotti, c'è scappato il ferito. Questa è una situazione di vita o di morte. Per girare un film con un'arma finta negli Stati Uniti (con una pistola che spara a salve o una replica giocattolo), è necessario ottenere un permesso obbligatorio dalla città (a meno che non si stia girando in interni), e per ottenere un permesso dalla città, è necessaria una polizza assicurativa di responsabilità civile. Senza il permesso e l'assicurazione, non porterò mai un'arma sul set, anche se è un giocattolo. Tuttavia, se non è necessario un permesso o non può essere ottenuto dall'ufficio cinematografico locale, chiamerò personalmente il distretto di polizia locale e farò loro sapere che stiamo girando all'interno e che c'è un'arma finta sul set. E mi è stato detto in diverse occasioni che è stata una "mossa intelligente" farlo. Mai essere troppo sicuri.

Mantieni Registri

Nel mondo del cinema, come in qualsiasi campo professionale, mantenere registri accurati non è solo consigliabile, ma essenziale. Ogni accordo, contratto e corrispondenza significativa costituisce la base delle relazioni professionali e dei risultati del progetto. Il mio metodo è scannerizzare i documenti firmati utilizzando l'app Dropbox sul mio iPhone. Funziona come uno scanner vero e proprio e mi aiuta a mantenere le cose organizzate sul "cloud".

Clausola di Rinuncia e Liberatoria

Quando ti interfacci con le compagnie di assicurazioni, chiedi sempre se offrono una "clausola di rinuncia e liberatoria". Se stai girando una scena all'interno di un bar e qualcuno rompe accidentalmente qualcosa di molto costoso, il proprietario del bar si rivolgerà alla compagnia di assicurazioni. Una "clausola di rinuncia e liberatoria" garantisce fondamentalmente che il proprietario del bar non possa querelarti in seguito per mancati guadagni o qualsiasi altro danno derivante dall'incidente. È essenzialmente un livello aggiuntivo di protezione che sarai molto felice di avere quando e se arriverà il momento. Non costa denaro aggiuntivo, ma la compagnia di assicurazioni dovrebbe essere in grado di offrirtelo come parte della tua polizza. È sempre consigliabile consultare il proprio intermediario assicurativo per verificare che questa copertura sia presente.

Realizzare Film in America
Assumere una Società di Pagamento

Se stai realizzando il tuo primo film indie a budget ultra ridotto negli Stati Uniti d'America, ti consiglierei vivamente di cercare i servizi di una società di pagamento. La logistica coinvolta nell'assunzione di dipendenti W4 da soli richiede molte conoscenze professionali e comprensione delle leggi federali e statali in materia fiscale, compresa l'assicurazione contro gli infortuni sul lavoro e l'assicurazione responsabilità civile. Richiede di registrare la tua azienda presso lo stato e presentare rapporti trimestrali, e in breve, renderà la tua vita molto complicata. La tua migliore opzione sarebbe assumere una "Società di Pagamento per l'Intrattenimento" (con enfasi sulla parola "intrattenimento"). La differenza principale tra una società di pagamento per l'intrattenimento e una società di pagamento tradizionale (come ad esempio Paychex) è che con una società di pagamento tradizionale, la tua azienda assume l'attore o il membro del team come dipendente "W4". La società di pagamento lo segnala allo stato per tuo conto e svolge tutte le procedure per te, a differenza di una società di pagamento per l'intrattenimento, dove il tuo cast e la tua troupe vengono assunti da un'altra società. LORO sono responsabili dell'assunzione, del pagamento delle tasse, delle trattative con le autorità e ti addebitano una commissione per l'impegno. Sono loro i datori di lavoro, non tu. Si occupano della parte amministrativa, e l'onere fiscale è su di loro se fanno errori. Ti evitano la necessità di compilare moduli fiscali, calcolare le tasse e presentare documenti con tutte le varie agenzie governative, oltre a dover emettere assegni e occuparti dei pagamenti alla fine della settimana. Per risparmiarti tempo, ecco alcune delle migliori opzioni disponibili per i registi indipendenti che realizzano film negli Stati Uniti:

Media Services. La mia scelta quando lavoro su film SAG a basso budget e cortometraggi.
www.media-services.com

ABS. Un'azienda di settore standard; fa molto affari con registi indipendenti.
www.abspayroll.com

Cast & Crew: Si occupano di progetti importanti, da 2 milioni di dollari in su.
www.castandcrew.com

*　　*　　*

*Assumere una Società di
Pagamento per l'Intrattenimento in Italia*

In Italia, esistono società di pagamento specializzate nell'ambito dell'intrattenimento che lavorano con i cineasti e si dedicano alle esigenze specifiche dei progetti a breve termine, come film, spot pubblicitari e produzioni televisive. Queste aziende comprendono le particolari richieste dell'industria dell'intrattenimento, tra cui la necessità di flessibilità, la gestione degli orari irregolari e la gestione di vari tipi di contratti che possono essere utilizzati per attori, membri della troupe e altro personale coinvolto in una produzione.

Questi fornitori specializzati di servizi di pagamento sono attrezzati per gestire le complessità associate ai progetti di intrattenimento, tra cui la conformità alle leggi sul lavoro italiane, le ritenute fiscali e i contributi ai sistemi di previdenza sociale e pensioni specifici per l'industria dell'intrattenimento. Possono occuparsi delle sfumature contrattuali legate all'assunzione di talenti locali e internazionali, gestire i requisiti assicurativi e garantire che tutte le pratiche di impiego siano conformi alle rigorose normative che regolano il settore dell'intrattenimento in Italia.

Offrendo servizi su misura che affrontano le sfide uniche delle produzioni cinematografiche e dell'intrattenimento, queste aziende forniscono un supporto significativo ai cineasti, consentendo loro di concentrarsi sugli aspetti creativi e logistici dei loro progetti senza essere appesantiti dai gravami amministrativi della gestione del libro paga. La loro competenza non solo facilita il regolare svolgimento di progetti a breve termine, ma contribuisce anche a mitigare i potenziali rischi legali e finanziari legati alla conformità all'impiego e al lavoro in Italia.

Responsabilità Auto

Questo potrebbe essere rilevante solo per i cineasti negli Stati Uniti, ma tenetelo presente se avete un'auto in una qualsiasi delle vostre scene, o se state conducendo il vostro cast sul set in qualsiasi momento durante le riprese del film. Le società di pagamento vi chiederanno di inviare loro un Certificato di Assicurazione con Protezione per la Responsabilità Auto. Questo potrebbe aggiungere un costo extra di $200-$500 al vostro costo assicurativo, e alcune (non tutte) società di pagamento potrebbero richiedere che lo aggiungiate come requisito. Quindi prima di firmare con una società di pagamento, assicuratevi di informarvi se richiedono una Responsabilità Auto nel Certificato di Assicurazione.

Pagamento Tradizionale

Ci sono alcune situazioni in cui potrebbe non essere la peggior idea assumere i propri dipendenti anziché utilizzare un servizio di Pagamento dell'Intrattenimento. La situazione più ovvia è se state girando un film senza l'uso di sindacati o gilde e non avete assolutamente denaro da spendere per la gestione della paga. Negli Stati Uniti, è possibile optare per la propria gestione della paga con una società di pagamento non legata all'intrattenimento (ad esempio, Intuit o Paychex offrono servizi a circa $35 a settimana. Vi aiuteranno a registrarvi presso lo stato e gestiranno la presentazione delle dichiarazioni fiscali per vostro conto). Sarete considerati datori di lavoro temporanei, ma dovrete assicurarvi che chiudano il vostro conto con il governo quando la produzione è terminata, e informarli che non state più assumendo. Aziende consolidate come Paychex e ADP vi guideranno attraverso il processo di assunzione dei dipendenti, del loro successivo licenziamento e della chiusura del vostro conto con lo stato americano in cui avete girato il vostro film. Altre ragioni per utilizzare una gestione della paga non legata all'intrattenimento possono essere (a) se siete immigrati con un visto per affari e l'assunzione di dipendenti fa parte del vostro requisito per la Green Card; (b) se avete un'azienda esistente e avete già un conto con la città e/o lo stato; (c) se state richiedendo determinati finanziamenti e crediti fiscali cinematografici che richiedono che la vostra azienda sia il datore di lavoro; (d) se state finanziando il film attraverso un prestito SBA (Small Business Administration) che richiede alla vostra azienda di assumere persone locali; ecc. Ogni situazione è diversa, quindi fate le vostre ricerche!

Appaltatori per l'Assunzione

Oltre a emettere assegni, la vostra società dovrà pagare determinate persone come appaltatori indipendenti. Qualsiasi membro del cast o della troupe che presta i suoi servizi come appaltatore indipendente vi chiederà molto probabilmente di essere pagato come appaltatore MISC1099 (negli Stati Uniti), invece che come dipendente W4; o attraverso l'emissione di una fattura ("fatture") in Italia. Non è raro che direttori della fotografia, direttori artistici, truccatori, costumisti, proprietari di location, fornitori e aziende di effetti speciali richiedano di ricevere una fattura. Negli Stati Uniti, i vantaggi dei 1099 sono numerosi, e l'argomento è troppo complicato per essere trattato in questo libro, ma un dato di fatto noto sui 1099 è che sono più economici e più semplici dei W4 (dipendenti). Si pagano meno tasse, e non c'è bisogno di assicurazione contro gli infortuni sul lavoro perché la persona che viene pagata sta lavorando come appaltatore indipendente e sarà responsabile delle proprie tasse alla fine dell'anno.

Alcuni registi indipendenti senza budget o non sindacalizzati optano per assumere l'intero cast e troupe come appaltatori indipendenti. È più economico, richiede pochissima documentazione ed elimina la necessità di assumere una società di pagamento. Tuttavia, dovreste sicuramente verificare le leggi del vostro Paese riguardo agli "impiegati" contro gli "appaltatori indipendenti" prima di prendere una decisione in merito. Non è compito mio consigliarvi su quale corso d'azione dovete intraprendere, ma posso dire che se scegliete di pagare tutti come appaltatori indipendenti, è comunque meglio e più sicuro che pagare il cast e la troupe in contanti o in nero. In ogni caso, dovreste consultare un commercialista prima di prendere una decisione per scoprire il miglior corso d'azione per voi. Tenete presente che l'approccio degli "appaltatori indipendenti" ai membri del cast potrebbe non funzionare con il SAG e con altri sindacati. Pertanto, se optate per girare il vostro film in base a un contratto SAG, potreste non avere altra scelta che assumere una società di pagamento.

Tariffe

Ogni società di pagamento offrirà tariffe diverse. Raccomando di chiamarne alcune e chiedere le tariffe prima di scegliere un provider specifico di pagamento. Negli Stati Uniti, potete aspettarvi di pagare circa il 16-19% dei vostri stipendi per le spese obbligatorie, come la Sicurezza Sociale, Medicare, l'assicurazione contro gli infortuni sul lavoro, ecc., e il provider di pagamento in genere addebiterà una commissione tra lo 0.5% e l'1.5%; questo si aggiunge alla commissione per l'invio di assegni, per i pagamenti ACH, per i bonifici bancari e per l'annullamento dei pagamenti. In genere, il modo più economico per gestire i servizi di pagamento è tramite assegni; tendono a caricare meno per gli assegni rispetto agli ACH. Di nuovo, questo varia: è vostro compito trovare le tariffe migliori, facendo alcune telefonate per ottenere i prezzi prima di impegnarvi con qualcuno. Se per caso avete il budget per assumere un ragioniere di produzione o un produttore esecutivo che svolge anche il lavoro di ragioniere di produzione, di solito avranno il loro modo di gestire la contabilità delle spese, e si occuperanno completamente di questo aspetto per voi.

Nota dell'editore

In Italia, la composizione dei costi del personale potrebbe differire a causa del distintivo sistema di previdenza sociale (INPS), dell'assicurazione sanitaria (Servizio Sanitario Nazionale) e di altre contribuzioni obbligatorie come l'assicurazione contro la disoccupazione. In Italia, il costo totale dell'occupazione include anche i contributi obbligatori al sistema pensionistico nazionale ed eventualmente ad altri fondi specifici del settore, il che può influire significativamente sul costo totale della gestione del personale. Le tariffe addebitate dai fornitori italiani di servizi di pagamento possono coprire servizi come la gestione dei contratti, la conformità alle leggi italiane sul lavoro, l'elaborazione degli stipendi e la gestione dei contributi previdenziali e delle tasse. Queste tariffe, simili agli Stati Uniti, potrebbero essere una percentuale dell'ammontare del salario, oltre a ulteriori addebiti per specifici metodi di pagamento o altri servizi.

I trasferimenti elettronici sono più comuni dei controlli in Italia, quindi considerate i costi dei diversi metodi di pagamento come i bonifici bancari o i depositi diretti. Se la vostra produzione ha i mezzi per assumere un ragioniere di produzione o un produttore esecutivo con competenze contabili, queste figure possono gestire le complessità della gestione del personale, garantendo la conformità alle normative italiane e potenzialmente negoziando tariffe migliori o soluzioni di pagamento più efficienti

Sindacati e Unioni

Ci sono quattro principali sindacati/unioni dell'industria di cui devi essere a conoscenza se prevedi di fare film negli Stati Uniti d'America:
- Writers Guild (WGA)
- Screen Actors Guild (SAG)
- Producers Guild (PGA)
- Directors Guild (DGA)

Ciascuno di questi sindacati offrirà vari vantaggi e protezioni ai membri, ma se stai realizzando il tuo primo film indipendente a basso budget, c'è solo un'unione di cui devi preoccuparti, ed è lo Screen Actors Guild (SAG). Se desideri lavorare con attori veri e hai il budget necessario, il SAG è la strada da percorrere.

Diventare un Firmatario SAG

Prima di poter assumere un attore SAG per il tuo film, è necessario diventare un firmatario. In pratica, la tua azienda e il tuo film devono essere approvati da SAG, e il processo per farlo non è così complicato. Tutto ciò che devi fare è andare online sul sito web di SAG (www.sagindie.org/signatory/) e fare domanda. Offrono anche supporto telefonico e sono generalmente abbastanza disponibili nel rispondere alle domande dei cineasti indipendenti. Assicurati di presentare tutta la documentazione richiesta almeno cinque settimane prima dell'inizio delle riprese e di leggere attentamente le loro regole e i loro regolamenti in modo da conformarti ad essi. È anche qui che vale la pena stabilire una società a responsabilità limitata (LLC) prima di iniziare la produzione, poiché semplifica notevolmente il processo di assunzione, pagamento e gestione dei rapporti con SAG. Tieni presente che lavorare con SAG può essere complicato. C'è molta documentazione, molte normative, report e cose da tenere a mente al punto che molti dilettanti scelgono di lavorare al di fuori del sistema. Tuttavia, se prevedi di assumere attori professionisti e di fare progressi in questo settore, devi diventare un firmatario SAG e imparare a lavorare con i contratti SAG. Inoltre, tieni presente che come firmatario SAG, puoi lavorare con attori non SAG rilasciando deroghe, ma ciò non funziona al contrario. Non puoi assumere attori SAG senza diventare prima un firmatario.

UNITA

L'Unione Nazionale Interpreti Teatro e Audiovisivo (UNITA) è un'organizzazione italiana che rappresenta gli artisti interpreti nel teatro e nei media audiovisivi, tra cui il cinema, la televisione e la radio. Simile allo Screen Actors Guild (SAG) negli Stati Uniti, UNITA difende i diritti e gli interessi degli attori e degli artisti interpreti, lavorando per garantire condizioni di lavoro eque, una compensazione equa e il rispetto per il loro contributo professionale all'industria dell'intrattenimento.

UNITA si impegna in attività come la negoziazione di accordi collettivi, la fornitura di assistenza legale e l'offerta di vari servizi di supporto ai membri. L'organizzazione mira a proteggere i diritti artistici ed economici degli interpreti, rendendola una figura chiave per i professionisti della comunità delle arti performative in Italia. Sebbene il suo ambito e le sue funzioni specifiche possano differire da quelli del SAG a causa delle differenze nel contesto legale e culturale dell'industria dell'intrattenimento in Italia rispetto agli Stati Uniti, UNITA svolge una funzione simile nella difesa dei diritti e degli interessi degli interpreti.

Bilanci SAG

Il tipo di contratto SAG che otterrai e le regole che dovrai seguire dipenderanno in larga misura dal bilancio del tuo film. Più grande è il tuo budget, più elevata sarà la tariffa giornaliera dell'attore e maggiori saranno i costi per la realizzazione del tuo film. A partire dal 2024, la tariffa giornaliera minima per un attore SAG in base all'accordo per budget ridotti è di $125 al giorno. Un tipico contratto SAG definisce la tariffa giornaliera dell'attore, la compensazione per le ore straordinarie, le ore di lavoro legali, i periodi di riposo, i tempi dei pasti, le regole per l'esposizione, le regole sulla nudità, ecc.

Ci sono sei accordi di base SAG di cui devi essere a conoscenza:

- Accordo per Progetti Brevi
- Accordo per Film Studenteschi
- Accordo per Cortometraggi
- Accordo per Budget Ultra-Low ($250.000 o meno)
- Accordo per Budget Ridotto Modificato ($250.000-$700.000)
- Accordo per Budget Ridotto ($700.000-$2.500.000)

Se non hai esperienza con questi contratti, ti consiglio vivamente di valutare l'opportunità di assumere un produttore SAG, ovvero qualcuno che abbia esperienza con il SAG e sappia come compilare la documentazione, rappresentare la tua produzione presso il sindacato e assicurarsi che tu sia in conformità con le regole, oppure realizza un cortometraggio SAG a budget ridotto per capire con cosa avrai a che fare nel tuo prossimo lungometraggio.

Contratti Sindacali in Italia

In Italia, il processo per una casa di produzione che intende lavorare con attori sindacalizzati non segue esattamente il processo di "signatory" dello Screen Actors Guild (SAG) negli Stati Uniti. Le relazioni sindacali in Italia, soprattutto nell'industria dell'intrattenimento, sono regolate da diverse normative e pratiche. Quando una casa di produzione intende realizzare un film in Italia e desidera assumere attori sindacalizzati, come quelli rappresentati da UNITA o affiliati ad altri sindacati italiani degli artisti, deve conformarsi agli accordi collettivi e alle normative che questi sindacati hanno stabilito. Questi accordi coprono vari aspetti, tra cui tariffe, orari di lavoro e condizioni.

Tuttavia, anziché diventare un "signatory" nel senso americano, la casa di produzione dovrà assicurarsi che i suoi contratti di lavoro e le sue pratiche siano conformi ai termini stabiliti in questi accordi collettivi e alla legge italiana sul lavoro. Tale conformità potrebbe comportare negoziazioni o discussioni con i sindacati pertinenti per garantire che la produzione soddisfi gli standard e i requisiti stabiliti dai sindacati e dalla legislazione italiana. È importante notare che l'Italia ha un sistema di "contratti collettivi nazionali di lavoro" (CCNL) che coprono diversi settori, compreso l'intrattenimento. Questi accordi vengono negoziati tra le associazioni dei datori di lavoro e dei sindacati e stabiliscono gli standard minimi per i contratti di lavoro all'interno di quei settori. Per coloro che non hanno familiarità con le leggi e le pratiche del lavoro italiano, è consigliabile consultare esperti legali locali o aziende di servizi di produzione. Queste entità possono fornire orientamento per orientarsi nel panorama normativo dell'industria dell'intrattenimento italiana, garantendo la conformità ai requisiti sindacali e alle leggi sul lavoro e agevolando l'assunzione sia di attori sindacalizzati che non sindacalizzati per i loro progetti.

Rinvii

Una delle opzioni più popolari offerte da SAG ai suoi firmatari a basso budget è l'opzione "rinvio", che consente al regista di trattenere il pagamento all'attore per un periodo di tempo predefinito. Molte persone credono che il "pagamento rinviato" significhi "nessun pagamento". La realtà dei fatti è che il rinvio è nient'altro che uno strumento di pianificazione finanziaria e deve essere utilizzato strategicamente. Innanzitutto, dovrai pagare qualcosa in anticipo e impegnarti a pagare il resto prima che il film venga proiettato, non stai evitando il costo, lo stai solo ritardando. Infatti, SAG non ti permetterà di rilasciare il film commercialmente a meno che non siano stati pagati tutti i salari (e il deposito), insieme ai pagamenti del 18% per la Pensione e la Salute (P&H), alla previdenza sociale, alle tasse, all'assicurazione contro l'invalidità, alla disoccupazione, alle ore straordinarie, ai rimborsi, al per diem e ai danni liquidati, tra gli altri. Il punto che sto facendo qui è il seguente: non considerare il rinvio come un'opzione per risparmiare denaro perché non lo è. Lavorare con SAG può essere costoso, e devi esserne consapevole prima di impegnarti a lavorare con loro.

Ricerca delle location

Supponendo che tu non abbia il budget per assumere un location scout, come fai a trovare le location? Siano esse gratuite o a pagamento, il processo di scouting è generalmente lo stesso, e la risposta è: come puoi.

Per *"Pickings"*, sapevamo che avremmo girato una grande parte del film all'interno di un bar, era praticamente un personaggio nel nostro film. Non poteva essere un bar di New York City perché il luogo doveva essere in qualche modo isolato e il nostro budget era piuttosto limitato, per dirla in modo gentile. Quindi, il mio primo compito era scrivere una "Lista dei Must Have", una checklist dettagliata che includeva quanto segue:

<u>Bar di campagna, 7 giorni di riprese, $500 al giorno.</u>

1) Isolato.
2) Deve essere possibile girare per almeno 12 ore al giorno..
3) Deve rientrare in un budget di $500 al giorno.
4) Deve essere facilmente accessibile.
5) Deve avere un vicolo sul retro.
6) Deve avere un ufficio sul retro.
7) Deve avere un palco per gli interpreti sullo schermo.
8) Deve avere un ingresso sul retro.
9) Deve avere una cantina.

Il budget e la logistica del nostro film richiedevano gli elementi 1-4, mentre la sceneggiatura (la storia) richiedeva gli elementi 5-9. Ho iniziato a cercare bar nei quartieri di Staten Island, Yonkers, Jersey e Connecticut. Ho creato un foglio di calcolo Excel e ho fatto molte telefonate, inviato molte email e contattato tutti i luoghi che potevo trovare entro un raggio di 30 miglia. Dire che devi essere scrupoloso in questo settore sarebbe un eufemismo. Il fatto è che la ricerca delle location può essere un lavoro meticoloso. Tuttavia, uno dei molti vantaggi di lavorare nell'industria cinematografica è che la maggior parte delle persone si entusiasma all'idea di essere inclusa nel tuo progetto, soprattutto quando si tratta di bar, ristoranti e altre piccole attività commerciali. Il giusto film può generare una buona dose di visibilità, ed è effettivamente una campagna pubblicitaria perpetua che paga l'attività commerciale, anziché il contrario. Quindi, quando ho chiamato e mi sono presentato come un produttore cinematografico in cerca di una nuova location, sono stato generalmente accolto con entusiasmo. Sono entrato in tutti i bar che ho potuto trovare, guardandomi intorno, facendo foto, facendo domande e facendo i compiti nel modo più scrupoloso possibile, e ho capito rapidamente che non avrei avuto altra scelta che fare compromessi sulla mia "Lista dei Must Have". Avevo trovato alcuni ottimi bar che soddisfacevano alcuni dei miei criteri, ma mancavano di alcune caratteristiche importanti come la cantina, il vicolo o l'ufficio sul retro. Quindi è entrato in gioco il concetto di "adattare per la telecamera", e alcuni dei miei "Deve avere" sono diventati "Dovrebbe avere". La domanda principale da farmi ogni volta che visitavo una nuova location era: come possiamo girare qui? Come facciamo a far sembrare questo spazio qualcosa che non è? Questo è uno di quei classici casi in cui la creatività e l'efficacia personale possono unirsi per risolvere i problemi e "salvare il tuo film" nella fase di pre-produzione.

Alla fine, la nostra ricerca ci ha portato in un bellissimo pub irlandese a Yonkers, New York. Abbiamo scoperto che durante la settimana, questo particolare bar chiudeva le porte verso mezzanotte, il che significava che avremmo potuto potenzialmente utilizzare lo spazio durante la notte. La deliziosa coppia che possedeva il bar era più che disposta a ospitare le riprese (nonostante il nostro budget non fosse ideale) e abbiamo chiesto se potevano chiudere il locale un po' prima in modo che la nostra troupe potesse iniziare a preparare le cose, concedendoci circa 12 ore di lavoro per notte, e con mia grande sorpresa, hanno accettato!

Ora, il compromesso era inevitabile e abbiamo finito per dover affittare una location separata per la cantina. Ma poiché il bar aveva la sua giusta quota di porte, potevamo "ingannare" lo spazio e far sembrare che i nostri personaggi stessero camminando dalla cantina al bar al piano di sopra con un semplice taglio. Abbiamo anche dovuto "progettare il set" per una delle sale VIP del bar per farla sembrare un ufficio sul retro. Abbiamo aggiunto mobili, impilato scatole di birra l'una sull'altra e riempito lo spazio con quante più amenità e oggetti potevamo trovare per renderlo autentico. Ha funzionato molto bene.

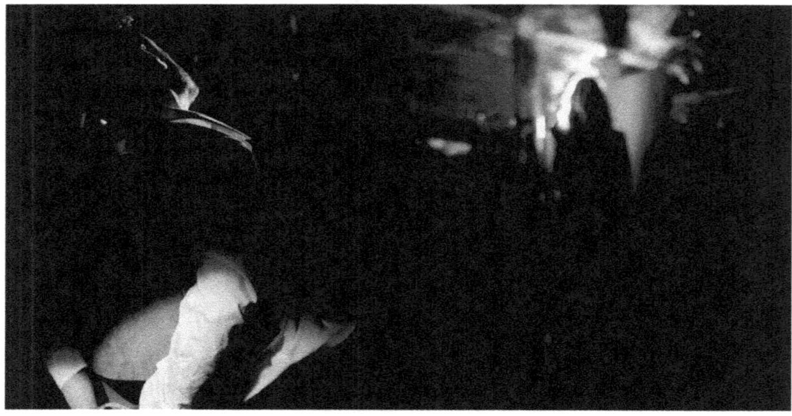

La location della cantina a Staten Island

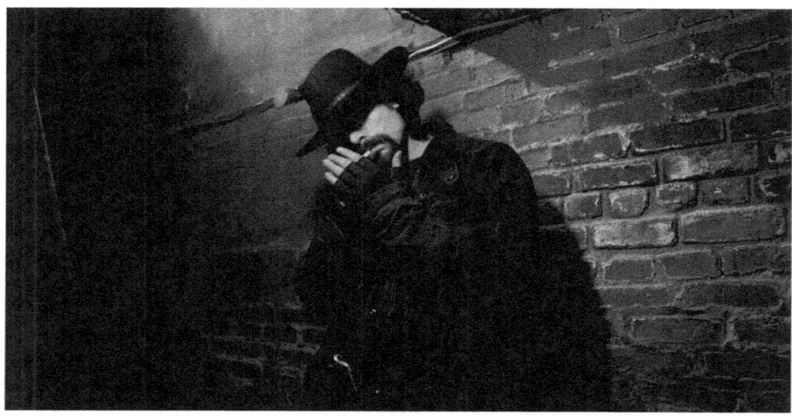

Ho seguito lo stesso approccio della "Lista dei requisiti indispensabili" quando ho cercato le nostre altre location. Alcune erano gratuite (esterni), alcune erano davvero economiche (abbiamo trovato una cantina dall'aspetto inquietante in una casa altrettanto inquietante per $100 al giorno, che affare!), e altre erano aperte alla negoziazione. La casa del nostro personaggio è stata trovata su Airbnb per meno di $300 al giorno. Abbiamo assicurato il ristorante del mafioso a Staten Island chiamando i posti che abbiamo trovato su Yelp e chiedendo se erano "amanti dei fumatori". Ci siamo assicurati un altro bar per pura coincidenza mentre ci stavamo passando davanti tornando a casa da un'altra location. Fondamentalmente, ciò che sto cercando di dire è questo: la ricerca delle location non deve essere costosa o complicata, è molto lavoro, ma è un lavoro gestibile. Non dovresti cercare di spuntare ogni singolo elemento nella "Lista dei requisiti indispensabili" della tua location; cerca piuttosto di mettere in moto la tua creatività e scopri come "imbrogliare" usando porte, scale e una scenografia creativa per far funzionare il tuo spazio per la tua storia. *Una porta in un luogo può condurre a una porta in un altro, l'unica limitazione è la tua immaginazione.*

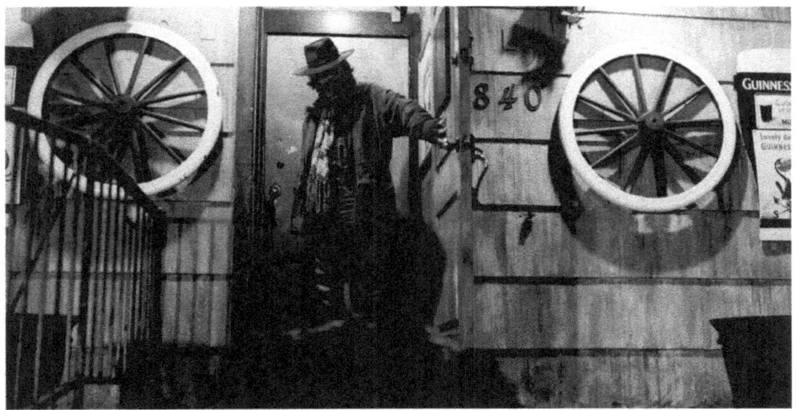

Il nostro bar a Yonkers, affittato per $500 al giorno

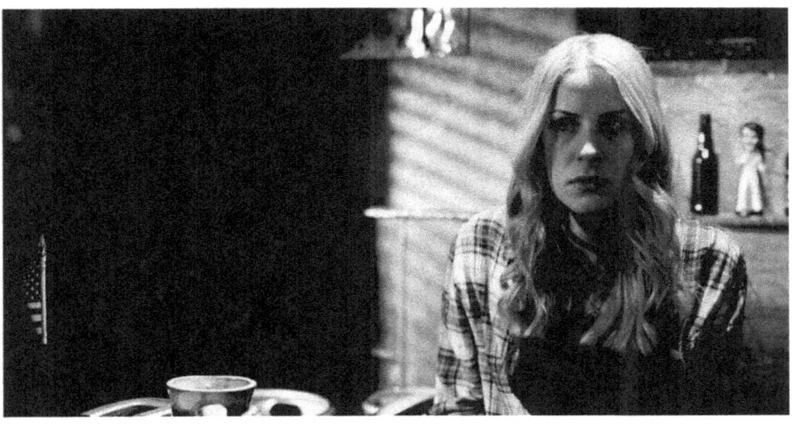

"Quando sono insoddisfatto di una ricognizione delle location, vado su Google Earth. È uno strumento straordinario".~ Niels Arden Oplev

Pianificazione del Budget

Creare un budget per un film è un processo abbastanza semplice, anche se potrebbe fare un po' paura se non ne hai mai visto uno prima. Oggi, chiunque abbia accesso a Internet può trovare una moltitudine di fonti progettate per aiutare i cineasti indipendenti nella creazione di budget per film conformi agli standard dell'industria, nonché guidarli attraverso i dettagli e la terminologia tipicamente presenti in questi budget. Tuttavia, non molte fonti approfondiscono la strategia dietro la pianificazione finanziaria di un film indipendente a basso budget; e ritengo che il vero valore di un budget non risieda tanto nella sua composizione, quanto nella sua efficacia. Chiunque può scaricare un modello di budget e inserire una serie di numeri al suo interno, ma farlo senza una ricerca adeguata e senza una strategia sensata può portare a un risultato disastroso. Un budget scarsamente studiato ucciderà il tuo film e farà un buco nel tuo portafoglio prima che tu possa accendere la telecamera. Lo scopo di questo capitolo è fornirti una panoramica di base su come appare tipicamente un budget per un film, ma, cosa più importante, ti darà un'analisi approfondita della tua strategia di budgeting. In particolare, in questo capitolo ti mostrerò cosa farei se mi fosse stato assegnato un budget di $10.000. L'approccio presentato in questo capitolo può essere facilmente applicato a qualsiasi film, indipendentemente dal suo budget.

È Più Facile Realizzare un Film da $10.000
Che da $300.000

La mancanza di risorse spesso dà origine a idee innovative, e spesso i registi a basso budget sono costretti a trovare soluzioni creative a problemi che altrimenti avrebbero richiesto una piccola fortuna per essere risolti. Questo è il motivo per cui le case cinematografiche amano assumerli, sanno come risparmiare un dollaro. L'idea generale è che meno soldi hai a disposizione, più devi diventare efficace. Nel nostro caso, ciò significa meno location, meno attori e una minore impronta.

La Regola dell'80/20

Che tu stia lavorando con un budget di $5.000 o con uno di $50.000, se prevedi di finanziare e distribuire il tuo prossimo film da solo o di mantenere i diritti di distribuzione fino a quando non verrà effettuata una vendita, allora devi attenerti alla seguente regola:

La Regola del Budget 80/20 afferma che devi destinare almeno il 20% del budget del tuo film al marketing, alla distribuzione e agli imprevisti.

Le probabilità che un regista al suo esordio, che opera senza l'assistenza di un produttore esecutivo (o un commercialista di produzione) esperto, superi il budget proposto sono piuttosto alte. Molti registi alle prime armi superano il budget, e quando lo fanno, accadono cose negative. I registi potrebbero accumulare debiti (non raccomandato), e una volta esaurite le risorse, sono nei guai! Senza soldi da reinvestire nel progetto, sono costretti a chiuderlo. Ecco perché il budgeting strategico è così importante. Non vuoi mai trovarti nella situazione in cui stai andando in rovina a causa di un film che stai cercando di realizzare. La tua arte non dovrebbe distruggere le tue finanze e rovinare la tua reputazione, e se lo fa, stai commettendo un errore! Il miglior consiglio che posso darti è questo: se hai un budget di $10.000, realizza un film con $8.000. Se hai un budget di $50.000, realizzalo con $40.000. Metti sempre il 20% del tuo budget da parte. In primo luogo, ti insegnerà a essere più disciplinato, il che è fondamentale se vuoi avere successo in questo settore. In secondo luogo, ti darà un vantaggio una volta che il tuo film sarà pronto. Sarai in una posizione migliore per negoziare le condizioni con i distributori e avrai la possibilità di distribuire autonomamente se non otterrai offerte interessanti. Ti darà la libertà di investire nella distribuzione del film, che è altrettanto importante quanto la realizzazione. Destinare il 20% del budget del tuo film al marketing e alla distribuzione ti darà un enorme vantaggio, mettendo te e il tuo film molto avanti rispetto alla concorrenza. Affronteremo l'uso specifico di quel 20% in seguito in questo capitolo.

"Above the Line": *Il Cast*

In base all'Accordo a Basso Budget di SAG, sei tenuto a pagare ai tuoi attori un minimo di $125 al giorno. Quindi, se stai cercando di realizzare un film in un'unica location con un budget inferiore a $10.000, devi tenere presente che in una ripresa di cinque giorni, cinque attori ti costeranno circa $3.125 (a meno che nessuno stia operando con un "pagamento differito"). Aggiungi $701 per tasse, contributi previdenziali, salario e assicurazione contro gli infortuni sul lavoro; più un altro 18% per i contributi Pensione & Salute ($562). Ora ti trovi a fronteggiare una spesa di $4.388, e questo non include straordinari, per diem, compensi per viaggio e carburante. In totale, dovrai mettere da parte circa il 50% del budget del tuo film per pagare cinque attori SAG.

In alternativa, puoi optare per l'assunzione di attori non sindacalizzati a un costo inferiore e non dover avere a che fare con il sindacato, oppure puoi scegliere di scrivere una sceneggiatura più "contenuta" che si concentra su uno o due personaggi (in tal caso, SAG diventa più abbordabile). Trai ispirazione da film molto contenuti come *"Before Midnight"*, *"Following"*, *"Phone Booth"*, *"Buried"*, *"Locke"*, *"Panic Room"* e *"Zulo"*. Queste storie "contenute" ruotano generalmente attorno a uno o due personaggi e si svolgono in una singola location. Sono più facili, veloci ed economiche da realizzare e, secondo me, sono il film perfetto per un regista alle prime armi.

"Above the Line": *Il Tuo Assistente alla Regia*

Come ho menzionato in precedenza, un bravo assistente alla regia può salvarti la vita, ed è quindi cruciale che tu faccia i tuoi compiti prima di assumere chiunque (e non avere paura di chiedere referenze!). Nel mondo del cinema a basso budget, un assistente alla regia di basso livello ti costerà circa $100 al giorno di pianificazione e $250 al giorno di ripresa, ma con l'assistente alla regia, è spesso possibile concordare un accordo in cui vengono pagati una somma fissa per l'intera durata del progetto. L'assistente alla regia sarà con te dalla pre-produzione e resterà al tuo fianco fino al giorno della conclusione delle riprese. Alcuni assistenti alla regia rimangono anche per la post-produzione, ma questo non è così comune nel mondo del cinema a basso budget.

Anche il Regista Si Occupa del Budget

Se sei un regista indipendente, è probabile che tu stia creando e gestendo il tuo budget; tuttavia, se sei un regista assunto, potresti sentirti incline a "non preoccuparti" del budget poiché non è il tuo denaro, non è un tuo problema. Ma se vuoi essere assunto nuovamente e se vuoi che i tuoi finanziatori ti amino (e lo vuoi!), devi essere fortemente coinvolto nel processo di bilancio. Chiedi di partecipare alle riunioni finanziarie e familiarizza con il budget del film, intimamente. Come persona creativa, hai il potere di immaginare alternative alle questioni di bilancio che i produttori e i finanziatori potrebbero non essere in grado di vedere. Combinare le riprese, alternare tra gli oggetti di scena e risolvere i problemi nella pre-produzione risparmierà alla produzione molto denaro, e un regista intelligente si interesserà ai dettagli il prima possibile in modo da (a) poter influenzare come viene speso il denaro e (b) in modo che le sue decisioni artistiche non vengano compromesse a causa di restrizioni finanziarie e una cattiva pianificazione finanziaria. Il ruolo di un regista fai-da-te è gestire tutto, e dal momento in cui mostri il tuo volto al mattino, sarai bombardato di domande e problemi da risolvere. Più è piccolo il set, idealmente meno problemi avrai; ma i problemi comunque sorgono. La risoluzione dei problemi è una realtà che devi imparare ad accettare e cercare di padroneggiare. Tenere d'occhio il bilancio è una preoccupazione quotidiana, ed è qualcosa a cui devi fare attenzione ogni giorno, dal momento in cui inizi la pre-produzione fino al momento in cui rilasci il tuo film al cinema. Che tu debba rendere conto ai finanziatori o a te stesso, mantenere il tuo film sotto budget richiede una pianificazione attenta ed è qualcosa in cui devi essere bravo, anche se non è il tuo lavoro.

Nominare un Ragioniere di Produzione,
Anche se Non Hai Soldi

Potrebbe sembrare un ossimoro, e so che un ragioniere di produzione probabilmente sembra un lusso che il tuo piccolo film non può permettersi, ma fidati, non devi permettertelo, devi solo nominarlo. Il ruolo principale di un ragioniere di produzione è controllare il flusso di cassa (molte volte, il tuo produttore esecutivo assumerà questo ruolo). In sostanza, il suo compito è assicurarsi che non fai assegni scoperti. In un film indipendente a basso budget, saranno loro a fare gli assegni e a mantenere i bilanci. In un grande film, il loro lavoro è molto più complicato. Ma solo perché non puoi permetterti un ragioniere di produzione non significa che non dovresti averne uno. Chiedi al tuo produttore esecutivo di assumere quel ruolo, se ne hai uno, o inventa un personaggio di nome Mary Sue (britannica), che si siede in un ufficio da qualche parte a Los Angeles e lascia che sia il ragioniere di produzione del film, mentre tu fai segretamente il compito alla fine della giornata. Assumi tua madre, tua sorella, tuo zio o quell'amico d'infanzia come ragioniere di produzione del tuo film. Il motivo per cui non dovresti occuparti di tagliare gli assegni e gestire i soldi sul set è chiaro per chiunque abbia mai lavorato in una produzione a basso budget e capisca come si comportano gli esseri umani; ma se non hai avuto il piacere, permettimi di guidarti attraverso la situazione. Sei lo sceneggiatore, il regista, il produttore del film - è il quindicesimo giorno, e stai per girare una scena molto intensa e molto importante. Stai per avvicinarti all'attrice e guidarla nel suo stato mentale per quella scena e spiegarle il movimento della telecamera quando improvvisamente vieni fermato e avvicinato da un membro del cast/equipe che ti dice di aver bisogno di un anticipo sul suo stipendio, o che sta lavorando troppo duramente per troppo poco e sta chiedendo di pagargli di più, subito! Cosa fai? Discuti? Come calmi le cose? Se la situazione diventa difficile e la persona è combattiva, ti trovi in una discussione davanti al tuo cast e alla tua equipe, secondi prima di essere artistico e girare una scena. La tua testa non sarà nel posto giusto, e potrebbe rovinare rapidamente la tua giornata!

Qualcuno mi aveva detto che sarebbe successo, e l'ho liquidato con un "Nah, non accadrà mai a me". E poi è successo davvero, e ho dovuto litigare con un membro della troupe pochi minuti prima di girare una scena. Il membro della troupe è stato licenziato il giorno seguente, ma ha rovinato la giornata di tutti e ha sicuramente ostacolato la mia capacità di dirigere correttamente una scena. Quindi prendi esempio da me: se sei un uomo/donna orchestra, le persone si avvicineranno a te per questioni di denaro nel momento peggiore possibile! E se sei abbastanza gentile da accontentare una richiesta, posso garantirti praticamente che un altro membro del tuo team si avvicinerà con una richiesta simile. È qui che l'opzione di dire: "Manda una email a Janet, non mi occupo dei soldi", è una benedizione.

Assegnare a qualcuno che non è fisicamente presente sul set il ruolo di tuo amministratore di produzione ti libererà da quella responsabilità. Nella maggior parte dei film a basso budget, quel ruolo verrà assegnato al produttore esecutivo, ed è una persona tosta. Questa persona invierà un'email a tutti un giorno o due prima dell'inizio delle riprese con istruzioni su come gestire lamentele, domande e altri problemi che possono insorgere sul set (comprese le domande sui soldi). Quindi cerca di evitare di essere la persona che gestisce i soldi sul set; risolverà molti problemi.

Below the Line: Lo Scenografo/Direttore Artistico

Lo scenografo è tanto un "partner creativo" quanto il direttore della fotografia: il suo compito è assumere e gestire il dipartimento artistico (persone e budget) e assicurarsi che il film rimanga coerente con il suo tema visuale, dalle locations e set, agli oggetti di scena e ai costumi. Entra in gioco nella fase di pre-produzione. La maggior parte dei filmmaker indipendenti con budget limitato fonde le responsabilità dello scenografo con quelle del set designer e del direttore artistico, assumendoli semplicemente come "direttori artistici". Nel caso di budget estremamente ridotti, un professionista alle prime armi nella scenografia potrebbe richiedere circa 100 euro al giorno (compresi i giorni di preparazione). Tuttavia, se il film richiede più di una settimana di riprese e il copione è eccezionale, è possibile optare per una persona più esperta e concordare un compenso "a progetto" nell'ordine di 200-400 euro al giorno. Ricordatevi anche che questa figura avrà bisogno di un budget per gli elementi artistici.

"Below the Line": Il Pacchetto della Telecamera

Quando un filmmaker indie a basso budget assume un direttore della fotografia, di solito assume qualcuno che ha il suo pacchetto di telecamere. Quel pacchetto includerà probabilmente l'essenziale: la telecamera, lo storage (schede SD, C-Fast, Red-Mags, ecc.), le lenti (almeno due: una "lente lunga" e una "lente corta"), e alcuni accessori di base per la telecamera come un supporto, treppiede, shoulder mount e slider. Più soldi hai, più grande è il pacchetto e più accessori ricevi. Più piccolo è il budget, più creativo devi essere con ciò che hai. Ora, c'è un dibattito in corso nella comunità cinematografica su quale telecamera dovresti usare per il tuo film a basso budget, ma secondo me questo dibattito è ridicolo perché non è così importante come molti "appassionati di attrezzature" pensano.

Smettila di Ossessionarti per le Attrezzature

Molti filmmaker indipendenti sono ossessionati dalla telecamera che stanno usando, ma tu, in qualità di sceneggiatore, regista e produttore del film, non dovresti essere altrettanto ossessionato dalla telecamera perché sei già ossessionato dalla storia, e questa è infinitamente più importante di quanti dettagli tu abbia nelle ombre. La tua ossessione dovrebbe riguardare la sceneggiatura, il cast, lo stile visivo, la tua storia, non la macchina con cui la catturi. C'è un detto comune che puoi dare un pacchetto telecamera IMAX a un regista dilettante e un iPhone 4 a Steven Spielberg e vedere chi realizza il miglior film. Il punto è che devi semplicemente uscire e raccontare una grande storia, attirare l'attenzione e usare quell'attenzione per ottenere finanziamenti per la tua prossima storia (che idealmente avrà il budget di cui hai bisogno per lavorare con la telecamera dei tuoi sogni!). Questo è il piano di gioco, quindi smetti di ossessionarti per la telecamera e invece concentra la tua attenzione sulla storia. Se vivi in una grande città (come NYC o LA), puoi trovare un cinematografo di una scuola di cinema con un pacchetto telecamera 4K per $250-$500 al giorno; lavorando in una ripresa di sette giorni, equivale a un totale di $1.750-$3.500. La decisione se assumere o meno un direttore della fotografia è alla fine tua, e sebbene sia molto importante avere un direttore della fotografia sul set, puoi comunque girare un film senza di lui. Molti filmmaker fanno da direttori della fotografia nei loro stessi film, e se hai abbastanza fiducia nelle tue abilità per illuminare una scena e gestire la telecamera, allora per tutti i mezzi, sii il tuo direttore della fotografia. In caso contrario, potresti voler assumere qualcuno con un kit cinematografico decente che sappia cosa sta facendo. Lascia che siano loro a ossessionarsi per la loro telecamera, mentre tu mantieni la tua attenzione sulla storia.

"Below the Line": Quale Telecamera Usare

Il film di Steven Soderbergh, *"Unsane"*, girato con un iPhone 7, è stato davvero fantastico. Sean Baker ha realizzato *"Tangerine"* con un iPhone 5s e ha vinto il premio NEXT al Sundance Film Festival del 2015. Ora, personalmente girerei mai un film con un iPhone? Molto probabilmente no, e non perché non penso di poterlo fare, ma piuttosto perché ci sono opzioni migliori che non mi costeranno praticamente nulla per quanto riguarda la telecamera. Supponendo che tu abbia deciso di non assumere un direttore della fotografia ma di girare il tuo film da solo, allora puoi noleggiare un pacchetto 4K decente spendendo davvero pochi soldi, e i risultati saranno infinitamente migliori rispetto a un iPhone. Tieni presente che la maggior parte delle strutture di noleggio delle grandi città degli Stati Uniti lavora su una base di cinque giorni alla settimana. Ciò significa che puoi prendere l'attrezzatura un venerdì e restituirla il lunedì mattina e pagare solo per un giorno di noleggio, è una potente falla che puoi sfruttare. Se decidi di girare solo nei fine settimana, puoi risparmiare molto sui noleggi delle telecamere. Ci sono molti filmmaker che scelgono di girare i loro film nei fine settimana. Ritirano l'attrezzatura ogni venerdì mattina, girano durante il fine settimana e la restituiscono subito lunedì mattina, pagando solo un giorno di noleggio. In una ripresa di quindici giorni, hai pagato solo cinque giorni di noleggio di tasca tua. Non è affatto male.

Attrezzatura Gratuita

Il trucco che sto per svelarti è anch'esso piuttosto interessante ed è una strategia spesso utilizzata dai filmmaker indipendenti a basso o a nessun budget, e anche se è "furbo", è ben lontano dall'essere illegale. Puoi acquistare una telecamera decente da un negozio che offre una politica di restituzione, usarla per le tue riprese e quindi restituirla prima che il periodo di 30 giorni sia trascorso, pagando solo una frazione del suo costo per spedizione e resi. L'unico avvertimento è che devi riportarla nelle stesse condizioni in cui l'hai acquistata e deve essere fatto entro il periodo di restituzione, e, naturalmente, il costo della telecamera viene pagato anticipatamente e poi restituito quando invii la merce indietro - ma anche così, il fatto che finisci per spendere praticamente nulla per la tua attrezzatura è davvero incredibile.

Dovresti Acquistare Dell'Attrezzatura?

La domanda "Ho bisogno di acquistare la mia attrezzatura?" è una delle più comuni, e la risposta per me è molto semplice: se costa meno possederla, comprala. Ma se hai intenzione di utilizzare la telecamera solo per una settimana e poi restituirla al noleggio e non doverla mai più toccare, allora non ha senso spendere tutti quei soldi per una telecamera nuova di zecca. Gestisco un piccolo business parallelo in cui vendo metraggi cinematografici online, quindi ha avuto senso per me acquistare. Ogni volta che non uso la telecamera, la affitto ad altre persone su siti di noleggio come KitSplit o ShareGrid. L'investimento nell'attrezzatura ha senso solo se produci molto contenuto o se la affitti per un reddito extra.

Noleggio di Telecamere

Se decidi di essere il tuo direttore della fotografia, ti trovi di fronte alla temuta domanda che ha tormentato YouTuber e appassionati di attrezzature fin dalla nascita del cinema indipendente: "Quale telecamera dovrei prendere?" a cui l'unica risposta ragionevole potrebbe essere: "Qualsiasi telecamera tu possa permetterti, ovviamente". Tuttavia, oggigiorno, a seconda del tuo budget, potrebbero esserci molte opzioni tra cui scegliere, e quindi ti darò il mio parere sui noleggi di pacchetti di telecamere cinematografiche.

Nota: è importante comprendere che non tutte le telecamere saranno adatte per ogni situazione, poiché ogni ripresa cinematografica richiede un diverso insieme di parametri. Alcune telecamere funzionano bene in condizioni di luce scarsa, altre hanno migliori colori e toni della pelle più piacevoli, alcune telecamere hanno sensori full-frame, mentre altre hanno sensori di ritaglio. Alcune telecamere sono più piccole, altre sono più pesanti, alcune sono più adatte per situazioni "run and gun", mentre altre richiedono più tempo per essere impostate. Quindi, tutto ciò che scrivo qui si basa sull'assunzione che tu stia girando un lungometraggio narrativo con il 50% di esterni, il 50% di interni, il 25% di esterni notturni e il 25% di interni notturni. È suddiviso equamente. È un'assunzione importante, ma necessaria affinché tutto abbia senso. Questo si basa anche sulla mia opinione personale, quindi prendilo con le pinze.

Qualsiasi Cosa Sotto i $500

Se il tuo budget per il noleggio della telecamera si attesta sui $500 o meno, puoi noleggiare una Sony A7S II con un obiettivo base, un treppiede, schede SD e due obiettivi su KitSplit per $50 al giorno, che dovrebbero essere sufficienti per un'operazione di ripresa di dodici giorni (dieci giorni di riprese + due giorni del fine settimana). In alternativa, se scegli di girare solo nei fine settimana, potresti

aumentare il tuo budget giornaliero a $125 e ottenere un kit miglio-
re. La Blackmagic Pocket Cinema Camera dovrebbe costarti circa
lo stesso prezzo. Per $65 al giorno su KitSplit, abbiamo trovato la
Blackmagic Pocket Cinema Camera 4K, con un obiettivo Rokinon,
un Gini Rig con follow focus, un treppiede Magnus VT4000, un microfono a canna Rode Video + mini asta, schede C-Fast, quattro
batterie e accessori. Questi prezzi varieranno a seconda della zona
geografica in cui ti trovi. Se desideri aggiungere della stabilizzazio-
ne, potresti aver bisogno di prendere un gimbal. Sia la A7S II che
la Pocket funzioneranno bene con un Ronin S ($50 al giorno). Se
dovessi girare un film semplice domani con un budget per la telecamera di $500, probabilmente uno di quei due sarebbe la mia scelta
per un kit. Tuttavia, se avessi un budget per l'illuminazione, o se
stessi girando all'aperto durante il giorno, probabilmente sceglierei
di girare con la Pocket 4K poiché i colori saranno molto più belli e
l'immagine nel complesso sarà molto più cinematografica. La A7S II
è ottima, ma non è una telecamera cinematografica. Ha un terribile
problema di rolling shutter e la correzione del colore rappresenterà
una sfida. Lo ripeto, per un budget di $500 non è così importante,
basta portare a casa la storia e andrà tutto bene.

Qualsiasi Cosa Sotto i $1.000

La maggior parte dei film indie a budget ultra basso viene girata in
dieci o quindici giorni circa, quindi siamo su un budget di $1.000 per
il pacchetto macchina. Per un film di dieci giorni (otto + weekend)
puoi permetterti fino a $125 al giorno se scegli di girarlo consecu-
tivamente, caso in cui opterei per lo stesso kit dei $500 o meno
ma probabilmente otterrei un obiettivo aggiuntivo, uno slider o un
gimbal. Tuttavia, se ancora una volta decidi di girare il tuo film solo
nei fine settimana, allora hai un po' più di margine di manovra, caso
in cui, dieci giorni di riprese distribuiti su quattro fine settimana
(saranno arrotondati a dodici, quindi avrai dodici giorni di riprese)
ti daranno un budget macchina di $250 al giorno. Per $250 al giorno, abbiamo trovato un kit RED Gemini su KitSplit che include la
macchina, gli obiettivi, le batterie, le schede, un treppiede, un registratore esterno e luci. Per $200 al giorno, abbiamo trovato un

pacchetto Blackmagic Cinema Camera che include la macchina 6K Pro, batterie, caricabatterie, schede e un set di obiettivi Rokinon. Ora tieni presente che se non hai un budget per le luci o per l'audio, potrebbe essere più saggio combinarli e ottenere un pacchetto che includa le luci e l'audio nel pacchetto macchina.

Qualsiasi Cosa Sotto i $3.000

Se stai girando con un budget macchina di $3.000, ti trovi in una posizione in cui puoi permetterti di noleggiare attrezzature molto migliori con obiettivi di alta qualità. Per una ripresa di film di otto o dieci giorni, $3.000 ti garantiranno un budget giornaliero di $375 se girato consecutivamente, e se scegli di girare solo nei fine settimana, ciò significherà dodici giorni di riprese filmate nel corso di quattro fine settimana, con accesso ad attrezzature di qualità superiore a $750 al giorno. Molto probabilmente, con $750 al giorno, otterrai una Red Monstro o Arri Alexa Mini completamente attrezzata con alcuni obiettivi cinematografici, un treppiede, uno slider o una Dana Dolly, e alcuni accessori aggiuntivi. Oppure potresti semplicemente scegliere di assumere un cinematografo professionale e risparmiarti la seccatura.

> *"Nel film finito Annabelle 2 c'è una ripresa con la Blackmagic Pocket camera e una con la Ursa Mini 4.6K. Vediamo se le persone riescono a individuarle". ~ David Sandberg*

*   *   *

Below the Line: Pacchetto Luci/Elettricista

Quindi, una volta assicurato il pacchetto della telecamera, il tuo prossimo passo sarebbe assumere un gaffer. È compito del gaffer eseguire la "visione dell'illuminazione" del direttore della fotografia; sono il capo elettricista, quelli che controllano il quadro elettrico quando entri in una nuova location. I gaffer sono anche responsabili della supervisione dei membri della troupe di supporto. Nelle grandi città, i gaffer porteranno con sé degli stagisti, talvolta a costo zero per te. Un gaffer esperto arriverà con un furgone luci, e in una grande città come NYC o LA, puoi avere un gaffer decente per meno di $250-350 al giorno (sto parlando di un gaffer semi-esperto che sa cosa sta facendo. Chiaramente puoi assumere un principiante per $100). Un gaffer più esperto porterà più attrezzatura, lavorerà più velocemente ma chiederà di più (stiamo parlando di $400-$600 al giorno).

Tuttavia, se sei tu stesso il direttore della fotografia, potresti anche valutare di affittare o acquistare un pacchetto luci; e se stai lavorando a un film indie low-budget fatto in casa, potresti acquistare un kit LED molto basico affidandoti perlopiù a luci pratiche e luce naturale per il resto. A differenza del mondo super eccitante delle telecamere, non ci sono tanti "appassionati di attrezzature" che parlano della "miglior luce", semplicemente perché ci sono tante opzioni e variazioni in tema di illuminazione, e una buona illuminazione può venire da qualsiasi parte. Il direttore della fotografia Shane Hulbert tiene un corso online in cui illumina una scena con un kit luci di alta qualità e poi lo smonta illuminando la stessa scena con un kit luci da $100 di Home Depot - i risultati sono sorprendentemente simili, e questa è la cosa bella della luce: non hai bisogno di un kit luci super costoso per fare un buon film. Infatti, posso citare molti film che pur non essendo "splendidamente illuminati" sono comunque film straordinari.

Ora, tieni presente che il gaffer porta molto più di un semplice kit luci sul set, e dovrai avere accesso anche al resto delle cose: cavalletti a C, treppiedi per luci, bandiere, nastro gaffer, gobos, filtri ND, tessuto nero, fascette stringitubo, casse di legno, ecc. La maggior parte di queste cose può essere acquistata o noleggiata a basso costo e rivenduta alla fine del film.

Prendi un Grip

Se scegli di gestire l'illuminazione del film da solo, ti consiglio vivamente di assumere un grip. Ti risparmierà molto tempo ed energia sul set, cosa di cui hai davvero bisogno. Girare un film è già abbastanza complesso di per sé, ma dover spostare la luce, tornare indietro e controllare la telecamera, quindi spostare nuovamente la luce tutto da solo ti distruggerà dopo circa tre ore. Assumi un grip! Nelle grandi città, puoi trovare grip inesperti gratuitamente, ma considerando quanto lavorano duramente, potresti voler dare loro qualcosa a fine giornata. Inoltre, tieni presente che se hai qualche persona dietro la telecamera, il tuo film acquista un senso di legittimità e fa sì che le persone abbiano più fiducia in te. Durante le riprese di piccoli progetti, assumo uno swing (qualcuno che si occupa anche della posa oltre ad altre mansioni) e un assistente/PA.

Prepara un Kit di Emergenza

Che stia girando con un grande team o da solo, che sia il direttore della fotografia o il regista, non mi troverai mai sul set senza il mio kit di emergenza. Mi ha salvato in numerose occasioni ed è un piccolo kit contenente oggetti che altre persone non pensano di portare con sé sul set. Se qualcosa va storto o un gaffer smarrisce un oggetto, ne avrò una riserva nel kit e gli risparmierò quei quindici minuti necessari per trovarlo. Il mio kit di emergenza include, tra le altre cose, nastro adesivo da gaffer, metro a nastro, set di cacciaviti multi-bit, il kit di luci Aputure MC 4, batterie, clapperboard, morsetti, molti panni in microfibra, tubo macro, fascette stringitubo, gelatine colorate, tessuto nero, un piccolo schermo verde pieghevole, diffusori, cavi HDMI e un piccolo monitor.

> *"È molto meglio girare una buona immagine che un'immagine che sembra bella". ~ Robert Richardson*

*   *   *

Audio

In fin dei conti, puoi avere la migliore qualità dell'immagine al mondo, ma un audio scadente renderà qualsiasi film ingestibile. Al suono dovresti dare molta attenzione, così come a qualsiasi altra cosa nel tuo film, e la persona responsabile di quel suono può essere una scelta molto rischiosa. Il suono non è qualcosa che può essere facilmente osservato sul set. Non viene costantemente controllato da un gruppo di tecnici. Deve esserci un certo grado di fiducia tra il fonico e il filmmaker, il che rende il processo di assunzione di un fonico ancora più complesso. Molte volte, non avrai alcuna idea di come suoni effettivamente la scena finché non lasci i file nel tuo software di montaggio, e a quel punto, è troppo tardi per fare qualcosa al riguardo. Pertanto, è cruciale che assumi un fonico di cui ti puoi fidare - qualcuno con standard elevati, qualcuno che, credici o meno, ama il suono! Un fonico che ha standard elevati potrebbe essere una presenza fastidiosa per alcune persone sul set, mormorando "hold for sound" ogni volta che sente un'anomalia. Personalmente, non lo trovo fastidioso affatto perché so che il lavoro di un fonico è *interno*.

A differenza di un truccatore, un direttore della fotografia o un costumista, un fonico lavora in relativo isolamento. Ha le cuffie dalle parole "roll sound" alle parole "taglio", e quando è tutto detto e fatto, nessun altro è esposto alla qualità del suo lavoro. Gestisce il proprio controllo di qualità. Quasi ogni fonico/operatore boom avrà il proprio kit, generalmente un'asta, un mixer e alcuni microfoni lavalier. I dettagli del loro kit cambieranno in base ai parametri delle scene nel tuo film, perché alcune sono più difficili da microfonare di altre. Una scena con cinque persone che parlano sulla spiaggia sarà molto più difficile da microfonare di una scena di dialogo in salotto tra due persone. Più persone parlano, più microfoni lavalier hanno bisogno e più difficile diventa il loro lavoro. Ed è per questo che non sono un fan di fare il proprio lavoro audio sul set. Per cominciare, funziona solo in riprese medie/ravvicinate e in ambienti piuttosto tranquilli (aggancerò il microfono sulla parte superiore della telecamera e lo collegherò a un registratore Zoom), ma ciò significa che puoi dimenticare scene di dialogo in ampia o scatti in cui il personaggio parla e si allontana dalla telecamera. Quindi fatti un favore e assumi un ottimo fonico: può far fare il salto di qualità o rovinare il tuo film. Un buon fonico ti costerà da $200 a $500 al giorno. Probabilmente puoi trovare qualcuno su Craigslist per $100 al giorno, ma tieni presente che se fai la scelta sbagliata, l'intera immagine potrebbe essere rovinata. Non vuoi dover "salvare il tuo suono" e dipendere dall'ADR.

Cosa Fare se non hai Soldi per il Suono?

Secondo me, il suono dovrebbe essere una di quelle cose che viene prima di tutto nel budget Below the Line, semplicemente perché è dannatamente importante. Ma cosa succede se hai $500 o meno da spendere per il suono? In un ripresa di dieci giorni, non sarà sufficiente per una persona del suono, e se non puoi assumere qualcuno in deferimento (accettando cioè di pagarlo in seguito), allora la tua unica altra opzione sarebbe quella di noleggiare/acquistare attrezzature audio e utilizzare qualsiasi strumento tu abbia per catturare il miglior suono possibile.

Un registratore Zoom H4N Pro usato ti costerà circa $150. Aggiungi a ciò un microfono a canna Rhode Shotgun e alcuni microfoni lavalier da Amazon, e puoi spendere meno di $400 per un kit audio decente. E per quanto riguarda l'installazione del microfono nella tua scena, dovrai essere creativo. Conosci in anticipo il blocco delle scene e pianifica di conseguenza la tua configurazione del microfono. Puoi far correre l'assistente di produzione con l'asta e ascoltare il suono attraverso le sue cuffie; puoi anche montare un microfono a canna sulla tua telecamera, catturando così due fonti audio. I microfoni lavalier possono essere nascosti sugli attori, e i cavi nascosti sotto i loro vestiti e collegati ai loro telefoni. App come Voice Record Pro daranno risultati sorprendenti con questi microfoni lavalier. Tuttavia, questo processo comporta una serie di difficoltà e sfide creative che dovrai risolvere prima di iniziare a girare.

"Below the Line": Trucco

Una delle prime persone ad arrivare sul set ogni mattina e una delle ultime ad andarsene alla fine della giornata è il truccatore. Ho molto rispetto per i truccatori, e mi piace davvero chi fa di questo lavoro una passione. Quindi, a meno che tu non stia realizzando un film fantasy, di fantascienza o horror, il reparto trucco non sarà un manicomio a tempo pieno. La configurazione di base per la maggior parte dei film indipendenti a basso budget includerà uno o due truccatori e parrucchieri. Più personaggi, sangue ed effetti speciali hai, più persone ti serviranno nel reparto trucco. Ma se la tua idea è semplice, se stai realizzando un film romantico in un'unica location con un budget di $10.000, allora probabilmente stai pensando di assumere un capo truccatore che faccia anche i capelli. Quel truccatore probabilmente porterà con sé un assistente a un prezzo scontato. Quindi, un principiante potrebbe chiederti $100 al giorno, assumendo che non ci sia bisogno di sangue o trucco SFX, ma un buon truccatore ti costerà da $250 a $400 al giorno (di nuovo, le riprese lunghe ti qualificheranno per uno sconto). Quindi, se mantieni il trucco al minimo, considera un costo che va da $1.000 a $4.000 per una ripresa di dieci giorni.

Il Tuo Film Indie a Basso Budget in un'unica Location da $10.000

Allora, cosa farei se avessi bisogno di girare un film indie a basso budget in un'unica location per $10.000? Beh, innanzitutto ho un po' di esperienza nel reparto della cinematografia, e se non l'avessi, probabilmente spenderei del tempo per imparare il più possibile; ma il punto è che per $10.000 NON assumerei un direttore della fotografia. Inoltre, mi concederei solo $8.000-8.500 per lavorare, seguendo la regola dell'80/20 che avevo stabilito in precedenza. Quei $2.000 extra verranno spesi per festival, marketing e, se non riuscissi a venderlo, distribuzione. Inoltre, per quel budget, potrei riuscire a cavarmela con una ripresa di sette giorni (cinque giorni + fine settimana, da mercoledì mattina a domenica sera) e dovrei optare per un film in un'unica location con alcune scene girate nella mia zona di residenza e alcune scene girate all'aperto. Avrei una troupe ridotta e un cast limitato e cercherei di mantenere le cose il più possibile al minimo.

In una ripresa da $10.000 potrei dover scegliere attori non sindacalizzati, dato che l'adesione al sindacato potrebbe raddoppiare i miei costi di assunzione. Se destino $2.000 per il cast, allora quello è il mio budget per il cast. Ma se decido di farlo diventare un film sindacalizzato (in questo esempio, SAG), dovrò aggiungere un extra di $1.500 ai miei costi solo per coprire le loro tasse e le tasse sindacali. Se hai più di due attori in un film da $10.000, potresti voler riflettere due volte su un sindacato, specialmente se non hai mai lavorato con loro prima. Ora, se riesci a ottenere un cast SAG e a fargli accettare un differimento parziale, potresti potenzialmente girare questo film come un film sindacalizzato. Ma di nuovo, consiglierei di acquisire dimestichezza con il SAG prima di impegnarsi.

Diciamo che scelgo di scrivere, dirigere e produrre una storia tipo *"Before Midnight"* (con un twist) - una donna si registra in un Airbnb e, ubriaca, si concede una notte di passione con il suo host. Le cose si complicano quando scopriamo che l'host è fidanzato e la donna è un'amica d'infanzia della futura sposa. Storia interessante, vero? Probabilmente vorrei passare metà del tempo a girare dentro il mio appartamento, metà del tempo per le strade di New York e forse una scena in un bar locale (se riesco ad averlo gratuitamente). Non girerò una scena del matrimonio e manterrò il guardaroba e il trucco al minimo. Inoltre, assolutamente nessun trasporto; gireremo tutto dentro e intorno alla mia casa, nella grande città - dove cast e troupe possono spostarsi spendendo al massimo pochi dollari. Quindi, diamo un'occhiata al mio budget:

> *"Per essere sincero, ho sempre realizzato film e non mi sono mai davvero fermato, iniziando con piccoli esperimenti di stop-motion usando la telecamera Super 8 di mio padre. Nella mia mente, è tutto un grande continuum di produzione cinematografica e non ho mai cambiato". ~ Christopher Nolan*

Above the Line

Costi di Sviluppo	Tariffa	Totale
Configurazione dell'Azienda (Legale)	$225.00	$225.00
Copie della Sceneggiatura	$25.00	$25.00
Copyright e Registrazione	$50.00	$50.00
Subtotale		**$300.00**

Team di Produzione	Quantità	Unità	X	Tariffa	Totale
Produttore	X	X	X	$0.00	$0.00
Produttore Esecutivo	X	X	X	$0.00	$0.00
Subtotale:					**$0.00**

Cast	Quantità	Unità	X	Tariffa	Totale
La Protagonista	6	Giorni	X	$125.00	$750.00
Il Protagonista Maschile	5	Giorni	X	$125.00	$625.00
La Moglie	2	Giorni	X	$125.00	$250.00
La Migliore Amica della Ragazza	1	Giorno	X	$125.00	$125.00
Il Migliore Amico del Ragazzo	1	Giorno	X	$125.00	$125.00
Personaggi Extra * Non Sindacalizzati			X	$0.00	$0.00
Costo del Casting/ Audizioni			X	$50.00	$50.00
Subtotale:					**$1,925.00**

Quindi, se racconto questa storia dal punto di vista della signora, significa che probabilmente ho più scene con lei che con chiunque altro. Divido il mio tempo tra il protagonista maschile e il suo migliore amico, la protagonista femminile e la sua migliore amica, il conflitto con la moglie, magari coinvolgo i genitori, aggiungo alcuni attori non retribuiti e alcune comparse per renderlo interessante. Finora, sono sopra la linea con $2.225, e mi mancano ancora $5.775.

Below the Line

Noleggi e Operazioni	Unità	X	Tariffa	Totale
Pacchetto Telecamera: Kit Blackmagic Pocket Cinema con 2 Obiettivi, Treppiede, Gabbia e Filtri ND	7 Giorni	X	$80.00	$400.00
Kit Luci (Acquisterò un kit di base)		X	$250.00	$250.00
Tecnico del Suono	7 Giorni	X	$150.00	$1,050.00
Truccatore (non lo userò ogni giorno)	6 Giorni	X	$100.00	$600.00
Assistente Grip	7 Giorni	X	$100.00	$700.00
Responsabile di Produzione (Doppiando come Assistente Regista)	7 Giorni	X	$1,000.00	$1,000.00
Budget Cibo	7 Giorni	X	$120.00	$850.00
Budget Oggetti di Scena (Acquisto/Noleggio)	X	X	$200.00	$200.00
Spese Varie, ecc.	X	X	$500.00	$500.00
Subtotale:				**$5,550.00**

Above the Line	$2,225.00
Below the Line	$5,550.00
Subtotale:	**$7,775.00**

Se avessi a disposizione 10.000 dollari, punterei a girare il mio film indipendente a basso budget per l'80% del budget (quasi raggiunto, con 7.775 dollari). Utilizzerei location gratuite, affitterei un pacchetto di attrezzature di base molto semplice, assumerei solo il personale essenziale nei giorni in cui ho bisogno - ma li pagherei, li nutrirei bene e farei il possibile per far sembrare questo film il più professionale possibile. Se possiedi le tue attrezzature, potresti essere in grado di spendere il denaro extra per attori sindacalizzati (ad esempio, SAG), e scrivere un ruolo per un attore televisivo (o un influencer sui social media, se preferisci) a 500-800 dollari al giorno e girare la sua scena nell'ultimo giorno di riprese. Questo ti aiuterà a far notare il tuo film e a entrare nei festival. Ho creato questo budget supponendo che tu abbia accesso a una casa o un appartamento, che tu abbia accesso a un laptop e una stampante, alcuni hard disk per lo storage e un software di montaggio. Sto anche supponendo che tu sappia come muoverti nella post-produzione e che non debba assumere persone per finire il tuo film. Questo è un vero film indipendente fai-da-te; tutto è nelle tue mani.

Se i miei calcoli sono corretti, nel budget rimangono 2.575 dollari. Cosa faremo con questi soldi? Prima di tutto, quel denaro non dovrebbe essere toccato durante la produzione del tuo film, a meno che non accada qualcosa di terribile e l'intera ripresa sia minacciata. In tal caso, è meglio rompere il salvadanaio e pagare piuttosto che perdere l'intero film. Se sei riuscito a completare le riprese senza superare il budget e ti ritrovi in post-produzione con quel 20% intatto, ecco cosa ne farei:

Post-produzione e Distribuzione	Importo	Unità	X	Tariffa	Totale
Budget Musica (Audiojungle)	5	Brani	X	$25	$125
Iscrizione a Festival	20	Festival	X	$25	$500
Subtotale:					**$625.00**

Distribuzione	Importo	Unità	X	Tariffa	Totale
Se non avessi venduto il film a un festival					
Sito Web Wix (6 mesi)	6	mesi	X	$14	$84
Quiver Digital (*Vendita diretta su iTunes e Google Play*)	X	X	X	$1,200	$1,200
Vendita su Amazon	X	X	X	$0	$0
Pubblicità su AMS Amazon	30	Giorni	X	$10	$300
Subtotale:					**$1.584.00**

Ho anche preso in considerazione il fatto che tu non abbia amici nel settore musicale, nel qual caso non hai altra scelta se non quella di pagare per la musica. Quando ho realizzato "Pickings", ho ricevuto diverse offerte per avere della musica gratuitamente in cambio di una promozione condivisa, un credito sullo schermo e una menzione sulle nostre pagine social.

Okay, quindi immagino che lo scopo di questo budget sia mostrarti che con 10.000 dollari puoi realizzare un film ultra-low non sindacale e avere il denaro rimasto per distribuirlo da solo (se necessario). E se puoi realizzare un film da 10.000 dollari per 8.000 dollari, allora puoi realizzare un film da 500.000 dollari per 450.000 dollari, e un film da 3 milioni di dollari per 2.5 milioni di dollari - e questa è una competenza che gli studi cinematografici e i finanziatori apprezzeranno. È una competenza che ti manterrà sempre impiegato e renderà te e la tua attività di produzione cinematografica redditizia.

"Penso che le tue ambizioni dovrebbero sempre superare il budget". ~ Guillermo del Toro

Nota a Margine – Perché Amo Girare a New York City

Per chiunque stia pianificando di fare film negli Stati Uniti, ci sono molte ragioni per amare New York City. Innanzitutto, è il set cinematografico più grande e riconoscibile al mondo. È anche una città molto cinematografica e i trasporti sono super-economici, ma tutto ciò è solo un bonus. Ci sono alcune ragioni per cui New York City è il paradiso della produzione cinematografica (almeno per me), e queste sono solo alcune:

> **1. Girare gratuitamente.** A New York City, come già accennato, se non si blocca il marciapiede o si utilizzano i parchi cittadini di notte, si potrebbe richiedere un "permesso facoltativo", che è un altro modo per dire che è gratuito. Le troupe ridotte al minimo e le produzioni indipendenti a basso budget non richiedono un permesso per girare in città, ma se si vuole coprirsi le spalle e ottenerne uno, è completamente gratuito. Ora, quando i permessi a New York City non sono facoltativi (cioè è necessario un permesso), il costo è comunque abbastanza economico (300 dollari una tantum per produzione) rispetto ad altre città (dove si paga al giorno).

> **2. Presenza gratuita della polizia.** Se stai girando una scena a New York City che richiede un permesso speciale, come quando un attore ha una pistola sul set, scoprirai che la città ti fornisce una presenza di polizia senza costi aggiuntivi. Quando abbiamo girato "Pickings" a Yonkers, NY, abbiamo dovuto pagare per un poliziotto che venisse sul set ogni volta che veniva sparato un colpo a salve, e abbiamo pagato a ora. In altri luoghi si paga tra i 400 e gli 800 dollari al giorno per avere la presenza della polizia sul set, oltre alle tasse per il permesso, ed è ancora peggio in altri stati non così favorevoli al cinema. Quindi, il fatto che il tuo permesso da 300 dollari comprenda un agente della NYPD è una benedizione.

3. *Molte opzioni tra cui scegliere.* Hai mai provato a organizzare un casting in una piccola città? Io sì. Nel 2010, ero in pre-produzione per un film horror che non è mai stato realizzato, e ho tenuto audizioni a Fort Wayne, Indiana. Circa 20 attori hanno fatto domanda, e in tanti provenivano da lontano. A New York City, invece, basta mettere un annuncio sulle riviste di settore e vieni sommerso di candidature: attori, troupe, post-produzione; tutti hanno un posto a New York City.

4. *Location gratuite.* Ho già menzionato che NYC è uno dei migliori set cinematografici al mondo, il che significa che puoi uscire con una telecamera e girare a Chinatown, Little Italy, The Village, Wall Street, Upper West Side, Harlem, ecc., ma la città offre anche un'ampia gamma di location gratuite. Se visiti il sito www1.nyc.gov/site/mome/resources/location-library.page, puoi trovare un elenco di location gratuite dove girare.

5. *Made in NY.* I film girati a New York sono idonei a partecipare a Made in NY, un programma che offre ai registi accesso a sconti dai fornitori, pubblicità gratuita e pubblicità sul sistema della metropolitana, oltre a opportunità di lavoro per assistenti alla produzione e per coloro i quali, provenienti da aree a basso reddito, vogliono entrare nel mondo del cinema e far parte del tuo set.

6. *Crediti fiscali.* I cineasti di NYC hanno diritto a ricevere un credito completamente rimborsabile fino al 30% dei loro costi di produzione e post-produzione. Consulta il sito web Made in New York per maggiori informazioni al riguardo; è pensato per film con budget più elevati, ma è comunque straordinario.

Pianificazione delle riprese del nostro film da 10K (dollari)

La Lista delle Inquadrature

Prima di iniziare qualsiasi pianificazione, mi siedo e visualizzo il film. Analizzo la sceneggiatura e segno ogni inquadratura di cui ho bisogno per raccontare la storia nel modo in cui voglio farlo. Non seguo la regola "inquadramento largo, medio, primo piano" e non sono troppo rigido nemmeno riguardo alla mia lista di inquadrature. So che le cose cambiano e, man mano che vedo nuove location e mi espongo al blocco degli attori, la mia visione di una scena o di una battuta può cambiare con essa. Quindi, primo passo - Preparare una lista delle inquadrature!

Pianificare il Proprio Programma di Riprese

Dato che ho messo da parte dei soldi per un assistente alla regia/ direttore di produzione, la mia vita sarà resa un po' più facile in queste riprese. Progetto il programma in base alla mia lista di inquadrature. Di solito mi do da trenta a quarantacinque minuti per inquadratura (a seconda delle dimensioni della troupe e della complessità dell'inquadratura; alcune richiedono più tempo, altre meno). Questo è anche il motivo per cui i film in una sola location sono così efficaci; non ci sono date di trasferta. Allestire nuove scene è un gioco da ragazzi perché tutte le attrezzature sono già sul posto, e non c'è bisogno di trasportare tutto ogni giorno. Ogni cosa si fa in meno tempo. Certo, potresti cambiare location quando passi dalla camera da letto al soggiorno, ma, alla fine, sei sempre nella stessa casa.

> *"Ho un quaderno e so quali decisioni verranno prese in pre-produzione. Tutto è pre-determinato nel periodo di pre-produzione. Disegno visivamente il tutto e so quando le cose accadranno".*
> *~ Alejandro Gonzalez Inarritu*

Il Modello di Scheda di Convocazione

Avere sotto controllo le tue capacità nella creazione di Schede di Convocazione sarà ciò che farà la differenza tra una ripresa di successo o un incubo di produzione. Essere organizzati non è opzionale, e non importa se stai chiamando sessanta persone o due: la qualità della tua Scheda di Convocazione e il modo in cui sono organizzate sarà il fattore più importante nel progresso del tuo film. Le tue possibilità di rimanere in programma sono solitamente misurate dalla qualità delle tue Schede di Convocazione. Ecco un esempio di Scheda di Convocazione dal mio primo lungometraggio, "Pickings".

Scomposizione Semplice della Sceneggiatura
"PICKINGS"

Giorno: #1	Data: 03/02/2016	Location(s): INT. CANTINA - NOTTE	Scene: S01

Descrizione: Jo Lee-Haywood disserta sulle virtù del dolore rispetto al piacere prima di eseguire Jimmy.

Cast	Accessori	Produzione + Equipaggio	Set	Effetti Speciali	Hair e Trucco
JO	Sedie (X2)	Regista	Utensili da laboratorio	Spari di pistola a salve	Trucco FX per Jimmy
BOONE	Sigarette, Arrotolate	Assistente Regista + Responsabile di Produzione	Sedie rosse	Tappi per le orecchie	Trucco FX per Momo
JIMMY	Rivoltella – Sparo a Salve	Direttore della Fotografia + Elettricista		Maschere antipolvere	Sangue, tanto sangue!
MOMO	Proiettili per Rivoltella	Assistenti di Produzione (X2)		Squib di sangue	
	Corda (Extra Insanguinata)	Trucco (X4)		Sangue sugli stivali	
Minori?	Dente (Insanguinato)	Grip + Assistente (X2)		Macchina del fumo	
Nessuno.	Accendino di Boone	Servizi di Catering (X1)		Polvere, molta polvere!	
	Accendino di Jo	Addetto alle Armi (X1)			
		Agente di Polizia (X1)			

Guardaroba

JO, OUTFIT #1	BOONE, OUTFIT #3	JIMMY, OUTFIT #2	MOMO, OUTFIT #2
Gonna rossa lunga	Camicia a quadri	Camicia bianca	Camicia blu
Giacca rossa trasparente	Jeans	(Molto insanguinata)	(Molto insanguinata)
Rossetto rosso	Giacca di pelle marrone	Pantaloni neri eleganti	Giacca blu da completo
Stivali bianchi + speroni	Cappello da cowboy Stetson	Scarpe nere eleganti	Pantaloni neri eleganti
(Sangue sugli stivali)	Stivali da cowboy		Scarpe nere eleganti
			Cravatta nera slim

Camera Department	Grip / Elettrico / Gru	Veicoli	Altri
Kit di telecamere + accessori	Kit di luci.	Furgone da 15 posti (1)	Permessi NYPD necessari
Kit di obiettivi		Camion leggero (1)	
"Caduta del treppiede" (stunt)		Auto del direttore della fotografia (1)	

Creazione delle Liste di Inquadrature

Ogni regista amatoriale conosce la sensazione: hai una lista di in-quadrature, arrivi sul set, succedono cose, la giornata si allunga e inizi la tua prima inquadratura un po' più tardi del previsto. TAGLIA a quattro ore dopo, e sei in ritardo. Dovresti essere all'inquadra-tura 15, ma invece sei alla 10. Ora sei costretto ad abbandonare le inquadrature che hai perso perché hai esaurito il tempo, e devi passare a un'altra scena e lasciare la location. Pianificare e attener-si a una lista di inquadrature è un atto che richiede disciplina, e se riesci a svilupparla, diventerai in definitiva un regista migliore. Il tuo prodotto finale assomiglierà di più a ciò che avevi immaginato inizialmente, e diventerai un maestro del tuo mestiere. Creare una lista di inquadrature è una forma d'arte a sé stante, che mette la tua creatività in costante conflitto con il tempo e le risorse. Non è inso-lito che i registi alla loro prima esperienza pianifichino da trenta a quaranta inquadrature al giorno, solo per arrivare sul set e tornare con dieci a venti, o, in alternativa, ottenere quaranta inquadrature ma essere sotto così forti vincoli di tempo che le inquadrature ri-sultano approssimative e gli attori non hanno davvero la possibilità di recitare. Il desiderio di avere tutte queste diverse inquadrature da angolazioni diverse deriva in ultima analisi da una mancanza di fiducia. Il regista sta cercando di essere "figo" pianificando primi piani strabilianti e movimenti di camera pazzeschi, oppure ha paura di "non ottenere ciò di cui ha bisogno" e quindi compensa in ec-cesso girando la scena da un milione di angolazioni diverse. Questa mancanza di fiducia può solo preparare il terreno per la delusione, e parlo per esperienza. Nei miei primi progetti, inseguivo il tipo sba-gliato di copertura – quella "figa" o "sicura" – ma da allora, penso di aver sviluppato la disciplina e la capacità di girare saggiamente e pianificare la mia lista di inquadrature dal punto di vista di un narratore, non di qualcuno che vuole apparire figo. Qual è lo sco-po dell'inquadratura? Cosa dovrebbe farti sentire? Il personaggio è spaventoso? O impaurito? Si sente piccolo? O grande? Isolato? O amato? Ogni inquadratura è un dipinto, progettato per trasmettere informazioni, far avanzare la storia e darci uno spaccato dell'espe-rienza del personaggio.

Le "Regole" della Creazione di Liste di Inquadrature

Ogni scuola di cinema quadriennale nel Paese dedica molto tempo a insegnare ai suoi studenti un approccio un po' datato alla preparazione di una lista di inquadrature, e sono sicuro che ne sei a conoscenza. Si tratta più o meno di questo: "Ottieni l'Inquadratura Generale, poi passa al Medio o al Piano Americano (OTS), e se hai tempo, vai per il Primo Piano". Questo approccio alla lista di inquadrature è stato ed è ancora utilizzato dai registi in tutto il mondo perché è semplice e sicuro. L'Inquadratura Generale è il tuo piano di riserva; ti permette di girare l'intera scena dall'inizio alla fine con un obiettivo grandangolare. Le Inquadrature Medie e OTS sono quelle a cui tagli; ogni personaggio ottiene una Inquadratura Media, e poi ottieni il Primo Piano - riprese di reazione, battute di dialogo importanti, ecc. È stata la regola sui set cinematografici dall'alba dei tempi e per un buon motivo: è efficace. Tuttavia, i registi dovrebbero trattare il cinema come una forma d'arte, non un esperimento tecnico nel catturare gli stessi tipi di riprese più e più volte da angolazioni diverse. I registi dovrebbero sperimentare con il modo in cui girano, il modo in cui montano, il modo in cui inquadrano e il modo in cui DIRIGONO i loro film, ed è qui che un regista sicuro di sé si distingue dalla massa.

La regia è un'estensione della sceneggiatura; quindi dovresti essere consapevole dello scopo dello sceneggiatore in una scena e applicarlo ai vari elementi che costruiscono l'intera scena (le singole inquadrature). Lo scopo di un'inquadratura è trasmettere informazioni; i movimenti della camera dovrebbero avere uno scopo e la tua inquadratura, se fatta correttamente, avrà tutti i tipi di simboli e sottotesti ad essa associati. Sta infine a te decidere come usare la camera, il blocco e la staticità o il movimento della camera per trasmettere un'emozione e quale significato vuoi dare a ogni inquadratura nel tuo film. Quindi, girare un'ampia inquadratura, quando un'ampia inquadratura non è necessaria, è uno spreco di tempo e denaro; e girare un primo piano in una scena dove l'attore corre in giro potrebbe anche essere uno spreco di tempo. Non seguire alla cieca la regola Ampio, Medio, Primo Piano - usala a tua discrezione.

Ogni film verrà gestito in modo diverso e ogni regista racconterà una storia a modo suo. Non esiste una regola che si applica a tutta la produzione cinematografica e, se segui la regola alla cieca e giri ampio, medio e primo piano in una scena che ha davvero bisogno solo di un primo piano, potresti trovarti a corto di tempo quando arrivi al primo piano e torni a casa senza l'inquadratura di cui avevi realmente bisogno.

Quindi, dimentica le regole, e concentrati invece sul significato. Ad esempio, puoi dare questa scena a quindici registi diversi: "Un personaggio cammina lentamente dalla sua camera da letto alla cucina dopo aver sentito uno strano rumore nel mezzo della notte". Ognuno di quei quindici registi tornerà con un risultato diverso e alcuni di loro saranno molto "migliori" degli altri. Perché? La risposta si trova nella lista delle inquadrature (ovviamente anche il suono e le immagini giocano un ruolo). Un regista sceglierà di seguire la donna dal momento in cui si alza dal letto fino al momento in cui arriva in cucina, camminando dietro di lei con una Steadicam in un'unica ripresa, seguendo il suo sguardo nelle diverse stanze mentre si muove lentamente per la casa. Un altro opterà perl'ampio, medio, primo piano - e la scena sarà frammentata.

Non Perdere Inquadrature, Combinale

Finire il tempo è frustrante! Il cielo può cambiare, il tempo a disposizione per la location esaurirsi, o non ci si può permettere gli straordinari sindacali - la pressione aumenta, e tutto questo è frustrante! Anche i registi migliori e più brillanti hanno giornate no e a volte finiscono il tempo a disposizione. Quello che molti fanno è scegliere di eliminare l'inquadratura (ed è per questo che è così importante ottenere prima le inquadrature che si desiderano e tenere quelle sicure per dopo). Ma non è davvero necessario eliminare le inquadrature; si può optare per fare alcuni "oner" - sostanzialmente una singola ripresa che include tutte le inquadrature di cui si aveva bisogno in una sola volta. Un oner può iniziare come un'ampia inquadratura di una scena e finire su un primo piano (sono due inquadrature al prezzo di una!). Puoi filmare la seconda ripresa da un angolo diverso in modo da avere qualcosa su cui tagliare. Nei giorni in cui sono in ritardo, a volte dico azione e, senza tagliare, faccio ripetere agli attori la scena un paio di volte, catturando tre o quattro inquadrature in una sola ripresa; ancora una volta - non ci sono regole. Se ti restano trenta minuti e ti mancano cinque inquadrature, fai girare la scena, non fermarti, catturala da vari angoli e lasciala correre fino a esaurire lo spazio sulla scheda o il tempo a disposizione.

Primissimi Piani, Inserimenti e Stacchi

Se guardi uno qualsiasi dei miei film, noterai inserimenti, primi piani e Primissimi Piani (PPP) disseminati ovunque; tutti hanno uno scopo importante: salvarti in sala di montaggio. Spesso concludo una scena riservando cinque o dieci minuti per inserimenti, primi piani e PPP perché so quanto siano preziosi. Avere qualcosa su cui tagliare quando il montaggio non funziona è un'abitudine salvavita che sono lieto di dire di aver padroneggiato in una certa misura. Il nome del gioco è copertura, e non lascio mai una location senza ottenere quanto più materiale possibile. Per me, è stato un salvavita e rende l'estetica del mio film un po' più interessante. Prova ad aggiungere alcuni minuti per PPP, inserimenti e stacchi alla fine di ogni location o scena prima di passare alla successiva. Ogni inquadratura non dovrebbe durare più di pochi secondi, ma quella copertura extra può salvarti la vita in sala di montaggio. Molto probabilmente non la userai a meno che tu non voglia attirare l'attenzione su qualcosa, ma quando ne hai davvero bisogno - è lì.

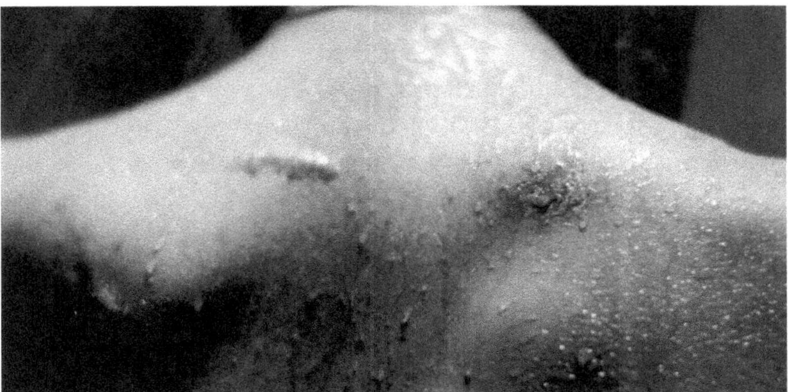

Un primo piano tratto dal film "Pickings". I primi piani possono essere molto utili in sala di montaggio, per cui non lasciare mai il set senza averli girati.

Il Masterclass Definitivo sulla Regia Cinematografica

Quella che segue è un'ottima lezione su come creare liste di inquadrature e inquadrare scene per chi vuole imparare a dirigere film in modo magistrale. Questo è ciò che, secondo me, dovrebbero insegnare agli studenti nelle scuole di cinema: vai online e trova una sceneggiatura di un film che non hai visto ma che desideri guardare. Può essere qualcosa di vecchio, di nuovo o di intermedio. Leggi la sceneggiatura e scegli la tua scena preferita, poi metti i tuoi amici in una stanza, prendi una telecamera se ne hai una (o usa la fotocamera del tuo telefono) e gira la scena, dall'inizio alla fine, con le clapperboard, da angolazioni diverse, proprio come faresti in un vero set cinematografico. Fai una lista di inquadrature, prendi appunti su come vuoi che i tuoi attori recitino, capisci lo scopo della scena, il blocco degli attori, ecc., e filmala. Poi accedi ad Adobe Premiere o a qualsiasi altro software di montaggio e monta la scena; mettila insieme - guardala. Quindi noleggia il film e guarda cosa ha fatto diversamente quel regista. Questo è il masterclass definitivo sulla regia cinematografica, e l'esperienza che si acquisisce facendolo supererà di gran lunga qualsiasi altro corso o classe che si possa frequentare. Fai questo esercizio da dieci a quindici volte, con film di periodi diversi, stili diversi, look e location se possibile, e man mano che ti addentri in questi progetti, diventi un po' migliore con ognuno di essi, e nell'ultimo breve esercizio, avrai girato una scena di Hitchcock e curato il sound design, l'illuminazione tutto da solo, e magari aggiunto un effetto speciale - e sembrerà incredibile! Dopo ogni esercizio che fai, inizierai a migliorare, e al decimo - sarai pronto per fare un lungometraggio. È un esercizio gratuito che richiede solo tempo e dedizione all'arte della regia cinematografica e, indipendentemente da quanta esperienza pensi di avere, è un esercizio che vale la pena fare.

> *"Mettere in discussione il proprio processo è una necessità. Se non ti metti in discussione, è impossibile migliorare". ~ Alejandro Gonzalez Inarritu*

Inquadratura/Realizzazione dello Storyboard

Una delle mie parti preferite della regia cinematografica è senza dubbio l'inquadratura. La qualità della tua inquadratura ritorna in ultima analisi al significato. I migliori registi sono quelli che riescono a trasmettere molte informazioni in un'unica inquadratura senza che il personaggio dica una parola o l'attore faccia un minimo di recitazione. Studia le opere di Sergio Leone, Alfred Hitchcock, Stanley Kubrick, Quentin Tarantino, Buster Keaton, Steven Spielberg e Martin Scorsese per vedere come scelgono di comporre le loro inquadrature e muovere la camera per raccontare una storia. Una cosa che direi riguardo alla realizzazione dello storyboard e alla lista delle inquadrature è che non dovresti mai esserne troppo legato. A volte, vai in una location e scopri che un'inquadratura che pensavi di poter fare non funziona, o vedi il potenziale per un'inquadratura sorprendente a cui non avevi pensato prima - non fare come alcuni registi che diventano schiavi della propria lista di inquadrature. Quando vedi una location e ti vengono in mente nuove idee, revisiona di conseguenza.

Per quanto riguarda gli storyboard, di solito li realizzo utilizzando 3DS-Max o Autodesk Maya, ma puoi creare storyboard anche con una penna e della carta. A volte, il modo vecchio stile funziona meglio (non ci sono regole). Lo scopo di uno storyboard è aiutarti a visualizzare la lista di inquadrature e comunicare le tue idee al team, quindi il modo in cui raggiungi questo obiettivo è irrilevante. Alcune ottime app per la realizzazione di storyboard includono Shotpro, Frameforge, Storyboarder (gratuita), Canva e Boords.

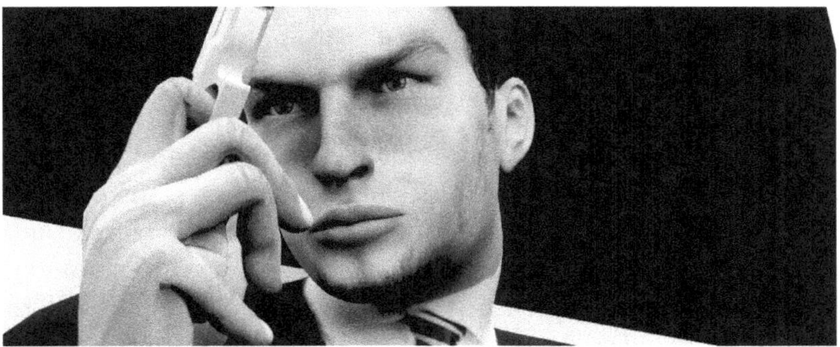

Storyboard per "Dual Action". Creatao con 3DS-Max

Ricerca Artistica

Quando mi addentro nella pianificazione visiva di un film, di solito cerco ispirazione in opere d'arte, dipinti, murales e fotografie artistiche. Creo una "tavola di ispirazione visiva" su un documento Word, la stampo e la appendo al muro. Ogni opera rappresenta una sensazione, un tema, una palette di colori o un'idea che voglio catturare. Esporsi all'arte aiuterà a stimolare la tua immaginazione e servirà come fonte principale di ispirazione. Le palette di colori, i temi e altre idee creative vengono potenziate dall'osservazione di opere d'arte correlate. E mentre la maggior parte delle persone trae queste ispirazioni da altri film (me incluso), l'esposizione ad altre forme d'arte può spesso esserti più utile. È qualcosa che ho appreso dal direttore della fotografia Shane Hulbert e che applico ai miei film da un bel po'. Wes Anderson fa lo stesso, e le sue opere parlano da sole. Personalmente, preferisco il lavoro di artisti come Dorothea Lange, André Kertész, Annie Leibovitz e Brassaï. Ti consiglio di cercare i loro nomi e vedere se trovi il loro lavoro affascinante quanto lo trovo io. Non si sa mai da dove possa arrivare l'ispirazione. Oggi, molti filmmaker utilizzano applicazioni IA come MidJourney per creare opere d'arte sorprendenti da cui trarre ispirazione; se funziona per te, fallo!

In Anticipo sul Programma, Sotto Budget

Penso che dovrebbe esserci una categoria speciale di premi per i cineasti che terminano il loro film sotto budget o in anticipo sul programma, e ciò perché ogni anno vengono realizzati tanti film che superano il budget e subiscono ritardi nella produzione. Nella maggior parte dei casi, la capacità di rimanere sotto budget si riduce a disciplina e pianificazione. Gli incidenti accadranno sempre e non c'è modo di sapere come andrà una produzione quando si inizia, ma coloro che pianificano in anticipo, coloro che restano organizzati e comprendono il loro prodotto, e coloro che sono disciplinati saranno in linea con il programma e il budget. Allo stesso modo, coloro che pianificano di rimanere sotto budget lo faranno, e coloro che pianificano di essere in anticipo sul programma hanno maggiori possibilità di esserlo.

Pianificazione, Pianificazione, Pianificazione

Alfred Hitchcock diceva che è meglio perdere 100.000 dollari in pre-produzione che un milione girando qualcosa che non è pronto per essere girato. Se non sei soddisfatto della tua sceneggiatura, del tuo piano, dei tuoi attori, del tuo team, o non hai una piena comprensione del tuo programma - fermati! Fai un respiro e valuta se vale la pena spingere o posticipare il tuo programma. Non è una buona idea entrare nella fotografia principale di un progetto che ha problemi irrisolti in pre-produzione; il credere che "lo risolveremo quando ci arriveremo" è una ricetta per il disastro. Nel momento in cui metti piede dentro quel set il tempo inizia a scorrere. Hai un certo numero di ore per ottenere le inquadrature di cui hai bisogno e passare al pezzo successivo, e più pianifichi in anticipo, maggiori sono le tue possibilità di uscire con il materiale grezzo di cui hai bisogno per realizzare il tuo film. Entrare nella fotografia principale senza aver fatto una pianificazione diligente è qualcosa a cui non mi concederò mai più (ho avuto alcune esperienze negative risultanti dalla mancanza di pianificazione). Se stai illuminando il tuo film, devi avere un piano schematico per l'illuminazione; dovresti sapere in anticipo come illuminerai lo spazio. L'ultima cosa al mondo da fare è arrivare sul set senza un piano; ciò potrebbe rubare ore alla tua giornata e farti partire con il piede sbagliato. Fare i compiti e pianificare correttamente le tue riprese farà sì che il tuo tempo sul set sia utilizzato correttamente. Quindi, visita la tua location prima di girare, capisci quali luci userai e dove le posizionerai, pianifica in anticipo parte del blocco della camera, fai un test della camera nella location prima di girare - fallo! Se puoi portare i tuoi attori e fare le prove della scena, fallo. La pianificazione e l'organizzazione non dovrebbero essere nella tua lista dei "sarebbe bello avere"; il successo delle tue riprese dipende letteralmente dalla tua capacità di pianificare e rimanere organizzato. E l'illuminazione può rubarti molto tempo se non pianificata con cura in anticipo. Quindi, pianifica le tue inquadrature e la tua illuminazione creando uno schema luminoso (dai un'occhiata alle app Shot Designer e Shot Pro su iPhone/Android).

Porta Due di Tutto Ciò di Cui Non Puoi Fare a Meno

Ogni film che realizzi serve come una masterclass sulla regia cinematografica, e queste lezioni spesso ti insegnano cosa puoi o non puoi fare, in cosa sei bravo, in cosa non lo sei, dove hai bisogno di migliorare e cosa dovresti o non dovresti mai tentare di fare su un set cinematografico. Mentre scrivevo questo libro, ho vissuto un'esperienza "problematica" sul set, e si è verificato qualcosa che non avrei mai potuto prevedere (ed è per questo che libri come questo sono importanti: ti insegnano come aspettarti l'inaspettato). Stavamo girando un bellissimo cortometraggio chiamato "Windblown" a Charlestown, una splendida città del Rhode Island (si trova a circa tre ore da New York City). Dormivamo nel cottage dove si svolgeva la maggior parte delle riprese e abbiamo finito per rimanere lì per cinque giorni. E, essendo una troupe esperta, ci siamo assicurati di avere ogni pezzo di attrezzatura di cui avevamo bisogno. Abbiamo pianificato tutto accuratamente, ottenuto i permessi, notificato alla polizia, preparato una lista di inquadrature ben fatta, prenotato tutti i nostri fornitori in anticipo e ingaggiato alcuni meravigliosi attori sindacali SAG. Siamo arrivati sul posto e tutto procedeva senza intoppi, a parte la mancanza di sonno – stavamo procedendo bene e ogni giorno si concludeva in anticipo sul programma – qualcosa di piuttosto raro nei set indipendenti come il nostro. Poi, alla fine del terzo giorno, è successo qualcosa di inaspettato. Il nostro lettore di schede C-Fast è morto. Per chi non lo sapesse, le schede C-Fast 2.0 sono schede di registrazione piccole, costose e velocissime per telecamere cinematografiche come l'Ursa Mini e Alexa. Fortunatamente per noi, il lettore di schede è morto alla fine della giornata dopo che avevamo già concluso la fotografia principale. Sfortunatamente per noi, nel Rhode Island non ci sono molti posti dove comprare o noleggiare un lettore di schede C-fast. Abbiamo passato tutta la notte e una parte della mattina seguente a telefonare a ogni negozio di fotocamere che potevamo trovare, e non siamo riusciti a trovare nulla in un raggio di 50 miglia. In altre parole, sembrava che fossimo davvero nei guai. Se fossimo stati a New York City, una corsa veloce al famoso superstore B&H avrebbe risolto il problema e avrei avuto la soluzione in pochi minuti, ma poiché stavamo filmando altrove, questo non era possibile. Abbiamo finito per mandare il nostro location manager (un uomo che è stato così gentile da lasciarci usare la sua location gratuitamente) a caccia fino a Boston – due ore di viaggio per andare e due per tornare. Eravamo molto vicini a esaurire lo spazio sulla scheda quando è arrivato il momento di fare una pausa per il pranzo, e il nostro salvatore è tornato con il lettore di schede da Boston. La lezione qui è questa: se stai filmando in una piccola città, assicurati di (a) avere le informazioni di contatto di una struttura locale di noleggio telecamere che ha l'attrezzatura di cui hai bisogno in caso qualcosa si rompa; o (b) porta due di tutto ciò di cui non puoi fare a meno.

La Tua Lista di Controllo per la Pre-Produzione

Prima di dare finalmente il via, è il momento di passare in rassegna una lista di controllo di tutto ciò di cui abbiamo bisogno per concludere il nostro processo di pre-produzione e passare alla fase di produzione del nostro film.

1. Fai un Tuffo – Realizza un Cortometraggio a Costo Zero.
Crea un cortometraggio a costo zero allo scopo di educarti sul processo di realizzazione dei film dall'inizio alla fine; nulla batte l'esperienza nel mondo reale. Prova il "Masterclass di Regia Cinematografica" che ho menzionato in precedenza.

2. Fai Esperienza nella Post-Produzione.
Fai pratica ed esperienza con Photoshop, Premiere, After Effects o software simili e familiarizza con il processo di post-produzione. Puoi imparare tutto ciò che devi sapere in 2 settimane o meno.

3. Una Sceneggiatura Lucidata, Ovviamente.
Almeno tre-cinque bozze e continua a modificare finché non sei soddisfatto dei risultati. Controlla l'esposizione, lo sviluppo dei personaggi, ecc. Leggila ad alta voce, assicurati che faccia il suo lavoro. Qualcosa di meno che fantastico non è abbastanza buono.

4. Logline.

Una logline forte dovrebbe descrivere il conflitto centrale e catturare l'attenzione del lettore. La metterai sulla tua pagina IMDB, sul tuo sito web, sui social media, ecc.

5. Sinossi.

Una breve descrizione dei personaggi principali e del conflitto del film; termina con un colpo di scena.

6. Budget.

Crea il tuo primo budget cinematografico su Celtx, Excel o un'altra app di budgeting.

7. Scomposizione della Sceneggiatura.

Scomponi la tua sceneggiatura e fai una descrizione dettagliata degli elementi del tuo film.

8. Crea una Lista di Inquadrature e un Programma.

Rivedi le tue inquadrature e pianifica la tua giornata meticolosamente. Tieni presente le regole sindacali se stai lavorando sotto contratti sindacali.

9. Visualizza.

È il momento di visualizzare il tuo film, creare uno storyboard e girare video di prova per sequenze d'azione complesse.

10. Lettura Collettiva.

Riunisci amici, famiglia, attori, produttori, ecc. e organizza una lettura collettiva.

11. Riscrittura Post-Lettura Collettiva.

Prendi appunti durante la lettura collettiva e apporta le modifiche appropriate, se necessario.

12. Piano d'Impresa/Piano di Marketing.

Definisci la tua strategia per il finanziamento, la

realizzazione e il marketing del tuo film.

13. Costituisci una Società e Prepara i Contratti
Proteggiti e rendi legittimo il tuo film. Costituisci una società legale con le autorità locali (LLC/S.r.l.), inizia a preparare contratti per attori, membri della troupe, produttori, location, fornitori e altri.

14. Apri un Conto Bancario.
Crea un conto bancario per la tua S.r.l. e ottieni un libretto degli assegni/una carta di debito. Questo ti aiuterà a tenere traccia del tuo budget e renderà la rendicontazione finanziaria e la gestione molto più semplici.

15. Registra i Diritti d'Autore della Tua Sceneggiatura.
Invia la tua sceneggiatura all'ufficio diritti d'autore e sottoponila alla WGA (o alla SNSCT in Italia).

16. Crea un Sito Web.
Usa Wix o un'altra app di creazione siti web per realizzare un sito web dall'aspetto professionale. Se non hai soldi da spendere puoi creare un sito web gratuitamente con Wordpress.

17. Crea una Presenza sui Social Media.
Crea un account su Facebook, Instagram e Twitter; crea un logo in Photoshop e condividilo con il mondo.

18. Crea una Pagina IMDB.
Visita la Zona Contributori e crea una pagina per il tuo film.

19. Crea un Poster Concettuale.
Usa le tue nuove competenze in Photoshop per creare un fantastico poster concettuale o visita siti web di freelancer come Fiverr per farne creare uno per te.

20. Assumi le tue Persone "Above the Line".

Assumi il tuo produttore, produttore esecutivo, assistente alla regia e designa un responsabile della produzione fuori dal set.

21. Assumi il Tuo Cast.

Organizza sessioni di casting e assembla il tuo cast. Se stai assumendo attori SAG, dovrai diventare un firmatario e inviare la loro documentazione almeno tre settimane prima che inizi la fotografia principale. Se stai girando in Italia, dovrai contattare lo SNA per scoprire come procede.

22. Organizza la Busta Paga e l'Assicurazione

Se stai girando negli Stati Uniti, collabora con un fornitore di Buste Paga per l'Intrattenimento (quando si tratta di SAG) o paga tutti tramite MISC 1099. Qualunque cosa tu faccia, assicurati di farla regolarmente. Assicura la tua produzione se puoi permettertelo. Come discusso in precedenza, girare in Italia può richiedere un diverso insieme di passaggi per organizzare buste paga e assicurazioni. Fai le tue ricerche!

23. Lettura del Copione Post-Casting.

Se non puoi permetterti una sessione di prove, invita i tuoi attori a una lettura del copione. Prendi appunti.

24. Assumi la Tua Troupe.

Assumi i responsabili dei dipartimenti: direttore della fotografia, trucco, suono, ecc.

25. Tieni la Tua Prima Riunione di Produzione.

Riunisci i responsabili dei dipartimenti in una stanza. Stampa copie della sceneggiatura per tutti e fai una lettura completa del copione dall'inizio alla fine. Questa è la loro occasione per pianificare, fare domande e avere un'idea sulla tua visione per il film, il guardaroba, il trucco, i capelli, la luce, ecc. (assicurati di avere abbondante caffè e alcuni snack; potrebbe durare un po').

26. Assumi i Tuoi Assistenti alla Produzione.

Assumi il tuo assistente alla produzione principale e affidagli il compito di trovare stagisti gratuiti, operatori DSLR per le riprese dietro le quinte e persone che vogliono contribuire alla realizzazione di un film.

27. Scouting di Location.

Se non stai girando un film in una location a cui hai già accesso, dovrai cercare e assicurarti le location; assumi uno scout/manager di location o fallo da solo.

28. Incontro Individuale con il Direttore della Fotografia.

Incontra il tuo direttore della fotografia e discuti la lista di inquadrature e gli storyboard (non farlo durante la riunione di produzione; sprecheresti il tempo di tutti gli altri. Questo incontro riguarda il regista e il suo direttore della fotografia che decidono l'aspetto visivo del film, la palette di colori, i temi della luce, le sfide, ecc.). Se sei anche il direttore della fotografia, è il momento di assumere la tua troupe, in particolare il tuo key grip, l'elettricista capo e l'assistente alla camera. È anche il momento di assicurarti la tua attrezzatura per la camera e per l'illuminazione.

29. Assicurati i Permessi.

Assicurati che ogni location sia sotto contratto, abbia un Certificato di Assicurazione e che tu abbia il permesso di girarvi. Questo varia a seconda del tuo budget, ma dovresti fare tutto il possibile per garantire che stai operando in modo legittimo e responsabile. Non girare scene con armi da fuoco o scene di stunt senza permesso e non fare nulla di stupido come bloccare il marciapiede o girare su un binario ferroviario senza permesso.

30. Assicurati Cibo e Craft Services

Assicurati di avere cibo, snack, caffè e tè a sufficienza per il tuo cast e la tua troupe per tutta la durata della giornata.

31. Semaforo Verde.

Il momento della verità: è il momento di bloccare il programma di riprese, prendere un impegno e inviare i fogli di convocazione a tutti. È anche il momento di pagare tutte le bollette che devono essere pagate, i pagamenti anticipati ai fornitori, gli accessori, il guardaroba, le location, il noleggio di furgoni da 15 passeggeri, i depositi cauzionali, l'attrezzatura e le apparecchiature, ecc. Su "Pickings" abbiamo fatto tutto questo circa due settimane prima che iniziasse la fotografia principale; tuttavia, ciò varierà da ripresa a ripresa.

32. Pubblicità Preliminare.

Mi addentrerò nei dettagli della pubblicità nei capitoli successivi, ma tieni presente questo: mentre stai girando, devi ottenere quante più foto e video dietro le quinte (BTS) possibile e, se hai il budget per un pubblicista, assumilo prima di iniziare a girare. Puoi usare i tuoi social media per postare foto e creare hype durante le riprese così da creare interesse nei tuoi follower.

33. Un Brindisi!

Invita tutti, e intendo tutti, a un drink celebrativo in un bar locale alcuni giorni prima delle riprese. È il momento di dire "buona fortuna!" e ringraziare tutti per aver preso parte al tuo progetto. Se non puoi farlo prima delle riprese, prendi una bottiglia di champagne o vino e fai un brindisi sul set alla fine (o all'inizio) del primo giorno – un piccolo bicchiere di vino non farà danni, ma sarà un gesto di grande valore.

"Per scrivere sceneggiature, devi prima studiare i grandi romanzi e drammi del mondo. Devi considerare perché sono grandi. Da dove viene l'emozione che senti mentre li leggi? Quale grado di passione deve aver avuto l'autore, quale livello di meticolosità deve aver saputo padroneggiare, per ritrarre i personaggi e gli eventi come ha fatto? Devi leggere approfonditamente, fino al punto in cui puoi cogliere tutte queste cose. Devi anche vedere i grandi film. Devi leggere le grandi sceneggiature e studiare le teorie cinematografiche dei grandi registi. Se il tuo obiettivo è diventare un regista cinematografico, devi padroneggiare la sceneggiatura". ~ Akira Kurosawa

*   *   *

La Lista Definitiva dell'Attrezzatura

Quindi, sei a tre giorni dalla fotografia principale nella location, e devi fare un elenco di tutto ciò che devi portare con te sul set; ecco la tua occasione. Presumerò che sia tu stesso il direttore della fotografia e il regista del tuo film. Ora ricorda: se non hai tutto questo, va bene lo stesso. Porta ciò che hai e cerca di divertirti un po'!

Attrezzatura per Camera e Audio	*Luci e Attrezzature Grip*
Kit per Camera e Suono	Kit di illuminazione di base
Obiettivi	Morsetti, C47
Archiviazione HDD + lettori di schede	Luce di rimbalzo negli occhi
Batterie e caricabatterie	Gel e filtri
Slider/treppiede / stabilizzatore	Diffusori, seta e pannelli riflettenti
Cavi HDMI	C Stands/stativi per luci
Laptop con USB 3 o superiore	Coperture per la pioggia (se necessario)
Generatore portatile	Green screen (se necessario)
Ciak, marcatori	Sacchetti regalo

Splitter e cavi prolunga	Casse di mela
Custodie Pelican o borse	Sacchi di sabbia
Microfono/registratore su camera	Nastro gaffer, nastro marcatore
Cavi XLR	Metro a nastro
Cuffie	Tessuto nero/duvetine
Panno per lenti	Multitool/Cassetta degli attrezzi
Monitor portatile	Riflettori
Filtri ND	Ciabatte elettriche
Mixer/registratore da campo	Bandiere/Tagli
Walkie talkie	Guanti resistenti al calore
Carta per calibrazione del colore	Etichettatrice
Penna per lenti/soffiatore ad aria	Fascette
Pinze e tronchesi	Kit di luci Aputure MC, se possibile
Supporto per asta boom	
Adattatori per slitta	

Quando si Gira Lontano da Casa

Sedie pieghevoli	Sacchi della spazzatura
Tavolino pieghevole	Kit di primo soccorso
Rotoli di carta	Telepass
Fascette	Macchina del caffè, thermos
Frigorifero portatile	Musica per guidare!
Estintore	Repellente per insetti/Crema solare
Snack/Acqua extra	Copie della Sceneggiatura Fogli di convocazione
Moduli di rilascio extra	Hard disk extra, giusto in caso
Torcia LED o lampada frontale	Stazione di alimentazione portatile

Ricorda, l'attrezzatura esatta di cui avrai bisogno può variare notevolmente a seconda delle specifiche delle tue riprese e delle condizioni nella location. Questo elenco ampliato dovrebbe fornire una buona base per assicurarti di essere ben preparato per una gamma di situazioni che potresti incontrare durante le riprese del tuo film indipendente.

PARTE CINQUE
Produzione

Fate le Prove, per Favore!

Molti registi indipendenti a basso budget non mettono mai da parte soldi per le prove perché sono convinti di non potersele permettere. Ma la verità è che ne hanno bisogno! E spesso è più accessibile di quanto si pensi. Fare le prove aiuta a realizzare un film migliore, ed è un dato di fatto. Per cominciare, quando fai le prove, conosci meglio i tuoi attori; sviluppi una relazione con loro e costruisci un rapporto più forte, che sarà un salvavita una volta iniziate le riprese. Le prove aiutano a rifinire le scene, i dialoghi e i personaggi. È l'opportunità per gli attori di farti domande sulle scene e di capire meglio il loro scopo e la loro intenzione per ogni momento. Ogni battuta è esaminata attentamente e la collaborazione viene sfruttata al massimo delle sue potenzialità. Le prove permettono anche di fare brainstorming con l'attore, di elaborare idee, soluzioni, pensieri e fondamentalmente di lavorare insieme per perfezionare la connessione dell'attore con il personaggio che interpreta. Per quanto mi riguarda, scelgo sempre di fare le prove quando giro un cortometraggio ricco di dialoghi o un lungometraggio.

Consigli e Trucchi per le Prove

1) Quando leggi la scena per la seconda volta con i tuoi attori (sia sul set che durante le prove), lascia che si muovano per la stanza mentre recitano. Questo ti aiuterà a visualizzare meglio il tuo blocco e magari ti darà alcune idee dell'ultimo minuto che potresti usare per migliorare il flusso della scena.

2) Tieni a portata di mano la tua sceneggiatura e una penna, prendi appunti durante la prima lettura, poi torna indietro e rivedili uno per uno. Non interrompere la prima lettura; lascia che i tuoi attori facciano il loro lavoro.

3) Tieni presente che alcuni attori rispondono meglio all'intenzione (questo è ciò che il tuo personaggio sta provando), mentre altri rispondono meglio a indicazioni emotive dirette, come "più triste", "più intenso", ecc. La maggior parte degli attori risponderà meglio alla prima opzione.

4) Se il movimento della camera è necessario e se stai lavorando con un operatore di camera, gira la scena in prova con un iPhone, in modo che il tuo operatore sappia come si suppone che muova la camera.

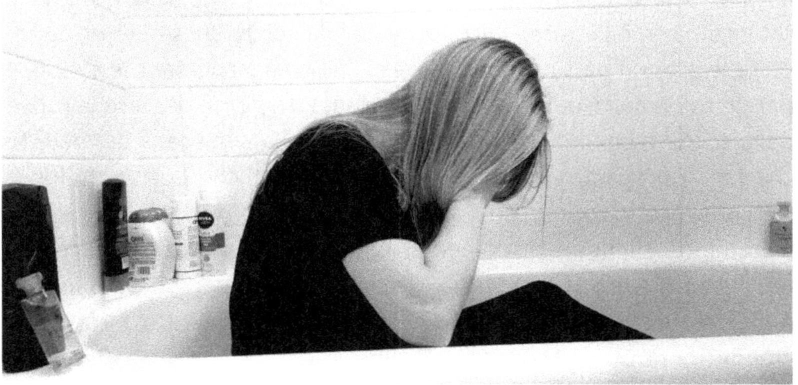

Prova di "Trapped Inside" (Sopra) vs. Sul Set (Sotto)

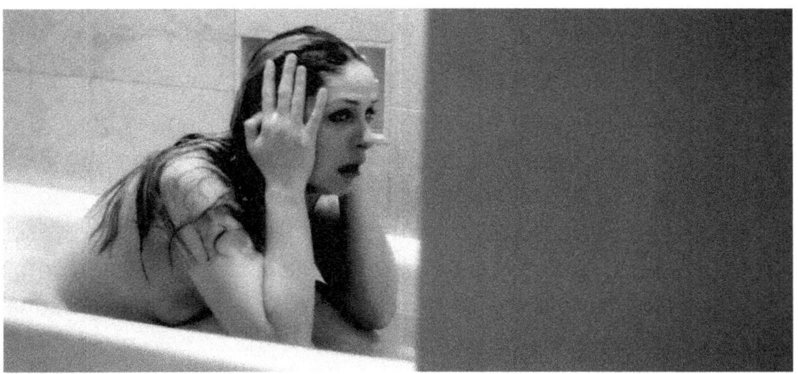

Pianifica con Attenzione il Tuo Calendario delle Prove

Se scegli di fare le prove per una scena ricca di dialoghi, assicurati di farlo giusto prima di girare. Ho commesso l'errore di fare le prove per una scena ricca di dialoghi con un attore per due giorni consecutivi. L'ha letta e provata così tante volte che, quando abbiamo iniziato a girare, conosceva il dialogo a memoria; l'unico problema: era programmato per girare alla fine delle nostre trentacinque giornate di riprese, e poiché la produzione ha subito dei ritardi, ci sono voluti circa tre mesi prima che l'attore si trovasse sul set – totalmente impreparato. Non riusciva a ricordare nessuna delle sue battute e quelle che ricordava le recitava di fretta e con nervosismo. Ora, certo, tutti gli altri sul set incolpavano l'attore – dico, come si fa a venire sul set e non conoscere le proprie battute? Tuttavia, ero l'unico a incolpare me stesso, e per un buon motivo. Se avessi preso due o tre giorni per fare le prove delle scene con lui di nuovo prima di girare la sua scena, avrei visto che era impreparato e avrei preso misure drastiche per sostituirlo o assicurarmi che conoscesse le sue battute. Alla fine, ho dovuto completamente eliminare il suo personaggio in post-produzione, il che ha rovinato del tutto la mia storia (dato che era un personaggio importante), e questo apparentemente piccolo errore di giudizio è stata una grande fonte di frustrazione. Alla fine, mi è costato molto tempo e denaro (che non avevamo) e ha completamente annientato la mia visione originale per il film.

Cibo Sempre Disponibile!

Ogni volta che stai filmando qualcosa, dovresti sempre avere del cibo! Se sei su un set professionale e hai un tavolo per i servizi di ristoro, dovrebbero assicurarsi che caffè, snack o qualcosa di delizioso sia sempre disponibile e che non ti trovi mai davanti a un tavolo vuoto. Il responsabile dei servizi di ristoro dovrebbe essere la prima persona sul set. Il caffè deve essere pronto prima che trucco e tecnici entrino nel tuo set, e deve essere caldo e disponibile fino a quando l'ultima persona non ha lasciato il set. La stessa regola si applica se stai lavorando a una produzione piccola e a basso budget, e, se non hai una persona dedicata ai servizi di ristoro, fai fare il lavoro a un assistente o a uno stagista - oppure fallo tu stesso. Nessuno si mette al lavoro prima di aver sorseggiato del caffè, e le persone che lavorano su set che offrono buon cibo tendono ad essere più produttive. Le regole SAG stabiliscono che il pranzo deve essere servito ogni sei ore, ma la mia regola dice che dovrebbe sempre esserci qualcosa da sgranocchiare sul set, e c'è una bella sorpresa tra il "pranzo" e la "fine delle riprese". Se arrivi sul set alle 9:00 del mattino, pranzi alle 14:00, allora dovresti mandare un assistente di produzione a prendere qualcosa di delizioso per la squadra alle 11:00 e di nuovo alle 17:00 (niente pizza o roba che possa far addormentare le persone; attenzione al troppo sale o troppo zucchero). La conclusione è questa: nutri bene le persone che lavorano con te e queste saranno felici.

Gira Intelligentemente

Molti registi inesperti commettono l'errore di pianificare troppi o troppo pochi ciak al giorno, e anch'io ho fatto quell'errore all'inizio. E quando le persone mi chiedono quanti ciak al giorno consiglio di girare, non so mai cosa dire perché – ed è importante – ogni scena è diversa, ogni inquadratura è diversa, ogni giorno è diverso e ogni troupe è diversa. È più facile fare quaranta ciak al giorno se li giri tutti nella stessa stanza, ma non è altrettanto facile fare quaranta ciak al giorno se devi cambiare stanze, cambiare guardaroba, se hai stunt, effetti speciali, molti dialoghi, scene emotive, ritocchi di trucco, ecc. Ecco dove girare il tuo film in pre-produzione su un iPhone come un animatico/una prova aiuta, poiché ti dà un senso del timing.

Risolvere i Problemi

Non c'è via di scampo: non importa quanto tu sia ben preparato, quante ricerche abbia fatto, quanto sia professionale la tua troupe e quanta esperienza tu abbia come regista: i problemi sorgono sempre sul set, e il tuo compito come regista/produttore è risolverli. Ora, più la tua squadra è esperta, meglio è equipaggiata per gestire i problemi, ma anche: più grande è la tua squadra, più grande è la tua produzione, più problemi incontri. In realtà è più facile girare con un'impronta ridotta, poiché ci sono molte meno parti in movimento e, quindi, incontri meno problemi. Quindi, preparati ad avere problemi e preparati a risolverli. Fa parte del lavoro.

Controlla le Tue Emozioni

Un set cinematografico può a volte trasformarsi in una zona di guerra, e puoi trovarti sull'orlo di una crisi di nervi. Che sia a causa di una persona che ti sta dando fastidio, un guasto tecnico o un problema che ruba tempo e ti fa deviare dal tuo percorso, queste "sfide" possono mettere alla prova la tua pazienza e scatenare ogni sorta di pensieri e sentimenti negativi dentro di te. Ci sono molti casi di registi cinematografici che perdono la calma, urlano a squarciagola, si imbattono in discussioni accese e reagiscono male a queste situazioni. Una cosa importante da tenere a mente è questa: il tuo set cinematografico è IL TUO set cinematografico, tu sei il capo, tu sei la persona responsabile, e la tua energia orienterà quella di tutti gli altri sul set. Se sei arrabbiato, depresso o sconvolto, le persone con cui lavori lo percepiranno e agiranno di conseguenza, trasformando il tuo set cinematografico in un luogo teso, privo di gioia. E se sei felice, allegro, eccitato ed energico, anche in questo caso lo percepiranno! Il tuo entusiasmo "contagia" tutti intorno a te, e le persone che entrano nel tuo set sentiranno quel senso di eccitazione e lo rifletteranno. Qualunque cosa tu stia provando mentre lavori sul set viene amplificata e riverberata nella stanza. È magnetico, e devi esserne pienamente consapevole.

Una volta ho avuto una giornata terribile sul set. Niente funzionava come volevo, e ho notato che quando mi sentivo male, tutti intorno a me sembravano aver perso il loro cucciolo. Non era qualcosa che facevo consapevolmente, ma un membro del cast me lo ha fatto notare, e da allora ho fatto uno sforzo per mantenere un atteggiamento positivo sul set, a tutti i costi, reprimendo il negativo e tenendolo nascosto. Sebbene sia inevitabile avere una brutta giornata ogni tanto, dovresti tenere presente che avrai tutto il tempo del mondo per arrabbiarti, deprimerti o compiangerti dopo, ma quando sei sul set, questo non può succedere. Devi, per il bene del tuo cast e della tua troupe, controllare le tue emozioni e non perdere mai la calma.

Urlare e insultare è il modo in cui perdi il rispetto di tutti e fai sì che le persone ti disprezzino e lavorino contro di te. I capricci faranno perdere alle persone la fiducia nei tuoi confronti e potrebbero alla fine ribellarsi contro di te.

Abbraccia le Collaborazioni

La realizzazione di un film, nel suo nucleo, è uno sforzo collaborativo. Stai collaborando con il tuo cast, la tua troupe, il tuo direttore della fotografia, i tuoi produttori - tutti stanno lavorando insieme per trasformare la tua visione in realtà. Devi essere consapevole di questo fatto - le persone hanno bisogno di riconoscimento e vogliono sentirsi come se stessero contribuendo al tuo progetto - e poi, perché se tratti il tuo team con rispetto e ascolti le loro idee, saranno più propensi a condividere quelle idee con te, e otterrai accesso al loro genio. Dovresti avere una visione forte e mantenere le tue convinzioni in generale, ma tieni la mente aperta alle collaborazioni, ascolta le persone che assumi, ascolta i loro consigli.

Crea una Playlist

Un'altra mia abitudine, che ho sviluppato durante la realizzazione del mio primo lungometraggio, è stata di produrre una playlist per il film (molte volte lo faccio mentre scrivo e rivedo la playlist alcuni giorni prima dell'inizio della fotografia principale). Spesso scelgo e seleziono canzoni per mettere le persone (e me stesso) nel "mood" giusto. E quando siamo sul set, metto la musica durante le preparazioni. Aiuta a mantenere la troupe di buon umore e dà a tutti un senso di ritmo sul set. Inoltre, può aiutare gli attori a entrare nella mentalità giusta per la scena imminente. Questo è particolarmente utile quando si lavora su set di generi specifici, come horror, noir, commedie, ecc. Tuttavia, dovresti sempre tenere conto della tua location e considerare l'atmosfera. Non metto mai musica prima di una scena molto emotiva, poiché ciò può distrarre l'attore, e penso sempre due volte prima di mettere musica in una location tranquilla e serena. A volte, è meglio sentire il silenzio e godersi l'atmosfera, e la musica può rovinare tutto questo - usala a tua discrezione.

Dai Seguito alle Richieste

Questa è una lezione importante che ho imparato sul set di "Pickings". Se hai una scena in cui un attore interagisce con un gatto, cane, cavallo, asino, qualsiasi cosa, e vuoi che appaia come se avessero una relazione già stabilita (cosa che dovresti, se è l'animale domestico del personaggio), allora concedi un'ora circa all'attore così che possa creare un legame con l'animale prima di girare la scena. Quando stavamo realizzando "Pickings", una delle scene prevedeva la presenza di un gattino, l'animale domestico del personaggio. Sarebbe stato logico, dunque, che l'attore sapesse come interagirvi, come tenerlo, accarezzarlo, ecc. Giunto sul set, ho chiesto al mio addestratore di animali di presentare il gatto all'attore prima del trucco. Era fondamentale per me che il bambino si sentisse a suo agio con l'animale; una certa persona sul set (non importa chi) doveva occuparsene. Quando è arrivato il momento di girare la scena, ho scoperto che sia l'addestratore che la persona a cui avevo affidato questo compito avevano trascurato di fare ciò che avevo istruito, e l'attore non aveva passato nemmeno un minuto con il gattino prima che la scena venisse girata. La scena, non sorprende, non ha funzionato: il gattino non si sentiva a suo agio con l'attore, e viceversa, il che ha comportato il dover girare attorno all'animale, e io non ho ottenuto l'inquadratura che volevo. Ero furioso, ma mi sono reso conto che la colpa per questa situazione era in ultima analisi mia: dire a qualcuno di fare qualcosa è ottimo, ma quando qualcosa è molto importante per la scena, allora è mia responsabilità assicurarmi che venga fatto, specialmente quando non è qualcosa di ovvio. Se chiedi qualcosa e non dai seguito, c'è la possibilità che non venga fatto, specialmente quando si lavora su un film a basso budget con una troupe inesperta.

Termina la Giornata su una Nota Positiva

Se stai girando un film nel corso di diversi giorni, è importante terminare la giornata su una nota positiva. Che tu stappi una bottiglia di vino e condivida un momento con il tuo cast e la tua troupe, giochi a qualche gioco, o mostri i tuoi momenti preferiti della giornata (o tutto quanto sopra, se possibile), fare qualcosa di divertente dopo aver concluso la produzione per la giornata manterrà tutti di buon umore e incoraggerà sicuramente le persone che altrimenti potrebbero non tornare sul tuo set il giorno seguente. In generale, dà alle persone l'opportunità di rilassarsi. Ho dovuto imparare questa lezione a mie spese, credimi. È un'abitudine che vale la pena formare. Se passi la notte sul set e le persone vogliono restare ancora un po' dopo la fine delle riprese (e il programma lo permette), lasciale fare. Anzi, sii il leader della tribù e apri una bottiglia di vino se puoi. Fare cinema è un lavoro di gruppo e, come persona responsabile di questo gruppo, devi capire che tutti hanno bisogno di distendersi e, se puoi aiutarle a rilassarsi, ti apprezzeranno di più e sarà più facile lavorare con loro il giorno seguente.

Non Avere Paura di Licenziare le Persone

Odio licenziare le persone sui set cinematografici, ma a volte è assolutamente necessario. Tuttavia, sono rimasto sorpreso nell'apprendere che in molti si rifiutano di licenziare semplicemente perché non vogliono "creare problemi". Mettiamo le cose in chiaro: licenziare le persone fa schifo! Per cominciare, danneggia il morale, ma, cosa più importante, hai bisogno di quella persona lì. Se lui/lei viene licenziato/a alla fine della giornata, devi avere un'alternativa o qualcun altro pronto a fare il suo lavoro il giorno successivo o dopo il fine settimana. Ad esempio, licenziare un assistente alla messa a fuoco è facile; licenziare un attore è tutta un'altra storia. Ma una cosa che ho imparato è che se non licenzi una persona che non sta facendo bene il suo lavoro il danno che quella persona è in grado di causare può mettere a rischio l'intera produzione. Pensaci: se assumi un attore che si presenta il suo primo giorno sul set e, sorpresa!, inizia a trattare le persone con disprezzo o non conosce le sue battute, allora quell'attore deve essere rimosso dal tuo set il prima possibile. Devi eliminare la negatività non appena colpisce il tuo set; altrimenti, tu e il tuo film ne soffrirete. Più ritardi, peggio sarà. Non avere paura di licenziare le persone perché pensi di non poter trovare un sostituto: chiunque può essere sostituito. Ovviamente, dovresti sempre cercare di provare a sistemare le cose prima di licenziare qualcuno, ma se si supera il limite, non puoi avere paura di lasciar andare quella persona.

Se finisci per mandare qualcuno a casa, assicurati di farlo alla fine della giornata, quando possibile. È meglio dire a qualcuno che non sarà necessario domani piuttosto che mandarlo a casa dopo che ha fatto il viaggio. Specialmente se deve viaggiare con te in furgone alla fine della giornata. In tal caso, chiamalo/a quando torni indietro, o se sai che la persona non ci sarà conflittualità, fallo di persona alla fine della giornata. Evita di licenziare qualcuno di fronte ad altre persone, a meno che la situazione non sia disperata.

Licenziamento per Morale

In occasioni molto rare, licenziare qualcuno di fronte al cast e alla troupe può essere una cosa positiva. Non dirò il suo nome, ma un noto regista di New York ha recentemente licenziato un membro della troupe davanti a tutti dopo che si è comportato come un vero maleducato nei confronti di una delle attrici, arrivando persino a farla piangere. Il regista ha "perso le staffe", ha urlato all'uomo, lo ha licenziato e lo ha fatto cacciare dal set, e tutti hanno iniziato ad applaudire; il resto della giornata ha avuto un tipo di energia diversa. Ho dovuto licenziare un membro della troupe che si è presentato in ritardo sul set e ha iniziato a urlare al mio responsabile di produzione (la persona più dolce e meno conflittuale che si possa immaginare) per essere partito senza di lui dal punto di ritrovo. Ho dovuto licenziarlo davanti al nostro staff di produzione - e anche se non è stato piacevole per nessuno, ha migliorato il morale della squadra per i giorni successivi. A quanto pare, il ragazzo era molto aggressivo e trattava le nostre produttrici donne con un certo livello di disprezzo e mancanza di rispetto, cosa che non tollero. Tuttavia, nel 99% dei casi, quando è il momento di lasciar andare un membro del tuo team, fallo in segreto.

Licenziare un Attore

Questa è dura. Anche se spero che tu non debba mai trovarti nella posizione di dover licenziare un attore, a volte queste situazioni si presentano e senti come se non ci fosse altra scelta se non quella di liberarti della persona e sostituirla con qualcun altro. Se non hai ancora iniziato le riprese, licenziare un attore è abbastanza semplice; dici semplicemente "addio!", trovi qualcun altro e vai avanti. Se questo finisce per posticipare la tua data di inizio, pazienza – è meglio iniziare in ritardo con le persone giuste che iniziare subito con quelle sbagliate. Ma, se hai già girato scene con quell'attore, le cose possono diventare un po' più complicate. È ora compito tuo valutare i pro e i contro di mantenere l'attore rispetto al lasciarlo andare. Il calcolo è abbastanza semplice: (1) Quanto è importante il personaggio per la tua storia? (2) Quanto tempo ci vorrà per fare casting e rigirare? (3) Quanto costerà? (4) Puoi riassegnare il ruolo all'attore e rigirare le sue scene alla fine delle riprese? (5) Se gli orari degli altri attori non si conciliano bene, puoi girare le sue scene senza la necessità di avere tutti gli altri nella stanza? (Cioè, usare la magia della camera per filmare le scene di quella persona in modo creativo). Ad esempio, puoi scegliere di girare le loro scene in piani singoli (quando si girano piani singoli, ogni personaggio ha la propria inquadratura, quindi puoi girare un personaggio al Giorno #1 e il personaggio seduto di fronte a loro al Giorno #12, e nessuno lo saprà). Sostituire un attore in un film non è più così difficile come una volta. In ogni caso – qui è dove le tue capacità di risolvere i problemi vengono messe alla prova. Se non hai altra scelta se non quella di liberarti dell'attore, trova un modo creativo per rigirare le sue scene senza aggiungere al budget o ritardare il programma.

Avere Sempre un Piano B

Più grande è la produzione, maggiori sono le possibilità che qualcosa possa andare storto nel corso delle riprese, quindi una lezione che ho imparato durante la realizzazione di "Pickings" è di avere sempre un Piano B prima di iniziare a girare. Mantieni un file Excel con i nomi di operatori boom e tecnici del suono, key grip, swing, stagisti, costumisti, truccatori, ecc. Dovresti anche fare un passo ulteriore e tenere un elenco di assistenti alla regia, responsabili di produzione, direttori della fotografia, operatori di camera, attori, comparse e produttori. Conserva i nomi che ottieni durante il processo di assunzione e metti quelli promettenti nel tuo piano B. Generalmente, quando una persona si dimette, si tira indietro o deve essere licenziata nel corso della produzione, è responsabilità del capo reparto trovare un sostituto. Quando un key grip si dimette, il direttore della fotografia dovrebbe avere qualcuno lì il giorno successivo per prendere il suo posto; quando un truccatore non sta facendo il suo lavoro, il capo trucco dovrebbe avere un sostituto pronto prima della fine della giornata. Nel mondo del cinema indie a basso budget, potresti essere tu a dover trovare il sostituto, quindi un elenco di piani B è indispensabile. Lo stesso vale quando un capo reparto chiave si dimette o se ne va; un capo reparto responsabile ti farà la cortesia di trovare un sostituto. Poiché questa defezione potrebbe causare ritardi ed essere una grande fonte di perdita per il film, dovrebbero trovare (e formare) un sostituto competente prima di partire. Tuttavia, se quel capo reparto chiave non è disposto a farlo, sarai molto contento di aver avuto un piano B. Qualcuno che può colmare il vuoto e prendere il posto dell'altra persona è ora a una telefonata di distanza. Ecco perché hai bisogno di un ottimo produttore esecutivo: un ritardo causato dalla sostituzione di un capo reparto chiave passerà inosservato nelle mani di un buon produttore esecutivo, che può riorganizzare il programma senza perdere un colpo.

Non Dimenticare la Luce degli Occhi

Uno dei pezzi più importanti del puzzle narrativo è la capacità dell'attore di trasmettere informazioni ed evocare un'emozione sullo schermo, e quell'emozione si verifica, prima di tutto, nel volto dell'attore, in particolare nei suoi occhi. Potresti scrivere la sceneggiatura migliore di sempre e assumere gli attori più bravi, ma se non riesci a vedere i loro occhi mentre recitano, sembrerà tutto piatto e avrai sprecato una buona opportunità. Se sei il direttore della fotografia, dovresti sempre, sempre, sempre, sempre assicurarti di controllare quella luce negli occhi prima di gridare "Azione!". La luce negli occhi (nota anche come luce di rimbalzo) può essere prodotta da qualsiasi cosa che emetta luce perché gli occhi sono molto riflettenti, quindi non è un compito difficile, ma è importante. Il canale

YouTube "DedoWeigertFilm" ha un bellissimo video che tratta le specifiche delle luci di rimbalzo intitolato "The Light in Your Eye". Vale sicuramente la pena guardarlo.

Imposta un Angolo DIT

Una delle peggiori cose che possa accadere a qualsiasi regista è quando un DIT (Tecnico dell'Immagine Digitale) commette un errore e si perdono dei filmati. Perdere materiale girato è di gran lunga il crimine più grave che si possa commettere su un set cinematografico: la scena è stata catturata, i soldi sono stati spesi e il materiale è perso. Un modo per assicurarsi che ciò non accada è allestire un angolo DIT e controllarlo due, tre, quattro volte quando scarichi il materiale. Si allestisce un angolo su ogni set con un laptop, collegato a due hard disk, e quando la scheda di memoria della tua camera è piena, scarichi il materiale sull'hard disk e fai una copia. Fai sempre una copia: il tuo materiale non esiste a meno che non sia salvato su due hard disk. Quindi, fai le riprese, scarica il materiale e controllalo due volte prima di rimuovere la scheda. La maggior parte dei set professionali ha una persona DIT che scarica il materiale e lo controlla mentre gli altri stanno filmando, quindi se puoi permetterti qualcuno di fiducia, assumilo. Altrimenti, fallo tu stesso e fallo con attenzione.

Dropbox

Un modo per assicurarti di non dover mai preoccuparti di cancellare la cartella sbagliata o perdere filmati è collegare il tuo computer a un account Dropbox Business. È un po' più costoso di un account Dropbox normale (costa 40$ al mese per avere uno spazio di archiviazione illimitato) - ma è un salvavita. L'intero contenuto del mio computer è salvato sia sul cloud che su hard disk fisici e, quando monto, quando giro, scarico filmati o lavoro su VFX, suono, 3D, ecc. - tutto viene automaticamente salvato nella mia cartella Dropbox e, se qualcosa viene cancellato, mi basta un clic per recuperarlo.

Marca i Tuoi Supporti

Se sei responsabile dello scarico dei filmati, è probabile che tu debba gestire più schede di memoria. Non è pratico andare all'angolo DIT ogni volta che una scheda si riempie; ciò comporterebbe una significativa perdita di tempo. Invece, quando una scheda raggiunge la sua capacità, rimuovila dalla camera e marchiala con del nastro gaffer verde. Questa pratica impedisce la possibilità di tralasciare accidentalmente una scheda quando si scaricano dati da più fonti contemporaneamente. Anche nel mezzo di un set frenetico con numerosi compiti, possono verificarsi errori, quindi è saggio non correre il rischio. Mantieni le schede marcate fino a quando il materiale non è scaricato in sicurezza, poi rimuovi il nastro e mettilo da parte.

Non Lasciare il Set Senza il Tuo Materiale Girato

Ogni giorno, non importa quanto tardi termini le riprese, dovrebbe concludersi con te o il tuo DIT che scarica tutto il materiale girato quel giorno su due hard disk separati (uno principale e uno di backup). Questo include il materiale della camera così come l'audio, le tavole per gli effetti visivi e il materiale dietro le quinte. Non importa quanto ti fidi del tuo tecnico del suono o quanto siano stanch:, non lasciare mai il set senza prendere la loro scheda e scaricare i file. Questa è una regola che non ti è permesso infrangere.

Assumere una Persona per il Dietro le Quinte

Il processo di realizzazione di un film è complicato; ci sono molte parti in movimento, nella tua testa passano tante cose e a volte semplicemente non puoi prenderti il tempo per preoccuparti di catturare il materiale dietro le quinte (BTS) o di fare foto fisse, per non parlare del fatto che il miglior materiale BTS prende forma mentre sei IN azione, e la tua attenzione è necessaria sulla scena. Quindi, assumi una persona BTS per coprire le tue riprese. Ora sono sicuro che il campanello del "quanto mi costerà?" stia suonando forte nelle tue orecchie, ma rimarrai sorpreso di quanto possa essere economico un bravo addetto al BTS, e sarai anche sorpreso di sapere che molti set cinematografici hanno persone BTS gratuite. Sì, non sono professionisti formati, ma sono curiosi, silenziosi ed educati e faranno il lavoro per un credito e del cibo gratis. È davvero facile trovare una persona BTS a costo zero che abbia la propria camera (di solito è una DSLR più vecchia o qualcosa del genere, ma ehi - i mendicanti non possono scegliere). Assicurati solo di nutrire quella persona, trattarla bene, farla sentire apprezzata, e andrà tutto bene. Ricorda che le foto per la stampa, i clip BTS e le interviste sul set verranno utilizzati ampiamente durante la campagna di marketing del tuo film. Non è opzionale: fallo!

"Per me, fare cinema combina tutto. Ecco perché ho fatto del cinema il lavoro della mia vita. Nei film, si uniscono pittura e letteratura, teatro e musica". ~ Akira Kurosawa

*　　*　　*

Telefoni sul Set

Ho dovuto licenziare un assistente alla messa a fuoco in un film perché stava guardando lo schermo del suo iPhone mentre stavamo girando una scena. Ho dovuto fare uno sforzo enorme per non urlargli contro (mantieni la calma, ricordi?). L'argomento dei "telefoni sul set" è molto discusso, e ogni regista ha un'opinione diversa in merito, quindi non vi annoierò con l'approccio "giusto" o "sbagliato" rispetto all'uso dei cellulari sul set perché non esiste. Alcuni registi giurano sulla politica del no-telefono; per altri, è una regola stupida che non ha senso. Per me, tutto dipende dal progetto su cui sto lavorando. A volte chiedo alle persone di non fare foto di un set o di una scena perché non voglio rivelare informazioni sul film che dovrebbero rimanere segrete. In altri casi, non mi interessa se le persone hanno con sé i loro telefoni. Ma ho una regola del no cellulare durante le riprese, a cui aderisco piuttosto rigidamente. Dal momento in cui dico "azione" al secondo in cui dico "taglio!", non voglio vedere bagliori, sentire suonerie o vedere qualcuno guardare qualcosa che non dovrebbe guardare, a meno che il telefono non faccia parte della scena.

La Comunicazione è Fondamentale

Sei il regista, il che significa che ti è affidato il compito di eseguire la tua visione. Significa anche che probabilmente hai un'immagine nella tua testa di come dovrebbe apparire la scena, cosa dovrebbero fare gli attori, come dovrebbe muoversi la camera e quale dovrebbe essere la "sensazione" della scena. Quindi, quando per la prima volta indossi il tuo "cappello da regista", puoi essere così eccitato o distratto dall'ambiente che potresti dimenticare di coprire le basi e finire per chiamare "azione!" prematuramente. È probabile che questo porterà a un momento in cui qualcosa non si sincronizza; la camera, l'attore, l'oggetto di scena, qualcosa non funzionerà e dovrai resettare e ricominciare. Il rischio di precipitarsi in "azione" per risparmiare tempo potrebbe ritorcersi contro e costarti più tempo a lungo termine. Inizialmente, pensavo che questa abitudine appartenesse esclusivamente al regno del cinema amatoriale, ma sono rimasto sorpreso nel vedere registi professionisti sotto lo stress del tempo precipitarsi in azione solo per interrompere pochi minuti dopo, rivedere un movimento di camera e riprovarci. Se avessero preso un momento per provare il movimento di camera in anticipo, non avrebbero dovuto sprecare una ripresa. E se pensi che sprecare riprese digitali non sia la fine del mondo, prova a girare in una location con un numero limitato di schede di memoria disponibili e un lettore di schede rotto. La cosa divertente è che a volte mi sorprendo a fare esattamente la stessa cosa anch'io. Il punto qui è questo: prima di gridare azione, prenditi il tempo per passare attraverso la scena, ascolta i tuoi attori, segui il ritmo della scena, assicurati che nessuno abbia domande e poi – chiama "azione!".

Rispondi alle Domande in Modo "Creativo"

In tema di comunicazione, a volte ti verrà posta una domanda che mette in discussione una decisione creativa che hai preso, e ti trovi quindi costretto a giustificarla all'attore, al montatore, al direttore della fotografia, o a chiunque altro si avvicini a te con tale domanda per permettere che la giornata proceda e che i creativi con cui lavori abbiano fiducia e una comprensione della tua visione. Ad esempio, mentre stavo guidando un attore attraverso una certa inquadratura, mi sono confrontato con la domanda "perché", la temuta domanda "qual è la motivazione del mio personaggio?". L'attore sembrava un po' frustrato dal fatto che avrei ripreso i suoi piedi, mentre si allontanavano lentamente dalla fonte di un suono inquietante. "Hai già una ripresa del mio viso che reagisce al suono e vi si allontana, quindi perché hai bisogno anche di una ripresa dei miei piedi?". Molti registi potrebbero sentirsi frustrati per questo tipo di domande, e capisco perché. Infatti, era la "cosa" che la gente mi aveva detto che avrei odiato di più nel lavorare con gli attori; era l'elemento che aveva portato Hitchcock a riferirsi notoriamente ai suoi attori come a "pecore". La "domanda sulla motivazione" emergerà sempre, indipendentemente da quanto tu sia celebrato o da quanto alcuni attori possano adorarti. Ti capiterà sempre che un attore voglia capire meglio il motivo che ti spinge a far fare loro le cose che desideri. Invece di reagire in maniera acida e ricorrere al commento "perché l'ho detto io", invece di forzare la mia strada attraverso l'attore, ho giocato la partita. Ho proceduto a spiegare all'attore, improvvisando, l'importanza dell'inquadratura. Gli ho detto il motivo per cui la camera deve catturare quel momento nel tempo, come intendo intersecare questa con l'altra ripresa, gli effetti sonori che userò, il movimento della camera e come la scarsa profondità di campo alzerà la posta in gioco e farà temere al pubblico ciò che non può vedere - in altre parole, gli ho dato una risposta creativa a una sfida creativa. La domanda sul perché fai le cose che fai dovrebbe avere una risposta nella tua testa quando le fai, e se non ce l'hai, inventa qualcosa. Finché ha senso e sembra che tu sappia cosa stai facendo, le persone lo accetteranno e la loro fiducia in te crescerà.

Proteggi i Tuoi Attori

La persona più importante sul set, a parte te stesso, è il tuo attore. Senza un attore che dia vita al tuo personaggio, non hai un film. Sono quindi stupito dai registi che guardano dall'alto in basso gli attori, e come qualcuno che si considera un "regista d'attori" - ho un immenso rispetto per gli attori. Amo sinceramente e apprezzo la loro arte; mi piace guardarli lavorare e attribuisco gran parte del successo del film agli attori che ne incarnano i personaggi. È per questo che non tollero alcun tipo di mancanza di rispetto o forma di molestia nei confronti dei miei attori (o di chiunque altro lavori sul mio set). Mi impegno per assicurarmi che abbiano gli strumenti di cui hanno bisogno per svolgere il loro lavoro nel modo migliore possibile. Se un attore preferisce portare con sé la sua replica non funzionante di pistola per immedesimarsi nel personaggio, ma il responsabile delle proprietà mi fa una faccia storta, lavorerò per convincere il responsabile delle proprietà ad accettare invece di chiedere all'attore di rinunciarci. Se un attore ha bisogno di cinque minuti di silenzio prima di una ripresa importante, e il mio assistente alla regia mi urla nell'orecchio per la mancanza di tempo, mi assumerò la responsabilità dei cinque minuti di silenzio e darò all'attore ciò di cui ha bisogno per fare il suo lavoro. La stessa regola si applica alla loro comunicazione e al loro stato d'animo sul set. Faccio sempre uno sforzo per mantenere un'espressione seria ogni volta che si svolge una scena seria; niente musica, niente ciak buffi. Farò di tutto per dare all'attore lo spazio di cui ha bisogno per svolgere il suo lavoro. Alcuni attori possono ignorare le sciocchezze che avvengono su un set cinematografico prima di una scena seria, e altri hanno bisogno che l'atmosfera corrisponda al loro stato d'animo. iSe fai di tutto per proteggere il tuo attore, lui ricompenserà te e il tuo film con una grande performance.

Mangiate Insieme, Condividete Foto, Emozionatevi!

Nei primi giorni di realizzazione di "Pickings", ho commesso l'errore di isolarmi un po' nel mio angolo DIT durante l'ora di pranzo, ma da allora ho imparato il valore di condividere le mie esperienze sul set con il mio cast e la mia troupe durante la nostra pausa pranzo. Ora, quando possibile, mangiamo insieme. Condivido alcune foto della giornata di riprese e, se possibile, faccio vedere un clip. Mantenere un certo cameratismo tra il tuo cast e la tua troupe è vitale se prevedi di mantenere alto il morale e far entusiasmare tutti per il progetto su cui stai lavorando. Questa abitudine ora va di pari passo con la mia convinzione che tutti coloro che lavorano sul mio set facciano parte del mio mondo e contribuiscano al mio film. Condividere un pasto con una persona mi permette di conoscerla meglio, scoprirne i punti di forza, le debolezze, cosa le piace, cosa odia e che tipo di idee ha. Fa sentire le persone speciali. Potrebbe non essere lo stesso per te, ma se ci provi, rimarrai sorpreso di quanto bene le persone reagiscano alla tua presenza al tavolo del catering.

Cattura le Battute per il Trailer PG

Mentre creavo il primo trailer di "Pickings", avevo una battuta di dialogo che volevo davvero usare, ma non potevo, poiché conteneva la parolaccia "f***". Avevo la sensazione, il giorno in cui giravamo quella scena, che l'avrei finita per usare nel trailer perché era davvero iconica e incarnava perfettamente l'idea dietro al film. È stato solo dopo aver realizzato che non potevo usarla che ho visto un trailer di un film in cui l'attore diceva la parola "dannazione", che nel film vero e proprio era sostituita con la parolaccia "f***". Quindi, la prossima volta, se so che una battuta finirà nel trailer, la girerò due volte, una come previsto e una con un filtro adatto a tutti i pubblici (PG). Sono le piccole cose a cui non pensi mai che finiscono per essere le lezioni più grandi nel mondo della realizzazione di film.

Feste di Fine Riprese e Perché Sono Importanti

La realizzazione di un film è uno sforzo collaborativo, ma i risultati sono quasi sempre attribuiti e accreditati alla persona responsabile; cioè tu - lo sceneggiatore/regista/produttore. Sei tu quello che possiederà questo film una volta che tutto è detto e fatto; sei tu quello che raccoglierà i premi, guadagnerà la pubblicità e otterrà notorietà come risultato di questo progetto. In altre parole - la maggior parte del merito va a te, il Cineasta! Quindi, una volta conclusa la fotografia principale, è più che atteso che il cineasta mostri apprezzamento per il suo cast e la sua troupe attraverso una festa di fine riprese. A differenza di un lavoro vero e proprio (che quando lo lasci, ti senti a tuo agio nel dire alle persone cosa pensi veramente di loro), nel mondo del cinema è sempre consigliabile terminare le cose su una nota positiva, soprattutto perché (a) è molto probabile che finirai per lavorare di nuovo con queste persone in futuro; (b) NYC e LA possono sembrare grandi città, ma in un certo senso, tutti conoscono tutti, e le reputazioni contano molto; se termini le cose su una nota positiva con qualcuno con cui hai avuto dei contrasti sul set (qualcuno che non è stato licenziato, ovviamente), la sua opinione su di te e sul tuo progetto cambierà, e quando il tuo film uscirà, si presenteranno per sostenerlo; (c) le persone che hanno lavorato con te al tuo film rimarranno parte del tuo progetto molto tempo dopo che lo avrai concluso. Che tu abbia bisogno che si presentino per i doppiaggi, o semplicemente che si presentino a un festival per aiutare a promuovere il film - essere gentili e terminare le cose su una nota positiva è fondamentale per mantenere buoni rapporti con le persone con cui lavori. Un'altra cosa che le feste di fine riprese fanno è creare un buzz attorno al film. Quando abbiamo tenuto la nostra festa di fine riprese di "Pickings", abbiamo avuto palloncini e una torta con il logo di "Pickings". Abbiamo preso il controllo del bar e proiettato il trailer del film sui monitor - l'atmosfera era incredibile!

Datti 48 Ore di Relax Prima di Programmare
Qualsiasi Cosa Dopo la Fine delle Riprese

Sono stato così intelligente da organizzare la festa di fine riprese di "Pickings" la sera dopo il nostro ultimo giorno di riprese - GRANDE ERRORE. Il nostro ultimo giorno prevedeva una ripresa notturna, il che significava che dovevo tornare a casa, dormire qualche ora e poi essere pronto per la festa di quella sera, ma non avevo previsto che tante cose potessero andare storte. Vivendo a NYC e tornando dalla location a casa mia, sono rimasto bloccato nel traffico per tre ore, poi ho dovuto restituire il furgone, andare nel Queens (un distretto di Manhattan) e restituire le nostre repliche di pistole, nonché occuparmi di un membro della troupe che aveva smarrito un pezzo importante di attrezzatura sul set, evento che ha rubato una grande fetta della mia giornata. Prima che me ne accorgessi, erano le 17:00, e la torta che avevo ordinato è arrivata in ritardo, l'autista ha avuto un incidente, e tutto ciò che poteva andare storto, è andato storto. Mi sono ritrovato con zero ore di sonno, dovendo andare a una festa a NYC e festeggiare tutta la notte. Tuttavia, l'esperienza complessiva è stata divertente! Il mio cast e la mia troupe si sono uniti durante una notte pazza a New York City, e sono finito a letto dopo essere stato sveglio per quarantatré ore di fila, quindi sì... divertente!

"La realizzazione di un film è un miracolo di collaborazione". ~ James McAvoy

PARTE SEI
Post-Produzione

Definisci il Tuo Flusso di Lavoro

Prima di iniziare a montare, prima di iniziare a giocare con il tuo materiale girato, devi definire e pianificare il tuo flusso di lavoro in post-produzione. Su quale software prevedi di lavorare per ogni fase del processo? Come intendi gestire il montaggio delle immagini, il sound design, gli effetti visivi, il colore e i titoli? Se hai seguito il mio consiglio e hai già acquisito software come Adobe Premiere, After Effects, ecc., allora non hai motivo di preoccuparti. Ti prego di tenere presente che questo non è un libro su "Come Montare un Film", quindi non ti insegnerò a farlo, ma ti mostrerò in generale come procedo con il mio flusso di lavoro e spero che tu possa trarre qualche spunto utile dalla mia esperienza.

Passo 01. Scarica il Materiale Girato
Inizio scaricando tutto il materiale girato dal mio hard disk su un "disco di lavoro per il montaggio" - un hard disk esterno veloce, come un SSD o un hard disk thunderbolt.

Passo 02. Proxy
Non importa quanto sia veloce il mio computer: se ho girato un lungometraggio con RED, Alexa, Ursa o qualsiasi altra telecamera cinematografica, creerò sempre dei proxy, li metterò dentro una cartella e li organizzerò per giorno (giorno 01, giorno 02, giorno 03, ecc.).

Passo 03. Organizza con Cura
L'organizzazione è estremamente importante. Se stai lavorando su un grande lungometraggio con molti elementi in movimento, il tutto diventerà molto disordinato abbastanza presto - la mancanza di organizzazione risulterà in ore perse in post-produzione e renderà tutta la tua esperienza molto meno divertente! Non c'è niente di peggio che dover passare ore a cercare cose a cui altrimenti avresti avuto facile accesso. Dopo aver organizzato il mio materiale in cartelle giornaliere, creerò una cartella in ogni giornata per il Materiale Girato, una cartella per l'Audio e

una cartella per i Proxy.

Passo 04. Importa il Materiale

Una volta importato tutto in Premiere, inizierò a rinominare i file all'interno del software e seguirò la stessa struttura organizzativa; tuttavia, invece di creare cartelle per giorni, le creerò per scena, guardando la clip, rinominando il file e inviandolo alla cartella corretta (per esempio, la ripresa 3 della scena 12 sarà chiamata S12T03); ogni cartella conterrà anche file VFX e varie timeline per i tagli.

Passo 05. Il Montaggio

Una volta che tutti i file e le cartelle sono organizzati in maniera ordinata, metterò tutto in una timeline che chiamo "DUMP" e ogni cartella avrà una timeline DUMP, all'interno della quale inizierò a sincronizzare l'audio e il video insieme, guardando il materiale e prendendo appunti mentre lo faccio, segnando le clip preferite dandogli un colore - i preferiti in verde, le riprese interessanti in viola e le riprese inutilizzabili in nero. Tutto ciò che non è nero viene spostato in una nuova timeline chiamata SELECTS – ed è da quella timeline che inizio ad assemblare il mio montaggio. Non c'è un modo giusto o sbagliato di procedere - è solo una questione di preferenza.

Passo 06. Visione di Prova

Sono un grande sostenitore delle visioni di prova; farle abbastanza presto nel processo dà alle persone l'impressione che stiano contribuendo alla realizzazione del tuo film, il che è assolutamente vero. La mia prima visione di solito è con amici o familiari. Raduno circa venti persone a casa mia, metà di loro sono nel mondo del cinema (attori, registi, produttori) e l'altra metà è il mio pubblico di riferimento (se sto facendo un film horror, saranno appassionati di horror, ecc.). Creerò un modulo per il pubblico di prova, ne stamperò delle copie e le distribuirò. Di solito metto sul tavolo alcune bottiglie di vino, snack e popcorn, succhi di frutta, ecc. Prima dell'inizio della visione di prova, mostrerò una versione preliminare del trailer e raccoglierò i loro pensieri e le loro opinioni sulla sua efficacia nel vendere il film (questo sarà cruciale durante la tua campagna di marketing e pubblicità). Ci sarà un breve Q&A sul trailer prima di iniziare la visione (in pratica cerco di fornire loro le stesse informazioni che avrebbero scoperto se avessero visto il trailer su Facebook e fossero andati sul sito web per saperne di più; non sto rivelando ancora nulla sul film). Una volta terminato con il trailer, proietterò il film; osservare le persone che guardano una versione di lavoro del mio film è sempre snervante. Voglio che le persone si divertano e apprezzino il prodotto, ma le scelgo anche perché so che saranno brutalmente oneste, quindi sono teso per tutta la durata della visione, guardando i volti delle persone e osservandole mentre prendono appunti. Una volta terminata la visione, do loro il tempo di compilare i moduli, e poi fa seguito una breve discussione e un brindisi di "ringraziamento".

Una Nota sulle Visioni di Prova

Le visioni di prova sono snervanti, ma svolgono un ruolo molto importante. Non solo ti danno un'idea di cosa pensa il tuo pubblico di riferimento del tuo film, dove puoi migliorare, quali parti gli piacciono, non gli piacciono, cosa pensano del ritmo, del montaggio, della recitazione e delle immagini, ma ti forniscono anche informazioni che puoi e dovresti utilizzare durante la campagna di marketing del tuo film. Sapere chi è il tuo mercato di riferimento è fondamentale per il successo del tuo film, e se sai cosa ama di più il tuo pubblico di riferimento del tuo film e cosa è più importante per loro in un film, puoi progettare la tua campagna di marketing per soddisfarne i desideri e, così facendo, vendere il tuo film a molte più persone. Ovviamente, devi scegliere persone che sai ti daranno la loro opinione onesta e imparziale. Hai bisogno di persone che non abbiano paura di dirti se il tuo prodotto fa schifo, e se ti dicono che è stato fantastico, saprai che non stanno esagerando.

Una volta che hai fatto la tua prima visione di prova, torni al montaggio, lo lavori e circa un mese dopo, probabilmente tornerai a fare un'altra visione di prova, ma questa volta a un pubblico selezionato, persone che non conosci e che non conoscono te. Ci sono servizi disponibili per aiutare i registi a condurre visioni di prova, ma trovo più efficace semplicemente affittare uno spazio e farlo da solo.

Passo 07. Consegna Finale
Dopo alcuni mesi in post-produzione, il mio film sarà pronto per i festival; è in questo momento che lo caricherò su un link Vimeo protetto da password o su Dropbox, andrò su un sito come FilmFreeway e inizierò a inviarlo a festival selezionati (non senza una strategia per i festival, naturalmente - maggiori dettagli nei capitoli seguenti).

Guarda Film

Ogni film è diverso e richiede un processo di post-produzione diverso. Quando monto un film da solo, lavoro in modo diverso rispetto a quando lo faccio con un altro montatore, ma una cosa che mi ritrovo sempre a fare è guardare film tra una sessione di montaggio e l'altra (generalmente film che sono sulla stessa lunghezza d'onda di quello su cui sto lavorando, o film che sono stati nominati per il "Miglior Montaggio" l'anno precedente). Prendo appunti, scrivo pensieri e tengo gli occhi aperti su scelte musicali interessanti. Qualcosa succede al tuo cervello quando passi dodici ore al giorno in post-produzione, e se chiedi alla maggior parte delle persone se vogliono guardare un film dopo aver fissato lo schermo per tutto quel tempo, ti diranno di andare all'inferno. Tuttavia, quando guardi film durante quel tempo, il tuo cervello conserva tutte quelle informazioni; è come guardare un film dopo aver seguito una lezione di cinematografia - non puoi fare a meno di guardare l'illuminazione in ogni inquadratura che vedi. Lo stesso vale per il montaggio; il tuo cervello è alla ricerca di tagli, ispirazioni, idee, pensieri e rimarrai sorpreso da quante volte ti ritrovi a mettere in pausa il film e a scrivere appunti per la sessione del giorno dopo. Ho guardato un film sul montaggio prima di iniziare a montare il mio film "Prego" nel 2015, e poi, inconsciamente, due anni dopo prima di iniziare a montare "Pickings". Da allora ne ho fatto un rituale, e ogni tanto guardo un documentario chiamato "The Cutting Edge" per ispirazione. È narrato da Kathie Bates e vede la partecipazione di molti famosi registi e montatori cinematografici - per me, quel film equivale a guardare un video motivazionale; mi mette davvero nella giusta mentalità e mi fa davvero venire voglia di uscire e montare un film.

Tre Tagli in Tre Settimane

In generale, cerco di consegnare il montaggio grezzo nella prima settimana, quindi mi ci vogliono sette giorni per compilare un montaggio grezzo del mio film. Una volta completato il montaggio grezzo, inizierò a fare modifiche, cambiamenti e miglioramenti per portarlo a una lunghezza gestibile (P.S. - i miei montaggi grezzi sono sempre molto lunghi. Per "Pickings", era di quasi tre ore). Una volta completato il terzo taglio, mi prendo qualche giorno di pausa, svuoto la mente e torno per un quarto taglio. C'è bisogno di quel distacco per acquisire una certa prospettiva e guardarlo di nuovo con occhi freschi.

Montatori Ospiti

Quando ho il budget per lavorare con un montatore, lo faccio, e quando non ce l'ho, li coinvolgo come montatori "ospiti". Questo accade solo se ho un problema che non so come risolvere. Invece di fare brainstorming da solo, porterò un amico cineasta o assumerò un montatore professionista come consulente. Gli mostrerò il montaggio, discuterò della scena e chiederò un feedback. L'ho fatto numerose volte e devo dire che sedersi e parlare del tuo film con un attore, un montatore o un regista esperto ti dà una prospettiva fresca sul tuo film e può aiutarti a migliorare la qualità complessiva del tuo lavoro. Inoltre, è generalmente piacevole parlare con un cinefilo di un film che stai realizzando.

Fai delle Passeggiate

Stare seduti davanti al computer per tante ore non è solo danno-so per la salute, ma anche per il cervello e può compromettere la qualità del tuo lavoro. La post-produzione richiede che tu mantenga una mente aperta e abbia la libertà di pensare, contemplare le scelte ed elaborare nuove idee. E non c'è modo migliore di farlo che smettere di lavorare ogni due ore, mettersi le cuffie e uscire per una passeggiata di dieci minuti. Ascolta un po' di musica, allontanati dallo schermo del computer e lascia che la tua mente vaghi liberamente. Se ascolti la colonna sonora del tuo film, inizierai a notare immagini che affiorano nella tua mente mentre cammini: c'è molta potenza in questo, e una delle mie sequenze preferite in "Pickings" è stata creata dopo che sono uscito per una passeggiata: ho ascoltato la colonna sonora che stavamo usando per montare la scena e ho visto una nuova sequenza nella mia testa.

Suono, Color Grading e VFX

Poiché lavoro con Adobe, questo processo è leggermente semplificato. Non devo esportare i miei file da un software all'altro. Basta un clic su un pulsante e il passaggio avviene automaticamente. L'unico momento in cui esporto qualcosa è quando lavoro sugli effetti visivi (VFX) e quando faccio il color grading. Di solito eseguo il color grading con Davinci Resolve, mentre i VFX sono realizzati con una combinazione di software come Maya, 3Ds Max, After Effects, Photoshop e Houdini, ma alla fine tutto ritorna in Premiere tramite After Effects.

Clearance Musicale

Se vent'anni fa avessi voluto realizzare un film indie a basso budget, non avresti nemmeno considerato la possibilità di avere musica su licenza nel tuo film; negli ultimi anni, però, le cose sono cambiate per l'industria musicale. Internet ha creato un vasto mercato per i registi indipendenti con budget ridotti che vogliono utilizzare musica nei loro film. Quindi, oggi puoi acquisire licenze musicali da siti web come Greenlight Rights o EasySong (2.000 dollari e oltre, per canzone), The Music Bed (circa 1.500 dollari per canzone, all'incirca), BeatPick e Marmoset Music (100-400 dollari per canzone), Audiosocket (50-500 dollari per traccia), NeoSounds (30-300 dollari) e AudioJungle (10-300 dollari), ecc. Su siti più piccoli come AudioJungle e NeoSounds, il processo è rapido e semplice. Puoi scaricare campioni a bassa risoluzione delle canzoni che vuoi usare: è meno probabile che abbiano vere e proprie band e più probabile che presentino musica strumentale, con alcune eccezioni.

Siti web come The Music Bed, Marmoset Music e BeatPick presentano alcune incredibili band indie e alcuni veri musicisti come Johnny Cash e Charlie Feathers, mentre siti come Greenlight Rights o EasySong ti danno accesso a qualsiasi canzone tu possa pensare (Eminem, Katie Perry, ecc.) ma a un costo più elevato. Un'altra opzione a tua disposizione è cercare una band locale disposta a contribuire con la propria musica al tuo film per la pubblicità. Oppure scrivere la tua musica nel film e assumere attori che sappiano cantare, come abbiamo fatto per "Pickings". In quel caso, la mia attrice/co-produttrice Katie Vincent ha scritto ed eseguito tutta la musica per il film, e molte persone hanno contribuito anche con tracce gratuite (perché volevano visibilità). Abbiamo persino pubblicato e venduto una colonna sonora originale chiamata "Pickings – Music From the Motion Picture".

Assumere un Compositore
Attenzione alla Musica Temporanea

Molti registi che assumono compositori per film montano il loro film su una "traccia temporanea" (qualcosa che non possiedono, presa da un altro film o da un album che gli piace) con l'intenzione di sostituire la traccia con quello che il compositore assunto fornirà in seguito. Una cosa che ho imparato su questo processo è che quando invii una scena con una traccia preesistente a un compositore, quella musica è ora nella sua testa, e i risultati saranno eccezionalmente simili, il 95% delle volte. Quindi, è una regola nei dipartimenti musicali quella di evitare di inviare una scena con musica temporanea preesistente a un compositore, se possibile. La loro forma d'arte comporta guardare la scena senza musica e creare qualcosa di originale basato sul montaggio; non ucciderne la creatività aggiungendo musica temporanea al tuo montaggio. Puoi comunque montare il tuo film sulla musica temporanea, ma assicurati di disattivare quel canale prima di inviarlo. Se tutto il resto fallisce e non sei soddisfatto del risultato, puoi sempre inviarglielo, hai delle opzioni.

Mantieni Tutto Compatibile con M&E

In generale, quando firmi con un agente di vendite internazionali, quando vendi a un distributore o quando effettui una vendita all'estero autonomamente, ti verrà chiesto di fornire una traccia M&E. La M&E è una serie di tracce audio che comprende tutti i suoni, la musica e gli effetti nel tuo film meno qualsiasi dialogo visibile sullo schermo; quindi, in sostanza, la traccia M&E è il modo in cui i distributori stranieri possono doppiare una lingua diversa sui dialoghi senza dover silenziare la traccia originale. Quando monti il tuo film, assicurati di mantenere i tuoi steli audio separati e organizzati. In questo modo, quando arriva il momento di consegnare una traccia M&E, tutto ciò che devi fare è premere il pulsante "silenzia" ed "esporta", e il gioco è fatto.

"Le prime versioni sono un incubo per un regista, perché sono passati tanti mesi e hai riposto la tua fiducia nel tuo montatore e stai per vedere il tuo film assemblato per la prima volta. Lo guardi e dici: È terribile. Lo odio" .~ Richard Donner

PARTE SETTE
Festival

Hai finalmente terminato il tuo film. Hai tutte le tue pedine in fila, ti stai preparando a mandarlo in giro per il mondo, vincere premi e, si spera, venderlo a un distributore serio in un festival cinematografico e, se non ci riesci, ti è comunque rimasto (si spera) il 20% del budget per distribuire il film autonomamente. Tuttavia, come tutto il resto in questo processo, anche le iscrizioni ai festival devono essere fatte "strategicamente". Ora sei arrivato al punto in cui passi da "cineasta" a "marketer cinematografico". Ricordi quel piano di marketing che hai creato all'inizio di questo libro? Bene, è ora di rispolverare quella vecchia cosa e metterla in uso perché è giunto il momento di iniziare ad approfondire le vendite cinematografiche, la distribuzione, il marketing e la consegna - un processo non così glamour ma estremamente formativo che ti metterà sulla strada per la distribuzione cinematografica.

L'Errore di Marketing più Grande che ho Fatto con "Pickings"

Alla fine della fiera, un festival è un festival, e tutti i festival cinematografici esistono principalmente per dare ai cineasti una piattaforma per mostrare la loro arte e il loro talento al mondo. Questa esposizione è generalmente sfruttata in due modi: *pubblicità* e *acquisizione.* I festival cinematografici sono essenzialmente un mercato per i distributori cinematografici che cercano di acquisire i diritti sui film premiati. La commercializzabilità di questi film è influenzata dalla reputazione del festival stesso, quindi un film che vince il premio "Miglior Film" in un piccolo festival cinematografico in mezzo al nulla non è degno di nota, lo è invece se vince come "Miglior Film" al Sundance, motivo per cui i distributori si affollano a questi grandi festival con l'intenzione di acquistare film. Non credo di aver pienamente realizzato questo fatto quando ho completato il mio primo lungometraggio, "Pickings" – perché prima che il film fosse inviato ai festival, ho commesso l'errore di annunciare il fatto che avevamo un distributore collegato al film (una compagnia di distribuzione cinematografica che ho creato) e annunciato la data di uscita del film – grande errore. La maggior parte dei festival cinematografici legittimi evita i film che hanno già venduto i diritti a un distributore - a meno che non si tratti di un distributore grande o noto. Il risultato è stato ottantuno rifiuti da parte dei festival (con solo ventisei che hanno guardato il film su Vimeo). Inizialmente, credevo che questo schema di rifiuti fosse dovuto alla qualità del mio film, ma dopo aver parlato con una persona che aveva un "contatto" con un festival che aveva rifiutato il nostro film, ho appreso che non l'avevano nemmeno guardato - lo avevano rifiutato puramente perché aveva già una distribuzione e una data di uscita cinematografica; qualche mese dopo, il mio agente di vendita ha confermato il mio sospetto. Quello che avrei dovuto fare e farò la prossima volta è tenere la bocca chiusa, portare il film in tour nei festival e poi annunciare la data di uscita (o venderlo, se ricevo una buona offerta). Annunciare una data di uscita prima dell'inizio del tour dei festival è decisamente un grosso no!

Programma di Presentazione ai Festival

Quindi, prima di presentare il tuo film a qualsiasi festival cinematografico, devi definire il tuo *programma di presentazione*. E questo processo si articola fondamentalmente in alcuni semplici passaggi: primo - registrati su un sito di presentazione (FilmFreeway). Una volta che hai un account, devi fare un po' di ricerca - fai una lista di tutti i festival cinematografici che si rivolgono al tuo pubblico di riferimento. Cosa intendo con questo? Se hai girato un film horror, fai una lista dei festival cinematografici che accettano film horror; se hai realizzato un film adatto alle famiglie, fai una lista dei festival cinematografici adatti alle famiglie. Lo scopo di questa lista è includere ogni festival cinematografico in cui il tuo film ha possibilità di essere accettato. La lista può essere breve come 20 o lunga fino a 400 - purché il festival mostri il tipo di film che hai realizzato, va nella lista. Se hai un po' di soldi extra, aggiungi alla lista i tuoi festival dei sogni. Questi sono i festival cinematografici in cui tutti vogliono entrare: Sundance, Cannes, Toronto, Telluride, Austin, Tribeca e Venezia, solo per citarne alcuni.

Festival	Deadline	Notification	Running	Status	Spent	Success!	Lost!
Telluride Film Festival	4/1/2017	8/1/2017	9/1/2017	Accepted!	$95	$95	
Toronto Film Festival	4/1/2017	8/22/2017	9/7/2017	Denied :(	$85		$85
Raindance Film Festival	4/1/2017	8/31/2017	9/20/2017	Pending	$55		
Fantastic Fest	4/1/2017	8/21/2017	9/21/2017	Pending	$50		
Montreal	5/1/2017	9/15/2017	10/4/2017	Pending	$40		
New Orleans Film Festival	5/1/2017	8/2/2017	10/11/2017	Pending	$60		
Cambridge Film Festival	5/1/2017	9/11/2017	10/19/2017	Pending	$45		
St. Louis International Film Festival	5/1/2017	9/30/2017	11/2/2017	Submitted	$110		
The Yonkers Film Festival	5/1/2017	9/8/2017	11/3/2017	Submitted	$45		
Leeds International Film Festival	6/1/2017	9/14/2017	11/1/2017	Submitted	$85		
Hamptons International Film Festival	6/1/2017	9/18/2017	10/5/2017	Submitted	$55		
Another Hole in the Head	6/1/2017	10/7/2017	10/25/2017	Submitted	$45		
New Hampshire Film Festival	6/1/2017	9/30/2017	10/12/2017	Submitted	$40		
Austin Film Festival	6/1/2017	9/26/2017	10/26/2017	Submitted	$60		
Big Apple Film Festival	6/1/2017	9/15/2017	12/31/2017	Submitted	$60		
St. Cloud Film Festival	6/1/2017	9/30/2017	11/4/2017	Submitted	$20		
Manhattan Film Festival	7/1/2017	10/8/2017	10/19/2017	Submitted	$65		
Hollywood Film Festival	7/1/2017	10/5/2017	10/19/2017	Submitted	$85		
AFI Fest	7/1/2017	10/13/2017	11/9/2017	Submitted	$65		

Inizia a ordinare i tuoi festival cinematografici da GRANDI a PICCOLI - i festival più grandi vanno in cima e quelli più piccoli in fondo. L'ordine dei più piccoli non è così importante - sono quelli che richiedono la "prima mondiale" o la "prima cittadina/statale" a cui devi prestare attenzione. Affinché il Sundance Film Festival accetti il tuo film, devi essere disposto a concedergli la tua prima mondiale, il che significa che il film non può essere presentato in anteprima altrove prima della data del festival. Quindi, poiché il Sundance si svolge a fine gennaio, non puoi avere un'altra proiezione del festival intorno a quella data, il che significa che il Sundance viene per primo. Non puoi inviare il film a un festival cinematografico che ha un'apertura a dicembre; puoi solo inviare a festival cinematografici che, se accettati, mostreranno il tuo film dopo la data del Sundance. Quindi, se il tuo film è pronto per essere inviato ad agosto e vuoi davvero entrare in un festival cinematografico che si svolge a dicembre, devi scegliere tra quel festival e il Sundance.

Fai le Tue Ricerche

Una volta che hai una lista di festival cinematografici, è tuo compito iniziare a ricercare questi festival individualmente, esaminando attentamente e riducendo quella lista a una dimensione gestibile. Quando selezioni e scegli solo il giusto tipo di festival, fai le tue ricerche e diventa selettivo con i festival a cui vuoi inviare il film: avrai un tasso di successo più alto. Se realizzo un film horror vietato ai minori e lo invio a trentacinque festival cinematografici senza fare ricerche, non ho modo di sapere quali siano i criteri di questi festival. Sono adatti alle famiglie? Cercano solo film che aderiscono a certe morali? Sono interessati a storie sulla condizione umana? Immigrazione? Amore? O sono principalmente festival che proiettano film horror? Se invii un film horror a trentacinque festival cinematografici preselezionati per l'horror, avrai un tasso di successo più alto rispetto all'invio casuale ad alcuni festival cinematografici di cui non sai nulla.

Attieniti al Tuo Budget

C'è un elemento emotivo legato ai festival cinematografici che non si manifesta realmente fino a quando non sei effettivamente nel processo di presentazione. Quando spendi 1.000 dollari per inviare il tuo film a trenta festival e inizi a ricevere lettere di rifiuto, occorre tutta la tua forza di volontà per resistere alla tentazione di tornare sul sito e inviare il tuo film ad altri trenta festival. Il mio consiglio è di aspettare. Non presumere una percentuale di rifiuto del 100% prima di arrivare effettivamente a una percentuale di rifiuto del 100%. È molto facile superare il budget durante il processo di presentazione ai festival, quindi ti imploro di usare cautela e attenerti al tuo budget.

Sii Realistico

Ora che hai "la lista", è il momento di essere realistico e, proprio come quando hai dovuto tagliare scene dalla tua sceneggiatura perché non potevi permetterti di girarle, dovrai eliminare i festival in cui pensi di non poter entrare o i festival che non rientrano nel tuo budget. Il costo per presentare un film al Sundance è di 65 dollari, a Toronto è di 85 dollari e a Telluride è di 95 dollari. Presi singolarmente, non è così male, ma quando li combini con altri trenta o quaranta festival cinematografici, il costo diventa rapidamente proibitivo. Quindi, questo è il punto in cui devi scegliere. Punti ai grandi festival cinematografici e metti il tuo film in attesa per un anno fino a che non ottieni un solido "sì" da uno di essi o un "no" da tutti? Oppure scegli i tuoi primi 40-100 festival indie che non richiedono una prima mondiale e dai quali è più facile essere accettati? Non ci sono risposte giuste o sbagliate; fai quello che ritieni sia meglio per il tuo film e il tuo budget.

Sii Puntuale

La maggior parte dei festival cinematografici offre quattro scadenze per le presentazioni: "Early Bird" (per i primi invii), regolare, tardiva ed estesa. Poiché il tuo obiettivo finale è risparmiare e avere un tasso di accettazione più alto, dovresti cercare solo festival cinematografici che rientrino nelle scadenze early bird o regolari, poiché queste sono (a) le opzioni più economiche e (b) ti danno maggiori possibilità di far vedere il tuo film da un programmatore. I cineasti che presentano la loro opera in anticipo hanno maggiori possibilità di essere accettati perché stanno facendo una "prima impressione" e vengono visionati prima delle migliaia di altre presentazioni che arrivano in seguito.

Crea un Foglio di Calcolo per i Festival

Quindi, diciamo che hai un thriller R-rated, super pauroso e ambientato in un'unica location e un budget di 1.000 dollari per i festival. Come fai a sapere a quali festival presentare il tuo film? Dove otterresti il massimo rendimento per i tuoi soldi e avresti le maggiori possibilità di successo? Ecco dove entrano in gioco la ricerca e una pianificazione adeguata. Il tuo primo passo sarebbe quello di creare un foglio di calcolo Excel; il foglio di calcolo avrà le seguenti sette colonne:

1) <u>Festival:</u> il tuo primo passo sarà popolare questa colonna di Excel con i festival cinematografici (a) visitando uno dei tanti siti di presentazione (come FilmFreeway). Essi mantengono liste organizzate di festival e puoi cercare festival basati su certi parametri come genere, costo, scadenza per la presentazione, ecc. (b) Cerca su Google "migliori festival cinematografici" o "migliori festival cinematografici horror", o qualunque sia il tuo genere, e troverai molte liste online. (c) Moviemaker Magazine pubblica un articolo ad aprile ogni anno intitolato "50 Film Festivals Worth the Entry Fee" (50 festival cinematografici per i quali vale la pena di pagare la quota di iscrizione).

Quando inserisci il nome di un festival in un sito di presentazione festival, il sito mostrerà tutto ciò che devi sapere sui festival, le loro regole, i regolamenti, il tipo di film che stanno cercando, tempistiche, scadenze e date del festival.

2) <u>Data:</u> accanto a ogni festival, annota la data: quando si svolge effettivamente il festival? La maggior parte dei festival dura diversi giorni, ma tutto ciò che devi considerare ora è la data di inizio, ovvero - il Giorno #1

3) <u>Notifica:</u> ogni festival cinematografico pubblica due date importanti: la data di svolgimento e la data di notifica. La data di notifica è la scadenza entro la quale i filmmaker vengono informati se il loro film è stato accettato o rifiutato. Questa è un'informazione cruciale perché ti aiuterà a creare una tempistica realistica per l'uscita del tuo film.

4) <u>Costo:</u> qui elenchi il costo della presentazione.

5) <u>Stato:</u> qui aggiorni lo stato della tua presentazione (in attesa, accettato, rifiutato).

La Strategia di Selezione

Qui inizi a restringere la tua lista. Visita la pagina FilmFreeway del festival e fai attenzione a (a) che tipo di film stanno cercando; (b) la scadenza e il costo; (c) regole e regolamenti (no nudità, no film vietati ai minori. Accettano solo registe, registi stranieri? Si concentrano su contenuti adatti alle famiglie? O sono focalizzati sull'horror?). Questo tipo di ricerca aiuterà a eliminare molti festival che semplicemente non sono adatti al tuo film. Successivamente, ricerca la concorrenza: quali film simili al tuo sono stati rilasciati l'anno scorso? E com'è stato il loro circuito festivaliero? Questo tipo di ricerca ti aiuterà a concentrare la tua attenzione sui festival cinematografici che cercano il tipo di contenuto che offri. Poi, ordina i rimanenti festival cinematografici per dimensione. Ai festival ben consolidati (quelli che esistono da dieci anni o più) è generalmente più difficile entrare, ma sono UN GRANDE AFFARE se ci riesci. Qualsiasi festival al primo anno accetterà molto probabilmente il tuo film e, se invii e vieni accettato, il tuo film verrà proiettato insieme ad altri cineasti amatoriali e probabilmente non riceverà nessuna notizia sulla stampa come risultato di una vittoria; pertanto, ti consiglio di concentrare la tua attenzione prima sui festival consolidati.

Diversificazione dei Festival

*L'*ultimo passo è di diversificare la tua lista per garantire un tasso di accettazione più elevato. Una partecipazione diversificata ai festival potrebbe essere così strutturata:

<u>20% Grandi Festival e Qualificazioni agli Oscar</u>
Questi sono il Toronto Film Festival, Sundance, Austin, ecc. Le tue possibilità di essere accettato sono minori, ma se non invii, non entrerai comunque, quindi tanto vale provare.

<u>30% Festival di Nicchia</u>
I festival di nicchia sono ottimi perché gestiti da persone che stanno cercando attivamente il tuo film. Un festival di nicchia è ciò che ci vuole per un film di nicchia; questi sono il tuo Shriekfest, il Chicago Comedy Film Festival, il California Women's Film Festival, l'Annecy International Animated Film Festival, ecc.

<u>30% "Festival Popolari"</u>
Si tratta di festival cinematografici popolari che non sono "qualificanti per gli Oscar". Generalmente accettano ogni genere nella lista, e li troverai in quelle liste dei "migliori festival cinematografici" ogni anno. Questi includono festival cinematografici come l'Atlanta Film Festival, Brooklyn Film Festival, Cleveland International, Chicago Underground, ecc.

<u>20% Festival Cinematografici piccoli/locali</u>
Questi sono i festival cinematografici "piccoli ma promettenti", e ogni città ne ha uno. Quello che cerchi in particolare è un festival cinematografico che esiste da almeno tre anni, che abbia un sito web dall'aspetto solido e più di 10 fan su Facebook. Fai le tue ricerche, vedi quali film e cineasti hanno ospitato in passato (siti come FilmFreeway offrono recensioni, quindi è importante). La seconda cosa da considerare è se quel piccolo festival cinematografico è locale: i festival cinematografici locali sono fantastici perché ti danno l'opportunità di fare rete, incontrare persone ed esporti a chi cerca di fare quello che fai tu in questo settore. I festival cinematografici piccoli/locali sono più propensi ad accettare il tuo film e probabilmente non otterrai pubblicità, ma puoi sfruttare il network sociale per creare buzz se vinci alcuni di questi festival. Vale la pena considerarli.

Pubblicità - Press Kit

La prima fase di qualsiasi campagna pubblicitaria per un film è la creazione del press kit del film. Il tuo press kit è utilizzato per "vendere" il tuo film a festival cinematografici, giornalisti, blogger, recensori di film ed esecutivi di acquisizione. Un buon press kit è composto da una sinossi, un elenco di cast e troupe con relative biografie, una dichiarazione del regista o una sezione FAQ, foto pubblicitarie, contenuti dietro le quinte, recensioni del film, trailer, spot pubblicitari di 30 secondi, clip, interviste, endorsement di terzi e link ai siti web, IMDB, Rotten Tomatoes, ecc. Molti siti che offrono presentazioni ai festival ti permetteranno di costruire il tuo EPK (Electronic Press Kit) online, ma hai comunque bisogno dei materiali, quindi ti suggerisco di iniziare creando un vero e proprio press kit per mezzo di software come Photoshop o InDesign. Ecco un esempio di press kit per il mio lungometraggio, "Pickings:"

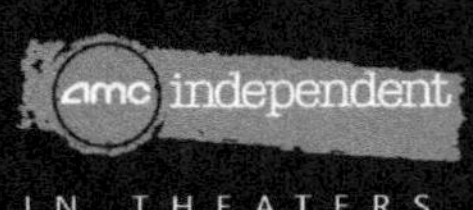

amc independent
IN THEATERS
03/02/2018

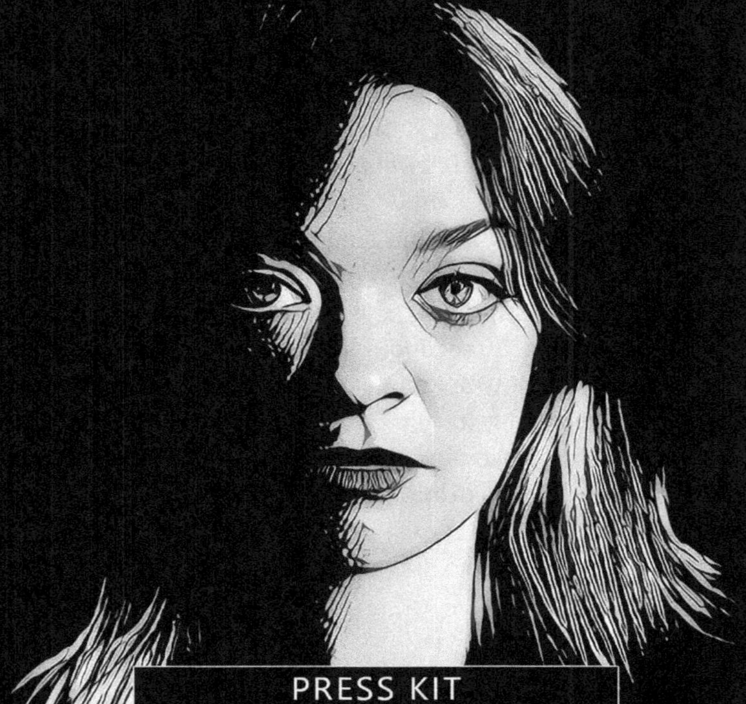

A FILM BY USHER MORGAN
Pickings
WWW.PICKINGSFILM.COM
PRESS KIT

TITOLO DEL FILM
Pickings

LOGLINE
"Still Waters Run Deep"

INFORMAZIONI DI CONTATTO
Dark Passage Films
All'attenzione di: Usher Morgan
(Indirizzo)
www.PickingsFilm.com
www.DarkPassageFilms.com

USHER MORGAN
SCRITTORE, REGISTA, PRODUTTORE
(Numero di Telefono)
(Email)

INFORMAZIONI TECNICHE
Taglio Originale
Durata Totale: 103 Minuti
Formato di Esposizione:
DVD, Blu-Ray, DCP, MOV
Rapporto d'Aspetto: 1.85
Formato di Ripresa: RED
Colore, Inglese

DALLA SCENEGGIATURA ALLO SCHERMO

*D*opo aver completato il suo cortometraggio premiato "Prego", lo scrittore, regista e produttore Usher Morgan si è unito al direttore della fotografia Louis Obioha e agli attori Elyse Price, Katie Vincent e Joel Bernard per dar vita a un nuovo entusiasmante lungometraggio, intitolato "Pickings".

Un anno intenso e impegnativo nella realizzazione di film indipendenti ha trasformato questo progetto da concetto a realtà e, infine, dopo due anni di duro lavoro, "Pickings" era pronto per essere rivelato. Questo dramma criminale che mescola neo-noir e spaghetti western spinge i confini dello stile e porta gli spettatori in un viaggio emozionante nella storia di Jo Lee Haywood - una madre single e proprietaria di un bar di quartiere che ha passato anni a cercare di sfuggire al suo passato violento. Ma quando un mafioso locale e la sua banda di teppisti bussano alla sua porta, Jo è costretta ad abbracciare i suoi demoni interiori e ad affrontare la sua storia mortale per proteggere la sua famiglia e la sua proprietà. Le acque tranquille nascondono profondità in questa saga criminale in stile neo-noir.

Con l'inizio della pre-produzione nel gennaio del 2016, Morgan e il direttore della fotografia Louis Obioha hanno deciso di girare "Pickings" con la Red Epic camera, con ulteriori riprese notturne effettuate con la Sony A7S II, utilizzando vecchi obiettivi vintage. Le riprese principali sono iniziate nel marzo del 2016 con un budget di produzione di 350.000 dollari. Il film è stato girato a Yonkers, New York City, Southampton Village e Staten Island per un totale di 35 giorni, e la post-produzione si è conclusa nel novembre del 2017.

Il cast del film include Elyse Price, Joel Bernard, Katie Vincent (nel ruolo anche di produttrice associata e supervisore musicale del film), Joe Trombino, Emil Ferzola, Yaron Urbas, Michael Gentile, Christopher Liam Gentry e Samantha Zaino, tra gli altri. Morgan si è rivolto alla sua collaboratrice, Katie Vincent, per scrivere, comporre ed eseguire molte delle canzoni originali del film. Dark Passage Films si occuperà della distribuzione e della pubblicazione della colonna sonora originale del film.

Per ulteriori informazioni riguardanti il programma di uscita cinematografica del film e un elenco di cinema, città e informazioni generali sulla distribuzione, si prega di visitare il nostro sito web, www.PickingsFilm.com, o seguire il film su Facebook @ www.Facebook.com/PickingsFilm. È inoltre possibile seguire i filmmaker su Instagram @ushermorgan, @kitkat2290, @iamcleverchimp.

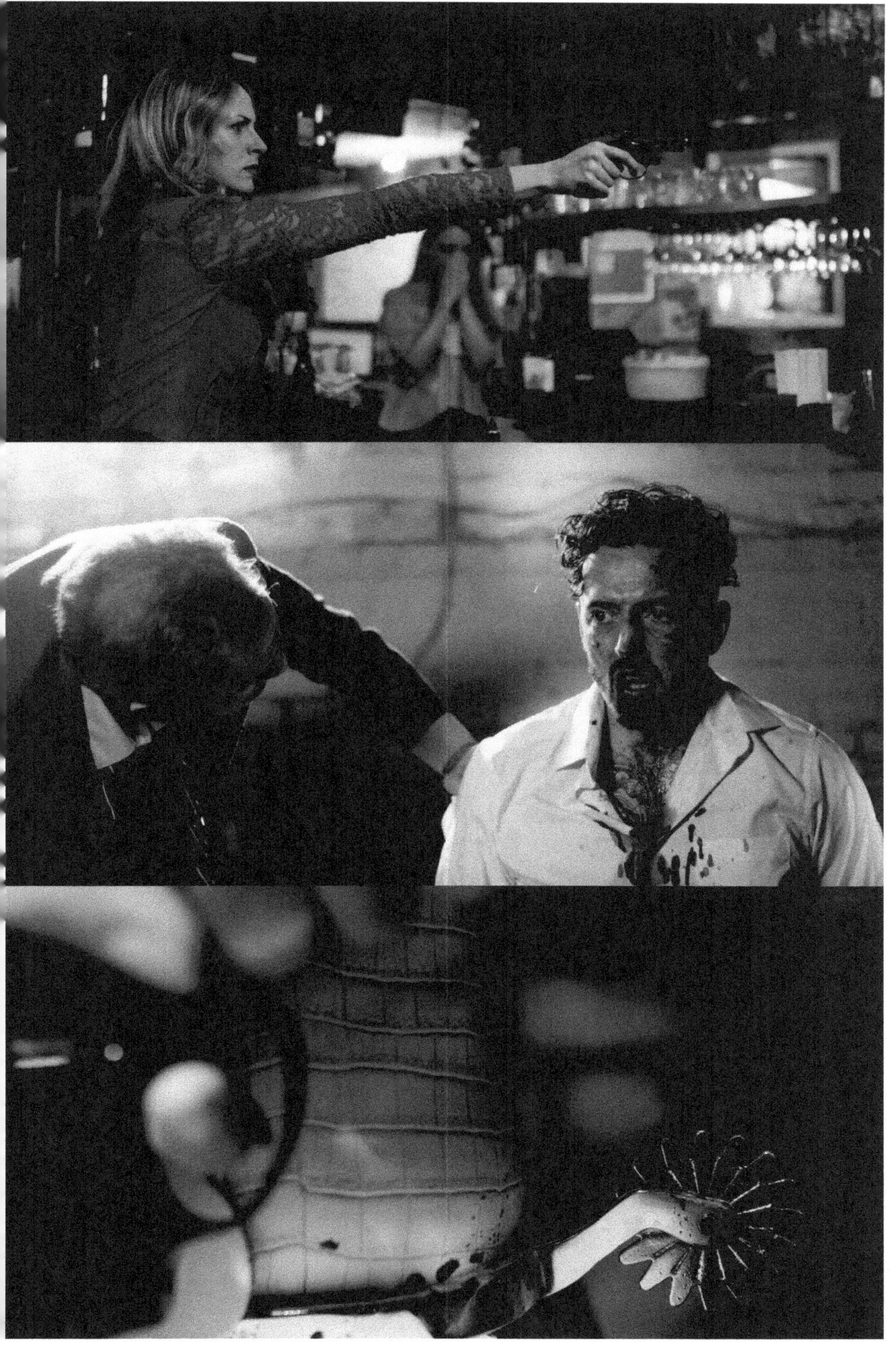

PREMI

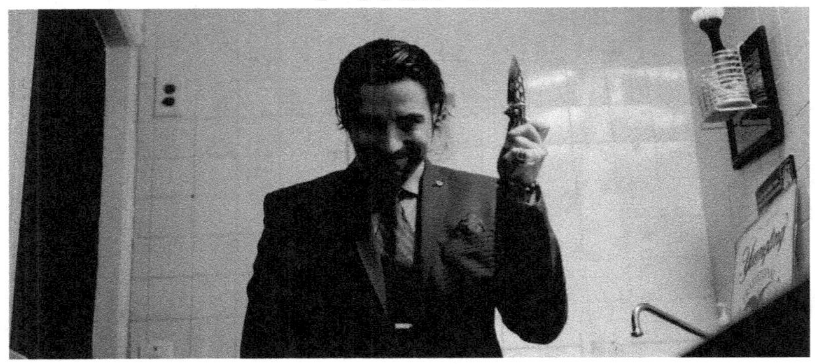

HBO Urban Action Showcase And Expo
     Miglior Film
     Miglior Attore (Elyse Price)
     Miglior Sequenza d'Azione

Tampa Bay Underground Film Festival
     Miglior Attrice Protagonista (Elyse Price)
     Miglior Fotografia (Louis Obioha)
     Miglior Regista di Lungometraggi (Usher Morgan)

Greenpoint Film Festival
     Miglior Film Narrativo

New Filmmakers NYC
     Miglior Lungometraggio Narrativo

Midwest Weirdfest
     Miglior Film

Long Island International Film Expo
     Miglior Film (Nominato)

Riverside International Film Festival
     Miglior Sceneggiatura
     Miglior Montaggio
     Miglior Fotografia

RICONOSCIMENTI

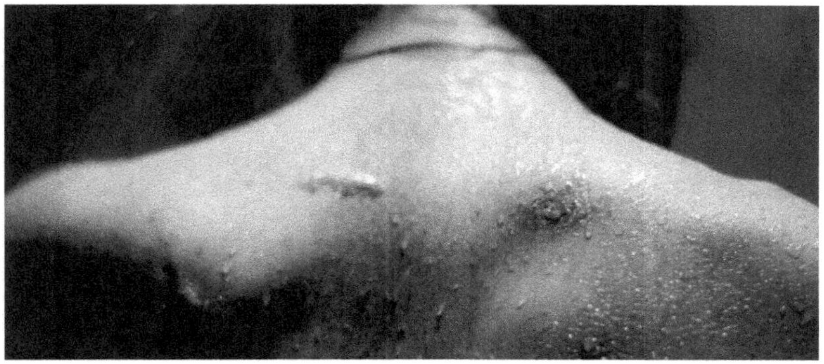

"La drammatica e visivamente impressionante storia criminale 'Pickings' segna un impressionante debutto nella regia di lungometraggi narrativi di Usher Morgan, che ha anche scritto, montato e prodotto. È un talento da tenere d'occhio".
~ THE LOS ANGELES TIMES

"Rimanda immediatamente ai classici del film noir o, più di recente, ai film dei fratelli Coen. Il dialogo, nel frattempo, con i suoi riferimenti ironici, si avvicina di più a un film di Tarantino. Anche la protagonista stessa, che presto scopriamo chiamarsi Jo, ricorda in qualche modo la Sposa di Uma Thurman della serie Kill Bill".
~ FILM INQUIRY

"Mentirei se dicessi che non ho trovato questo film assolutamente entusiasmante, dall'inizio alla fine. È elegante, unico, incredibilmente sicuro nella sua presentazione e così divertente da guardare"
.~ HIDDEN REMOTE

USCITA CINEMATOGRAFICA

Dopo una première mondiale sul red carpet il 23 febbraio presso il prestigioso AMC Loews Lincoln Square nella Lincoln Square di New York City, "Pickings" sarà proiettato in 10 cinema di 6 grandi città il 2 marzo 2018.

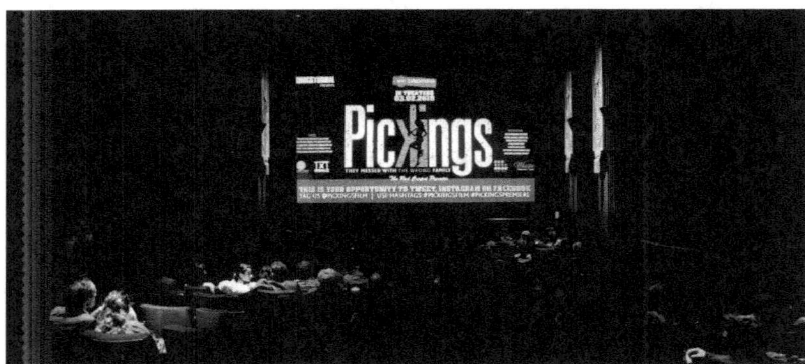

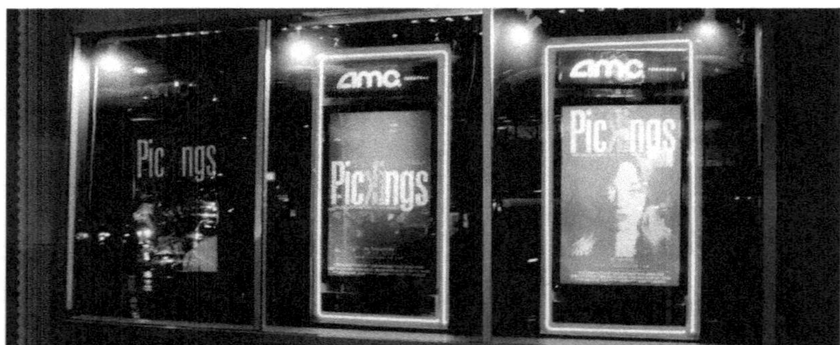

BIOGRAFIA DEL REGISTA

USHER MORGAN
SCRITTORE, REGISTA, PRODUTTORE

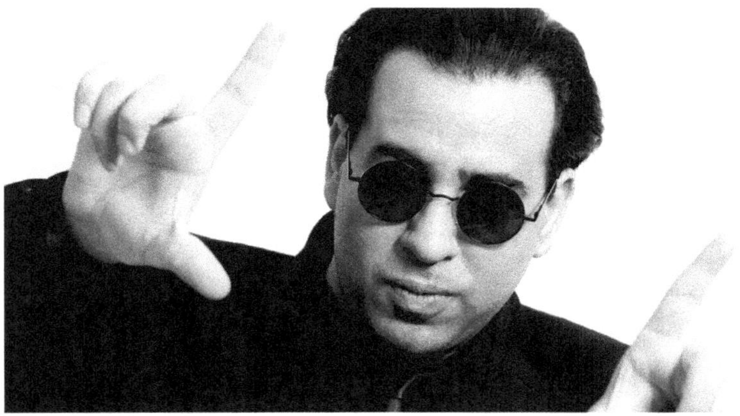

Usher Morgan è uno sceneggiatore premiato, regista, produttore ed esecutivo di studio che risiede a New York City. Morgan ha iniziato la sua carriera nell'editoria di libri per poi cimentarsi nella produzione e distribuzione cinematografica. Ha prodotto il suo primo film documentario "The Thought Exchange" con David Friedman e Lucie Arnaz nel 2012, seguito dal suo debutto alla regia, il cortometraggio premiato "Prego".

Il primo lungometraggio di Morgan, "Pickings", sarà distribuito nei cinema AMC il 2 marzo 2018 e arriverà sulle piattaforme VOD nell'agosto del 2018. Il suo stile di regia è influenzato principalmente dal film-noir e dagli spaghetti western . The Los Angeles Times ha definito Usher Morgan "un talento da tenere d'occhio".

ELYSE PRICE
JO LEE-HAYWOOD

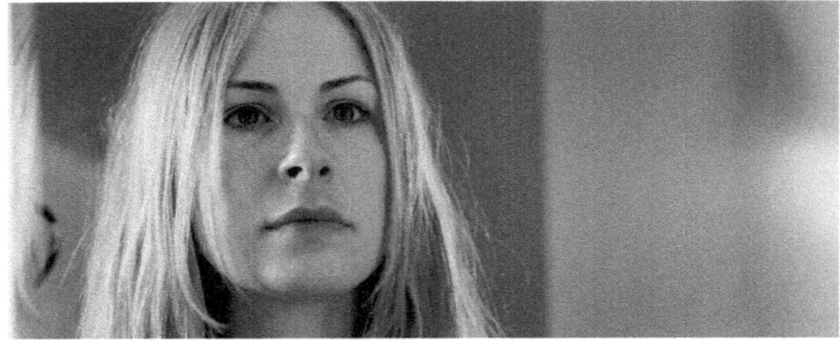

Con una formazione classica, Elyse Price ha interpretato ruoli che vanno da Shakespeare a Tennessee Williams, esibendosi nei principali teatri di repertorio americani, al Moscow Art Theatre e al Theatre Calgary. Di recente, Elyse ha recitato in "Major Barbara" di Shaw (A.C.T.) e "Pygmalion" (California Shakespeare Theater), nel cast originale di "Very Still and Hard to See" di Steve Yocky, e nella prima americana di "Phantom Pains" di Vasily Sigarev.

KATIE VINCENT
SCARLET/PRODUTTRICE/SUPERVISORE MUSICALE

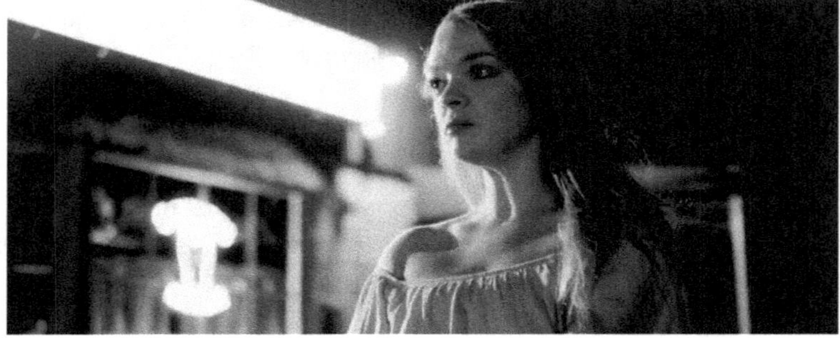

Katie Vincent è un'attrice, scrittrice, produttrice, musicista e creatrice di contenuti con base a NYC. Tra i suoi precedenti crediti cinematografici figurano: "Prego" (Usher Morgan), "Death (and Disco Fries)" (Dennis Cahlo), "Before The Snow" (Manmade Productions), "Hotel" (Manmade), "BadPuss: A Popumentary" (Emily Weist), tra gli altri titoli. Ha ricevuto il suo BFA in Drama dalla Tisch NYU.

JOEL BERNARD
BOONE

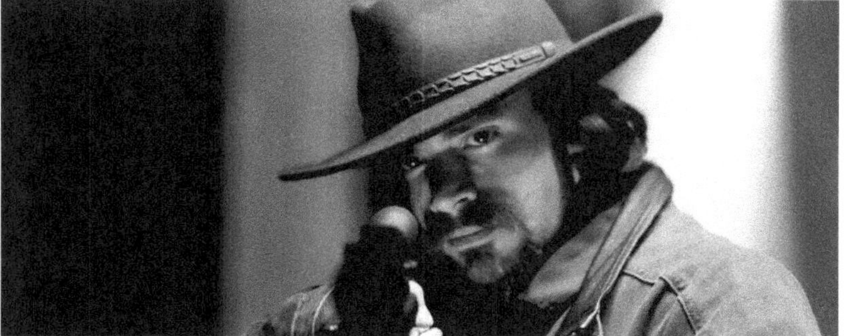

Joel è un attore americano, artista del doppiaggio e co-direttore artistico della Benefit of the Doubt Theatre Company. Tra i suoi crediti cinematografici e televisivi figurano "Law and Order: Unità Vittime Speciali", "Silent Hill: Downpour", "Fine Dining" e il prossimo lungometraggio "Mouse". Joel si è formato alla LaGuardia High School for the Performing Arts, al Moscow Art Theatre, ha ricevuto una laurea BA dal Queens College e un MFA dall'American Conservatory Theater.

YARON URBAS
SAM "HOLLYWOOD" BARONE

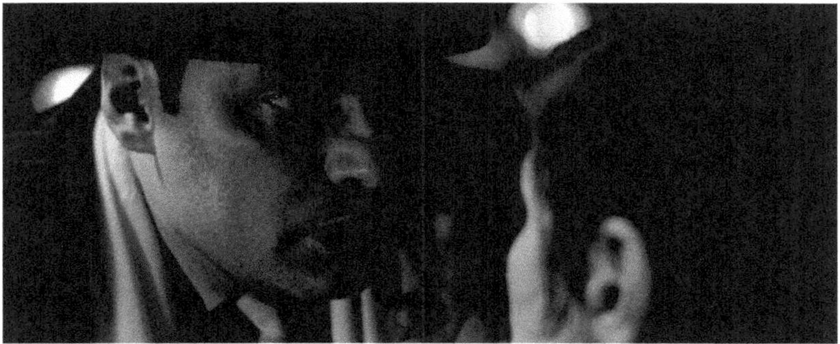

Attore versatile e di talento, Yaron Urbas ha interpretato una vasta gamma di personaggi, dall'eroe della classe operaia al soldato, dal mafioso all'imprenditore colto, in vari ruoli per film e televisione. È noto soprattutto per le sue apparizioni in "Orange is the New Black", "Gotham", "The Blacklist" e "The Jim Gaffigan Show", tra gli altri.

CONTATTI

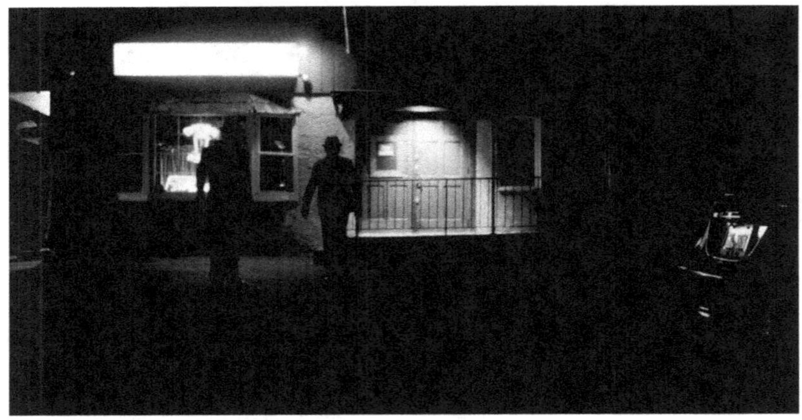

USHER MORGAN
Scrittore, Regista, Produttore
(email / Numero di Telefono)
Instagram: @ushermorgan
WWW.USHERMORGAN.COM

KATIE VINCENT
Produttrice
(email / Numero di Telefono)
Instagram: @KatieVincentNYC
WWW.KATIEVINCENT.COM

DARK PASSAGE FILMS
Società di Distribuzione
(email / Numero di Telefono)
WWW.DARKPASSAGEFILMS.COM

FOTOGRAMMI DEL FILM

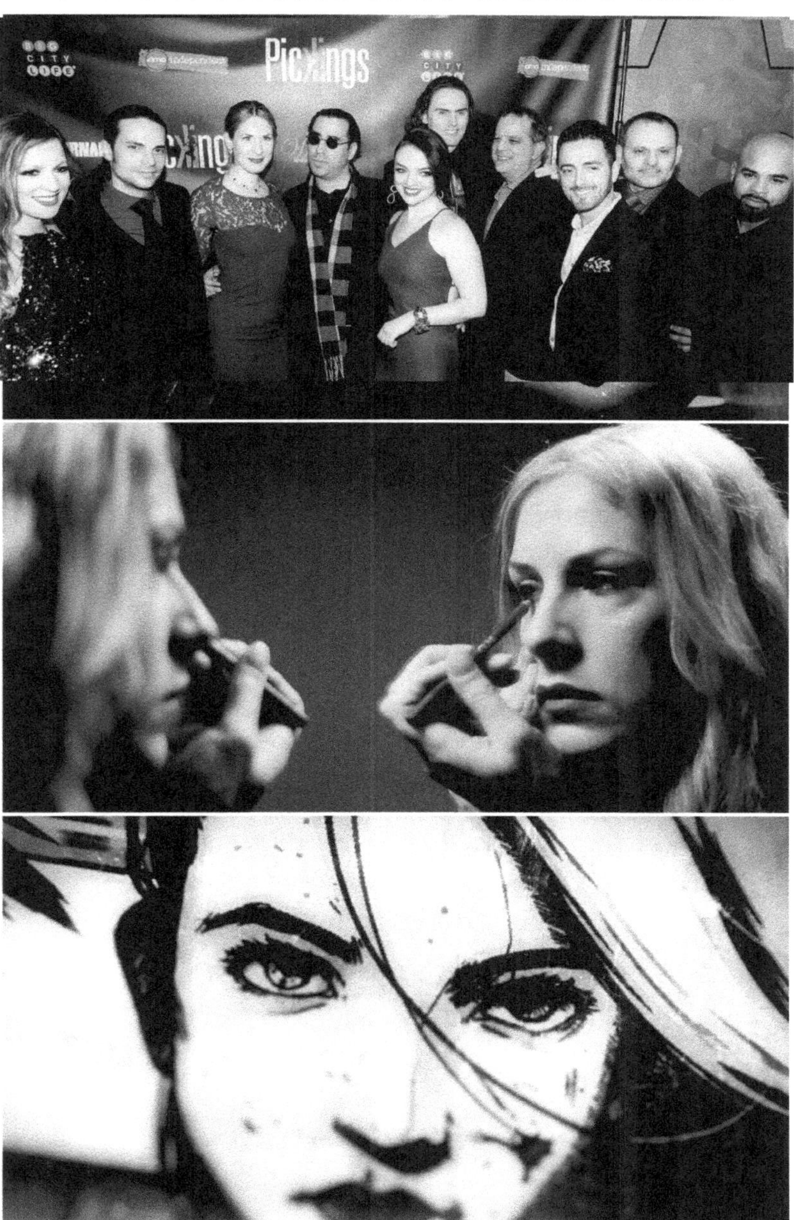

Presentazioni ai Festival

*H*ai il tuo press kit e sei pronto per iniziare a inviare il tuo film ai festival che hai selezionato. Finché rimani fedele al piano e rispetti il budget e la lista pre-proposta di festival cinematografici, dovresti andare bene. Il desiderio di lanciarsi in quanti più festival possibile sorgerà, soprattutto una volta che inizierai a ricevere lettere di rifiuto, ma è un desiderio che può creare un grande buco nel tuo salvadanaio, quindi fai uno sforzo per resistervi. Non spendere tutti i tuoi soldi in presentazioni ai festival cinematografici; i piccoli festival cinematografici di solito non aiutano ad essere scelti da un distributore cinematografico, ma riconosco il fatto che vincere premi può aumentare le tue possibilità di vendere il film in seguito, quindi capisco la tentazione; è ben giustificata - credimi. Ora stai entrando in una sorta di "periodo di inattività", ma ciò non significa che sia il momento di rilassarsi. Al contrario - mentre aspetti che il tuo tour dei festival si materializzi, inizia a preparare i tuoi asset per la pubblicità e fissa una data di uscita privata immaginaria per il tuo film (senza che venga annunciata al mondo) e inizia a pianificare per il rilascio del tuo film.

"Il rifiuto è un evento comune. Impararlo presto e spesso ti aiuterà a costruire la tolleranza e la resistenza per continuare a provare e a non arrenderti".
~ Kevin Feige

PARTE OTTO
Distribuzione

Il tuo film è stato accettato nei festival e hai venduto i diritti a un grande distributore... fantastico! Le informazioni qui contenute ti aiuteranno a sfruttare la situazione e massimizzare gli sforzi tuoi e del tuo distributore mentre porti il film nelle sale cinematografiche, su VOD, DVD e Blu-Ray. Tuttavia, ipotizziamo per un momento che il tuo film sia stato accettato nei festival cinematografici (o non lo sia stato) e che tu non l'abbia venduto a un distributore. E ora? Prima di tutto, non vedere questa situazione come un fallimento, ma piuttosto come un'opportunità – questo è ciò che accade alla maggior parte dei cineasti indipendenti, specialmente ai registi alla loro prima esperienza. Ci sono cineasti che finiscono a Sundance e Tribeca che non vengono mai acquisiti, quindi sappi che non sei solo. La differenza ora sarà tra te (che adesso sei impostato per l'autodistribuzione) e gli altri, che pianificano di cedere il loro film a un distributore di prima fasciae non ricevere nulla in cambio. Ora è il tuo lavoro, il tuo obiettivo, la tua missione assicurarti che il film che hai creato venga visto, recensito e discusso dal maggior numero possibile di persone. Questo è l'obiettivo finale. Raggiungere il maggior numero possibile di persone. Ciò ci porta all'ultimo capitolo – Distribuzione.

Si dice che un film sia realizzato quando viene scritto, quando viene girato e quando viene montato – e a questo aggiungerei, un film è realizzato quando viene distribuito. Il tuo film non esiste realmente a meno che le persone non lo guardino e lo vivano, ed è qui che entra in gioco la pubblicità. Ci sono molti modi per "pubblicizzare" un film; c'è il modo "gratuito", di cui sei già a conoscenza – ovvero Facebook, Instagram, Twitter, TikTok, parlare del tuo film e condividere contenuti interessanti online, qualcosa che fai già di default. Poi c'è il modo "costoso", che prevede l'assunzione di un pubblicista, spendere soldi in pubblicità e fare lavoro di marketing a pagamento per attirare l'attenzione sul tuo film. Quest'ultimo è ovviamente efficace, e se hai il budget per farlo – fallo! Ma questo libro è dedicato al cineasta indipendente a basso budget. Voglio insegnarti come avere pubblicità e distribuire il tuo film senza andare in rovina nel processo.

Il Tuo Calendario di Pubblicità Online

Un calendario di pubblicità è un "calendario" progettato per suddividere i tuoi obiettivi di pubblicità in azioni giornaliere/settimanali/mensili, dalla creazione di contenuti alle scadenze per le proposte. Lo scopo finale di un calendario di pubblicità è di "pianificare" le tue azioni pubblicitarie nel corso del calendario di uscita del film. Se hai un pubblicista dedicato, lui/lei ne creerà uno per te, e se non ne hai, dovrai crearne uno da solo. Un film indie medio avrà bisogno di almeno tre-quattro mesi di pubblicità attiva prima della sua data di uscita. Ciò significa che se il tuo film è programmato per essere rilasciato il 15 aprile, lo proporrai alla stampa a gennaio. Qui diventa difficile, ed è qui che devi essere creativo; il piano che crei non è tanto un "piano" quanto una "risposta", una risposta alla domanda: "Come faccio a far notare il mio film?" Quali sono gli step da intraprendere per assicurarmi che le persone sappiano del mio film e che andranno a guardarlo? Ecco un esempio di un piano di pubblicità per il nostro lungometraggio, "Pickings":

January

2018

Sunday	Monday	Tuesday	Wednesday	Thursday	Friday	Saturday
				1 Announce Trailer	2	3
4	5 Official Trailer Release	6	7	8	9	10
11	12	13	14 Picture from the Trailer, Plus Quote	15	16	17
18 Trailer Boomerang with Quote From Movie	19	20	21	22	23	24
25 Thanks for 10,000 Fans Post!	26	27 News Story, Pickings is coming.	28			

February

2018

Sunday	Monday	Tuesday	Wednesday	Thursday	Friday	Saturday
				1	2 Coming to Theaters Announcement; Review Spot	3
4	5 Featurette #1 - About the Movie	Comic Book Strip Graphic	6 Character Box – Introduce Jo.	Katie Vincent Blooper Video	7 BTS Photos	Review Post / News Article	8 Merchandise Promotion	BTS Throwback Thursday	9 BTS Stills	Announce List of Cities	10 Box Poster - Publish List of Theaters
11	12 **30 Second Spot #1**	Facebook Live Premiere Announce	13 Tickets Lottery	Gift Bags Giveaway	14 Reviews, Print promo cards; giveaway	15 Character Posters	30 Second Clip From the Film	16 One Week to Premiere! Announce	17 Something Red, Cocktail Recipe
18 Character Intro (Uncle Boone) - Video	19 10 Second Mini Trailer	20 Official Posters, Promote	21 Box Poster – Movie Quote	Official Movie Website Promotion	22 **Soundtrack Pre-Orders Go Live!**	23 Facebook Live Event. Red Carpet	24 10 Second Mini-Trailer; Share Stills from Red Carpet
25	26 Box Poster - Don's Miss this "Date Night Movie"	27 Viral Marketing Campaign (newspaper)	28 30 Second Review Ad!			

March

2018

Sunday	Monday	Tuesday	Wednesday	Thursday	Friday (Release)	Saturday
				1 Boomerangs; 15 Second Spots; Film Opens Tomorrow!	**2** **Opening Night**, Tag a Friend (Picture of Stub) + Promo	**3** 30 Second Spot - Now Playing | Boomerang Video - Now Playing
		Extra – Box Posters, Release date looming!	**Extra - Q&A with Filmmakers @ AMC**			
4 Buy the Soundtrack; Box Poster | Featurette #3 – BTS	**5** Movie Stub Pic Contest | Box Poster - Quote from the movie	**6** Box Poster – Festivals | Update Theatrical List – Expanding?	**7** Boomerang Gif, Quote From Movie | BIG SCREEN Promo	**8** Boomerang (Now Playing) | Interview with Cast	**9** Movie Review Quote Box Poster | Week 2?	**10** Pre-Order on DVD/Blu-Ray/On Demand
11 Best Indie Movies of 2018 List - News Story	**12** Blooper Reel | Behind the Scenes	**13** Still playing in BK, promote! | Soundtrack News	**14** Poster giveaway | T-shirts | Taking pics at AMC Theaters	**15** Times Square ad | Promotion on Instagram	**16** Theaters in Brooklyn, Promote!	**17** Neo-noir news
18	**19** Behind the cinematography video	**20** New 30 second ad, promote pre-orders DVD / Blu-Ray	**21** Film review box; summary of reviews. Must see!	**22** Big poster giveaway; after-party pictures with winners!	**23** Katie Vincent Rockwood Show Announce!	**24**
25	**26** Magazine Publicity Publish	**27** Awards and accolades! Critics are talking, graphics	**28** 10 second spot! Pre-orders | Still playing, tickets in BK giveaway			

Preparazione degli Asset Pubblicitari

Indipendentemente dal fatto che il tuo film venga venduto a un distributore cinematografico o che tu finisca per distribuirlo da solo, dovrai iniziare a costruire i tuoi asset per la stampa. Questi sono strumenti di marketing cruciali che diffonderai sui social media - YouTube, Facebook, Instagram, Twitter e pubblicherai sul tuo sito web. Gli asset pubblicitari aiutano a creare interesse e saranno infine utilizzati come strumento pubblicitario per aumentare la consapevolezza del tuo film e creare buzz.

Gli asset pubblicitari consistono in video:
- Trailer teaser e trailer di 2 minuti
- Teaser di 30 secondi
- Spot pubblicitari video, interviste, conferenze stampa e dietro le quinte
- Video annunci (prossimamente, vittorie nei festival, nomination, ecc.)
- Clip del film e clip promozionali.

<u>E foto, molte foto:</u>
- Fotogrammi e poster
- Foto dietro le quinte e foto sul set
- Meme, immagini umoristiche e contenuti degni di diventare virali
- Grafiche per annunci e GIF (prossimamente, vittorie nei festival, nomination, ecc.)
- Grafiche per recensioni (grafiche con citazioni di recensioni)
- Grafiche "Acquistalo"
- Grafiche per concorsi

Ecco alcuni materiali pubblicitari che abbiamo utilizzato per "Pickings". Da ora in poi, il tuo compito sarà iniziare a creare questo tipo di materiali, ed è lo scopo del tuo calendario pubblicitario dirti quando e come pubblicarli.

Promozioni Festival

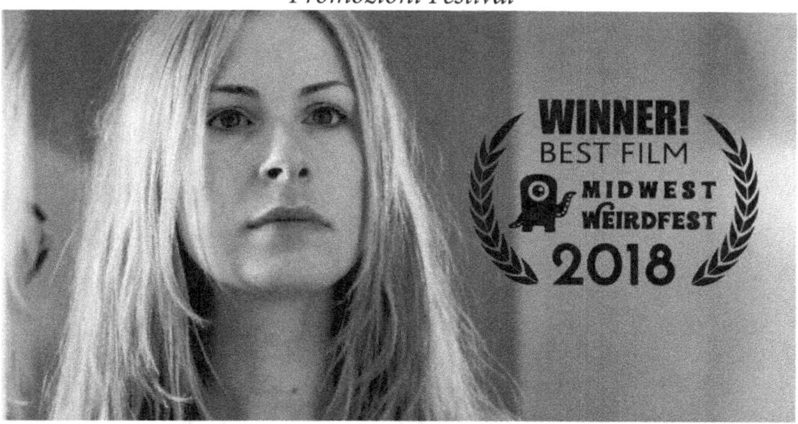

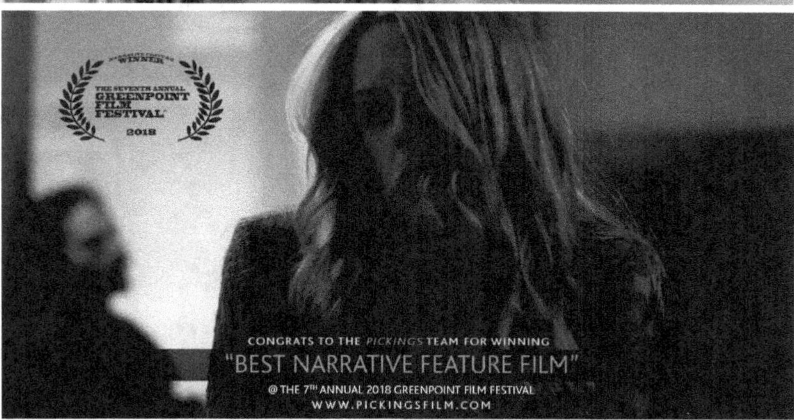

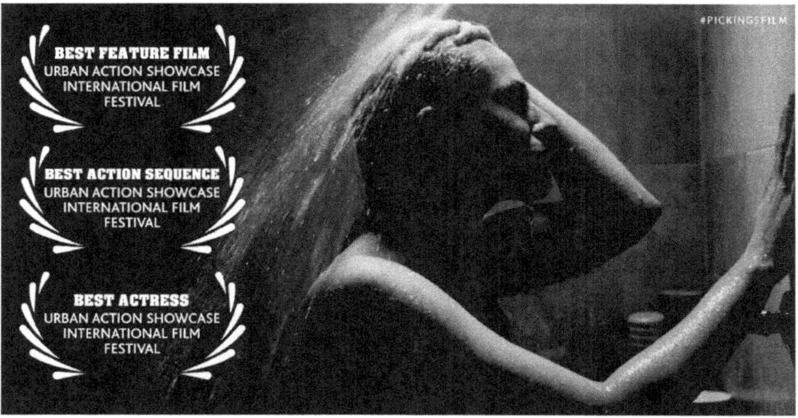

Review Graphics

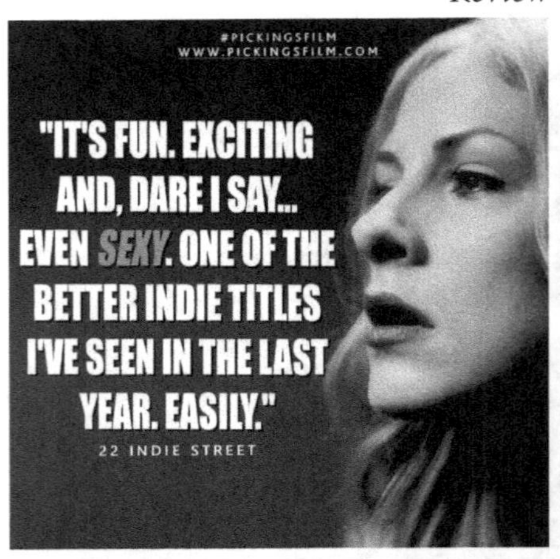

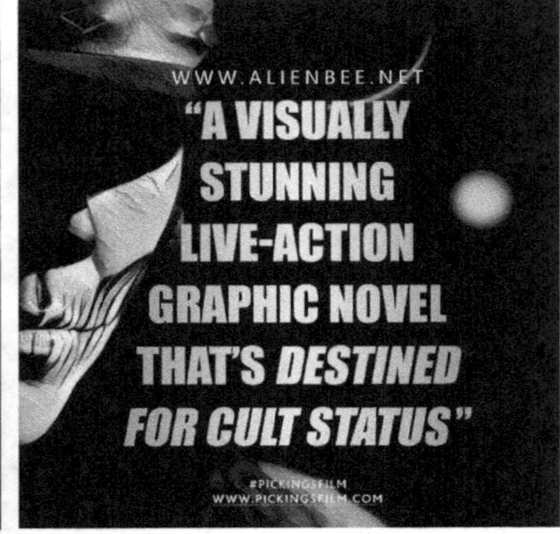

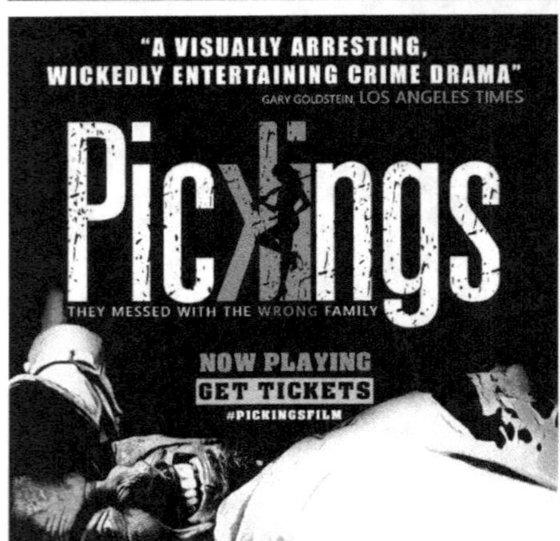

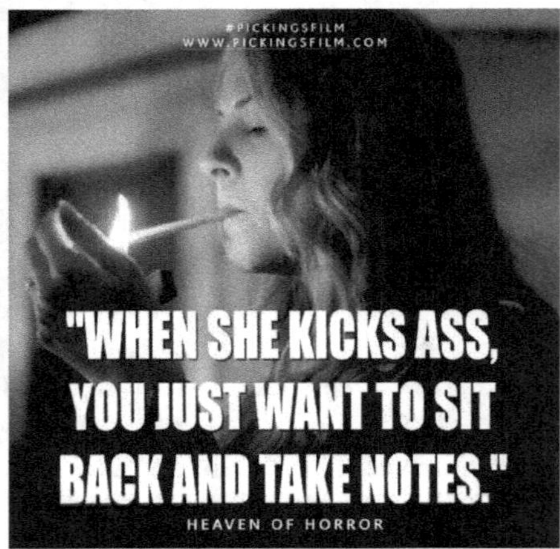

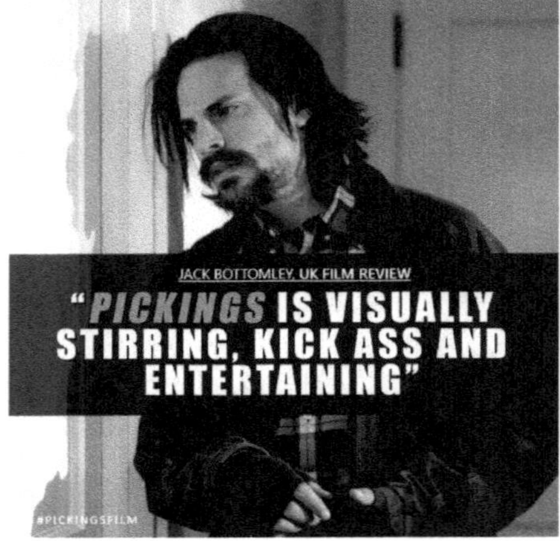

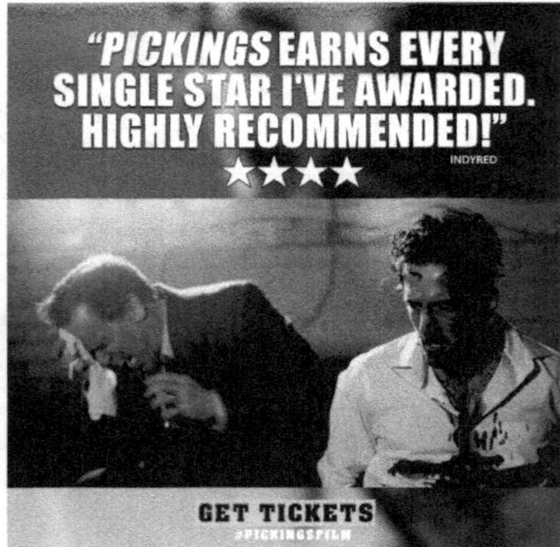

Theatrical Announcements

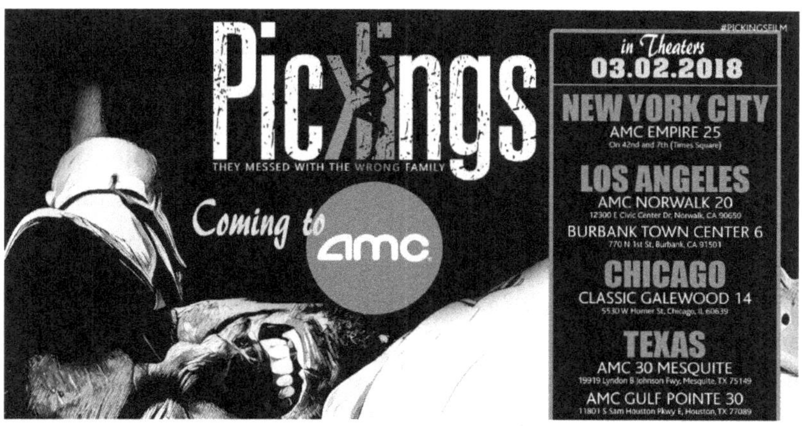

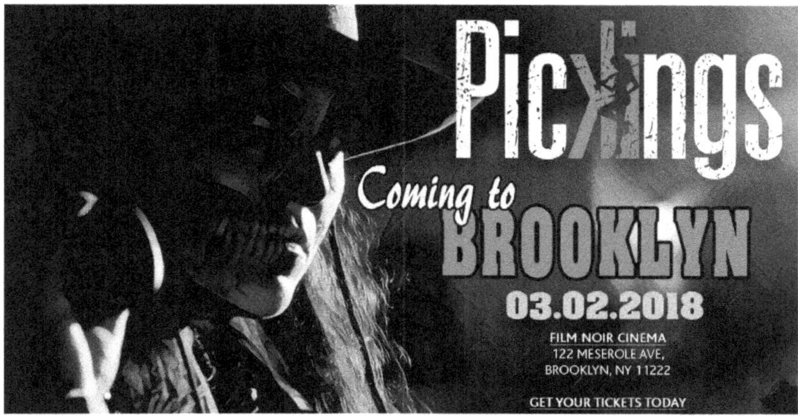

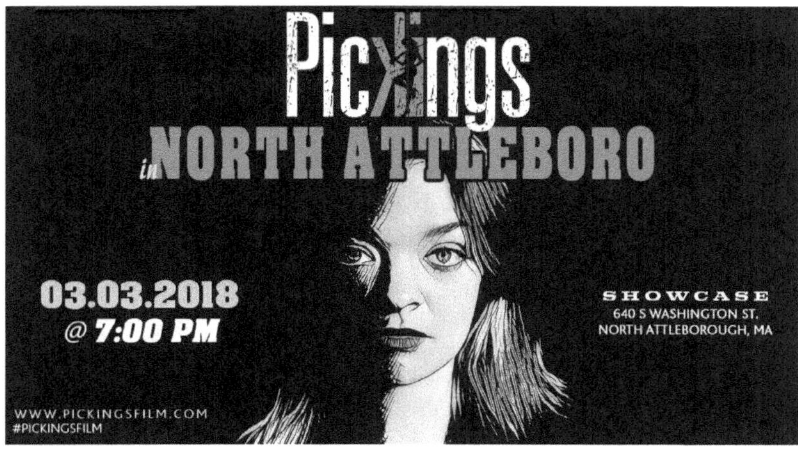

Creazione di una Lista Media

Una volta che hai un calendario per i social media, un programma passo dopo passo e molti asset pubblicitari, è arrivato il momento di costruire una lista media. Una lista media è sostanzialmente un grande elenco composto da nomi, email e informazioni di contatto dei membri della stampa ai quali prevedi di sollecitare il tuo film per recensioni, interviste, approfondimenti o distribuzione di comunicati stampa. Quindi, come si ottengono queste liste? Beh, puoi scegliere la strada costosa e iscriverti a una società come Cision o Meltwater, che ti darà accesso a migliaia di email, numeri di telefono e indirizzi postali di giornalisti, ma ti costerà tra i 6.000 e i 15.000 dollari; oppure, alternativamente, puoi intraprendere la strada fai-da-te, che comporta fare la tua ricerca e creare un kit stampa media personalizzato in un foglio Excel. Questo è ciò che abbiamo fatto per "Pickings". Per noi, si trattava di andare su un giornale in cui volevamo essere presenti, diciamo, The Hollywood Reporter, poi rintracciare l'indirizzo email dell'editore (di solito trovato nella sezione "Contattaci" del sito web) e inviargli un'email ben articolata con un allegato "one-sheet" e un link a tutta la nostra copertura stampa. Qualcosa di simile:

(VEDI PAGINA SUCCESSIVA)

Modello di Email per la Recensione del Film

Gentile Sig. X,
Per la vostra considerazione, desideriamo sottoporre una copia recensione del nostro prossimo lungometraggio, "Pickings". Il nostro film sarà rilasciato nei cinema il 2 marzo 2018 (limitatamente).

<u>Titolo del Film:</u> "Pickings"
<u>Genere:</u> Dramma Criminale
<u>Durata:</u> 102 Minuti
<u>Budget:</u> $350,000
<u>Cast:</u> Elyse Price, Joel Bernard, Katie Vincent, Emil Ferzola
<u>Scritto, Diretto, Montato e Prodotto da:</u> Usher Morgan
<u>Musica Originale di:</u> Katie Vincent
<u>Data di Uscita:</u> 2 marzo 2018

Link dello Screener: ___________________
Password dello Screener: ___________________
(Se desiderate ricevere invece una copia DVD o Blu-Ray, fatecelo sapere e ve la spediremo.)

Trailer: https://www.youtube.com/watch?v=y1f_PS3zA8Y
Kit Stampa: www.PickingsFilm.com/Press
IMDB: www.imdb.com/title/tt4789822/
Sito Web: www.PickingsFilm.com
Facebook: www.Facebook.com/PickingsFilm
Instagram: www.Instagram.com/PickingsFilm

Per scaricare foto ad alta risoluzione, poster, trailer, one-sheet e per ulteriori informazioni stampa, visitate:
www.pickingsfilm.com/press

Riguardo a "Pickings": Pickings è un film criminale neo-noir che racconta la storia di Jo Lee Haywood – una madre single e proprietaria di un bar di quartiere che ha trascorso anni cercando di sfuggire al suo passato violento. Ma quando un mafioso locale e la sua banda di teppisti bussano alla sua porta, Jo è costretta ad abbracciare i suoi demoni interiori e ad affrontare la sua storia mortale per proteggere la sua famiglia e la sua proprietà. Acque tranquille scorrono profonde in questa saga criminale neo-noir stilizzata

Per favore, fatemi sapere se avete domande.
Grazie,

Così siamo stati recensiti dal LA Times, Hidden Remote, The 405, Huffington Post, ecc., semplicemente inviando una marea di email e facendo molti follow-up. Nei primi mesi precedenti il rilascio del film, non avevamo il budget per assumere un vero pubblicista (visto che a New York City costano $10.000 al mese), quindi invece di "assumere" un pubblicista, ne abbiamo "consultato" uno. Ho messo un annuncio su Craigslist cercando di assumere un pubblicista come consulente, il che significa che l'avremmo fatto venire una volta a settimana per un'ora per controllare i nostri progressi, darci consigli e aiutarci a pianificare la strategia di stampa e pagare $200 per il privilegio. È stata così gentile da darci i nomi di reporter per cui non riuscivamo a trovare informazioni di contatto e ci ha indirizzato verso un piccolo sito molto utile chiamato PressRush, che fa più o meno quello che fanno i grandi, ma invece di costare $6.000 al mese, costa $45 al mese. PressRush non è un servizio molto conosciuto, e spero che questo cambi presto; hanno un'ampia gamma di contatti media. È lì che abbiamo ottenuto la maggior parte dei nostri numeri di telefono, email e contatti stampa, persone che non avevamo nemmeno pensato di contattare. Vi consiglio di iscrivervi e aggiungere i nomi al vostro foglio Excel.

Creare una Pagina su Rotten Tomatoes

Quando ho fatto il tour dei festival con "Pickings", ho incontrato molti cineasti indipendenti ossessionati dall'idea di avere una pagina su Rotten Tomatoes per il loro film. Molte persone mi hanno chiesto come diavolo ci sono riuscito. Beh, prima di tutto, giusto per farvelo sapere, non avete bisogno di una pagina su Rotten Tomatoes affinché il LA Times o il New York Times scrivano una recensione sul vostro film. Quando una rivista o un blogger con un account certificato Rotten Tomatoes decide di scrivere una recensione sul vostro film, automaticamente creeranno una pagina per voi. Ma nel mio caso, la pagina Rotten Tomatoes era lì molto prima che qualcuno contribuisse, e poiché so che molti cineasti ne sono ossessionati, rivelerò il segreto su come ci sono riuscito. Il segreto, purtroppo, non è affatto un segreto; è solo nascosto in piena vista, e si chiama – metadati. Ogni volta che un'azienda (piccola, grande o indipendente) realizza un film, produce una canzone o pubblica un libro, utilizzerà i servizi di "aziende di metadati" il cui unico scopo è distribuire i dati del prodotto su varie piattaforme e siti web, impostando essenzialmente il palcoscenico per il lancio del prodotto, informando i siti tramite "feed" che un nuovo prodotto sta per essere lanciato. IMDB è uno di questi, a proposito. Quindi, inviare le vostre informazioni a un'azienda di metadati vi costerà o nulla ($0) o molto di più di nulla (migliaia al mese, approssimativamente). Aziende come Rovi e Neilson, ad esempio, addebitano alle case cinematografiche migliaia di dollari in cambio di una distribuzione estensiva dei metadati. Prenderanno un trailer cinematografico e lo popoleranno sul web in luoghi a cui l'accesso sembra esclusivo (Yahoo Movies, JoBlo, Coming Soon.net, ecc.), ma ci sono alcune aziende di metadati che lo faranno gratuitamente.

Non sono così estensive, ma sono anche gratuite, quindi chi se ne importa? Aziende come IMDB e TMDB sono "database di film", e molti siti web prendono direttamente da loro i metadati dei film. Ci sono però anche aziende come Internet Video Archives e Baseline Studio Systems (Gracenote) che vi aiuteranno a distribuire i vostri metadati gratuitamente. Internet Video Archives è la più facile da usare del gruppo, e si vanta di aiutare i cineasti a promuovere e distribuire gratuitamente i loro contenuti di metadati (trailer, clip, spot di 30 secondi, ecc.). Quindi, se visitate www.internetvideoarchive.com/promote/ e selezionate "film", avrete accesso a un modulo di invio dove potete caricare tutte le informazioni tecniche del vostro film, così come caricare il trailer. Premete il pulsante di invio - e voilà! Una settimana dopo, il vostro trailer appare su Rotten Tomatoes, e il vostro film ha la sua propria pagina RT. Dovrete contattare Rotten Tomatoes tramite email in seguito per chiedere loro di aggiungere immagini e correggere qualsiasi informazione non pertinente, ma è facile.

"Quello che cerco è un film che si promuova da solo; un film che accenda immediatamente l'immaginazione delle persone - un progetto che scriva la propria pubblicità". ~ Jeremy Thomas

Pubblicità Festival

Hai inviato il tuo film a cinquanta festival e le lettere di rifiuto continuano ad arrivare, ma per ogni X rifiuti, ricevi un'ammissione - qualcuno dice "sì!" al tuo film. Ti inviano quella email di congratulazioni. Che emozione! Ogni "sì" e ogni "no" andranno nel foglio Excel che hai creato e, prima che te ne renda conto, avrai un quadro chiaro del tuo tour nei festival. Ora sai a quali festival parteciperai, dove il tuo film verrà proiettato e come andrà il tuo tour nei festival. Questo è il momento in cui esci e assumi un addetto stampa o, in alternativa, se stai facendo da solo la tua pubblicità, è il momento in cui crei un programma di pubblicità e inizi a preparare il tuo rilascio (anche se trovi un distributore, apprezzeranno molto il lavoro preliminare di marketing che hai fatto, e se non lo fai, avrai comunque le spalle coperte). Annunciare le tue nomination e condividere con il mondo le tue vittorie è importante ed è generalmente il momento in cui inizi ad accumulare interesse, quando inizi a costruire un seguito sui social media. Questo è anche il momento in cui la conoscenza e la comprensione di Photoshop ti salveranno la vita.

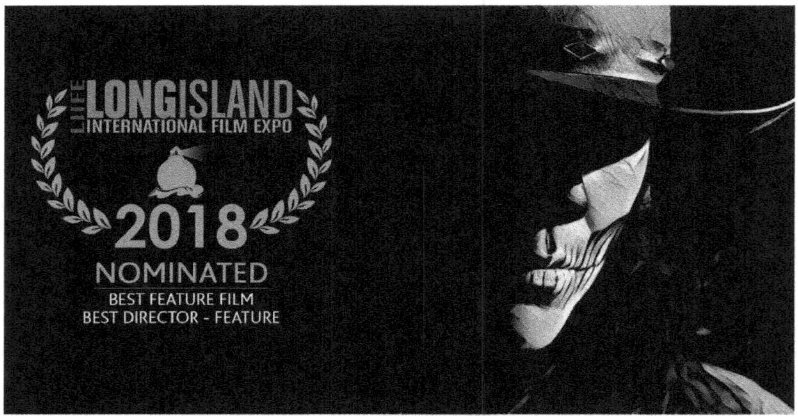

La Tua Strategia di Rilascio del Film

Mentre il tuo tour nei festival sta per concludersi, dovrai iniziare a lavorare al piano di rilascio del tuo film. Come rilascerai il film? Dove lo venderai? E come convincerai le persone ad acquistarlo effettivamente, a guardarlo e a creare domanda? A meno che tu non abbia realizzato un film con un attore ben noto, è probabile che debba industriarti e superare alcune sfide di cui i film con nomi più grandi non devono davvero preoccuparsi.

Dovresti Andare al Cinema?

Prima di pianificare un rilascio cinematografico, è essenziale considerare se il tuo film è effettivamente adatto a un debutto. Sebbene possa sembrare una domanda sconfortante, la realtà è che la strada "diretta al video" esiste per buoni motivi. Non ogni film è adatto per le esibizioni nei cinema, e molti film indipendenti a basso budget subiscono perdite finanziarie durante questa corsa. Tuttavia, ci sono delle eccezioni, e diversi vantaggi accompagnano un rilascio cinematografico. Un beneficio significativo è l'eleggibilità per recensioni in pubblicazioni rinomate e ampiamente lette come The New York Times, The Los Angeles Times e Chicago Tribune. Molti giornali di fama recensiranno film proiettati nei cinema locali, indipendentemente dalla scala del film. Anche se ottenere una recensione non è garantito, la probabilità aumenta sostanzialmente con un rilascio cinematografico rispetto a un lancio diretto in DVD. Ad esempio, la maggior parte delle recensioni che abbiamo ricevuto per "Pickings" è stata ottenuta durante il rilascio cinematografico del film. Un altro vantaggio è il potenziale di redditività, a condizione che il rilascio cinematografico sia gestito con una pianificazione attenta e una strategia ben ideata. Potresti trovarti in una situazione in cui si presenta l'opportunità di espandere il tuo rilascio in più cinema di quanti probabilmente dovrebbero essere rilasciati, e la necessità di apparire grande può facilmente offuscare il tuo acume finanziario e finire per costarti molto.

La Tua Strategia di Distribuzione Cinematografica

Se decidi di distribuire il tuo film nelle sale, devi essere in grado di giustificarlo. Per "Pickings", il mio ragionamento si basava interamente su (a) **recensioni** ed (b) **ego**. Per quanto riguarda le recensioni, ci siamo trovati molto bene! E a causa dell'ego, ho perso denaro dove altrimenti avrei potuto guadagnarne. La mia strategia di distribuzione cinematografica era semplice: rilasciare il film a New York City perché sapevo di poterlo vendere lì. Ho molti amici che vivono a New York City, e solo la rete di cast e troupe (amici, familiari, amici di famiglia, ecc.) è enorme. Sapevo che distribuire il film nelle sale di NYC avrebbe fruttato, e avevo ragione: una grande parte dei nostri ricavi proveniva da New York City. Sapevo anche che dovevo distribuire il film a Boston perché alcuni dei miei attori risiedono lì, e sapevo che la loro rete personale avrebbe generato molti ricavi, e avevo ragione: non siamo riusciti a far proiettare il film nei cinema di Boston, quindi abbiamo finito per fare un "affitto a nostre spese" di un cinema locale - in questo caso, per "Pickings", ho affittato il cinema per una settimana e ho incassato il 100% dei ricavi. Questo ha ripagato e alla grande. I miei attori e i loro amici/familiari hanno risposto presente, e ho coperto il costo dell'affitto. Poi, sapevo che LA era un ottimo mercato e che avrei potuto ottenere alcune buone recensioni lì - quindi ho distribuito il film anche a LA. Finanziariamente non ci siamo trovati molto bene, ma le recensioni del LA Times e di altri periodici hanno più che compensato il costo. Queste sono tre location in cui strategicamente avremmo dovuto distribuire il film. In realtà, il mio ego si è messo di traverso, e quando siamo stati scelti da AMC independent, ci hanno dato la possibilità di scegliere qualsiasi città volessimo, e il mio orgoglio ha iniziato a gridare! Alla fine, abbiamo finito per distribuire il film in quattordici cinema in otto città: New York, Burbank, Norwalk, Los Angeles, Boston, Chicago, Dallas e Houston, e in alcuni cinema indipendenti a NYC (Brooklyn e Queens). Indovina un po'? Tutti i guadagni fatti a New York, LA e Boston sono stati persi a Burbank, Norwalk, Chicago, Dallas e Houston - e per un buon motivo - quelle città non erano nella mia strategia perché non avevo alcuna leva lì. Non conosco molte persone a Houston, Chicago o Dallas; non abbiamo molti attori che vivono lì, e non ho partecipato a festival lì. Questo era il mio ego, semplice e puro; mi ha ostacolato e mi ha insegnato alcune importanti lezioni. Andare nelle sale costa denaro. Anche se il cinema è disposto a fare un accordo di condivisione dei ricavi, devi comunque pagare per il marketing, la pubblicità locale, la stampa e la spedizione del DCP, dei poster, dei materiali, ecc. Quindi, se il mio ego non si fosse messo di traverso, "Pickings" sarebbe stato più redditizio nelle sale.

Selezione delle Città

Il processo con cui selezioni le città in cui vuoi che il tuo film venga proiettato è abbastanza semplice; tutto ciò che devi fare è seguire le istruzioni sopra. Devi scegliere solo città dove hai "leva", nel senso di posti dove sai che puoi portare un grande pubblico a guardare il tuo film. Se hai una vasta rete nella tua città natale, questa è la tua leva. I grandi film hanno molta leva; hanno grandi nomi, grandi budget e molti soldi per P&A (stampe e pubblicità) da distribuire. I film più piccoli hanno meno leva, quindi contano sul riconoscimento del nome e sulle recensioni positive per attirare pubblico al cinema. I film indie ultra-low-budget senza nomi famosi devono fare affidamento principalmente su recensioni e reti personali per attrarre pubblico, dato che i loro budget di marketing sono piuttosto limitati. Quindi, scegli solo le città dove sai che puoi attirare un pubblico. Poi usa qualsiasi budget tu abbia per assicurarti i cinema, fare marketing e pubblicità in anticipo, e inizia a entusiasmare le persone per la tua uscita in quella città utilizzando i social media e la stampa.

Entrare nelle Grandi Catene di Cinema

Il processo di prenotazione dei cinema richiede pazienza, dedizione, forza di volontà e la capacità di gestire i rifiuti, poiché i programmatori dei cinema hanno agende piuttosto impegnate e molti film da considerare su base settimanale. La verità è che se non hai attori famosi nel tuo film, probabilmente non è in cima alla loro lista. Quindi, come scegli il cinema giusto? Ti avvicini a una catena di cinema? O contatti i cinema indipendenti? Bene, ho adottato lo stesso approccio per prenotare i cinema che avevo utilizzato per i festival cinematografici, nel senso che i "grandi ragazzi" hanno la precedenza, quindi li contatto per primi, e se dicono di no, allora posso avvicinarmi ai cinema più piccoli. Quindi, il mio primo passo è stato contattare la più grande catena di cinema di New York, AMC. Per coloro che non lo sanno, AMC ha un programma chiamato "AMC Independent" dove danno ai film indie la possibilità di essere proiettati nei loro cinema. Ogni anno, AMC Independent distribuisce una manciata di film nei loro cinema locali, alcuni sotto contratti di "condivisione del reddito", altri sotto contratti di "four-walling". Puoi inviare il tuo film ad AMC visitando il loro sito web qui: www.amctheatres.com/programs/independent/submit-your-film

Il Tuo Piano di Marketing

Ora, trovare AMC e inviare il tuo contenuto è facile, ma "entrare" è un'altra storia. Ricordate nel capitolo iniziale sulla "pianificazione" quando dovevate creare un piano di marketing per il film? Ecco, questo è il momento in cui dovrete inviarlo alle persone. AMC Independent, Regal e Showcase Cinemas richiedono tutti che inviate loro una copia del vostro piano di marketing, dettagliando come intendete convincere le persone a uscire di casa e pagare per guardare il vostro film nel loro cinema. Un buon piano di marketing dovrebbe essere aggiornato e rivisto di tanto in tanto durante la pre-produzione, la produzione e in post-produzione – quindi, al momento della distribuzione, è aggiornato e pronto per essere inviato. Quindi, cosa stanno cercando di vedere nel vostro piano? Quali informazioni dovreste fornire? Ecco un esempio del nostro piano di marketing per "Pickings". Alcune informazioni sono state rimosse per privacy, ma vi darà una buona idea di cosa ci si aspetta:

"Nessuna persona che sia entusiasta del proprio lavoro ha qualcosa da temere dalla vita. Tutte le opportunità del mondo stanno aspettando di essere afferrate da persone che sono innamorate di ciò che fanno". ~ Samuel Goldwyn

Pickings

Piano di Marketing
<u>IN USCITA IL 2 MARZO 2018</u>

<u>Scritto, Diretto e Prodotto da</u>
USHER MORGAN

<u>Con la Partecipazione di</u>
ELYSE PRICE
JOEL BERNARD
KATIE VINCENT
YARON URBAS
JOE TROMBINO
MICHAEL GENTILE
EMIL FERZOLA

IL FILM

<u>Cast:</u>
* Elyse Price
* Joel Bernard
* Katie Vincent
* Yaron Urbas
* Joe Trombino
* Michael Gentile
* Taso Mikroulis
* Christopher Liam Gentry
* Samantha Zaino
* Michelle Holland
* Lynne Jordan
* Emil Ferzola
* Meghan Corry

TRAMA

Jo Lee-Haywood (Elyse Price), madre single e proprietaria di un bar di quartiere, ha passato anni cercando di sfuggire al suo passato violento. Ma quando un gangster locale e la sua banda di teppisti bussano alla sua porta, Jo è costretta ad abbracciare i suoi demoni interiori e ad affrontare la sua storia mortale per proteggere la sua famiglia e la sua proprietà. Le acque tranquille celano profondità in questa saga criminale neo-noir di stile.

<u>Classificazione:</u> R Rated / Vietato ai minori di 17 anni
<u>Genere:</u> Film Criminale Neo-Noir
<u>Città di Rilascio:</u> New York (Primaria), Los Angeles, Austin, Dallas, Boston, Chicago.
<u>Data di Rilascio nei cinema:</u> 2 Marzo 2018
<u>Data di Rilascio, VOD/DVD/BLU-RAY:</u> 3 Agosto 2018

<u>Obiettivi di Marketing:</u>

* Distribuzione nelle sale
* Pre-Distribuzione & Pre-Vendite di DVD, Blu-Ray
* 10.000 fan organici su Facebook al Lancio
* 100.000 visualizzazioni del Trailer al Lancio

<u>Slogan:</u>

* Hanno appena fatto un grosso errore con la famiglia sbagliata
* Acque Calme Nascondono Profondità

Siti Web, Social Media, Link:

Sito Ufficiale: www.pickingsfilm.com
Facebook: www.facebook.com/pickingsfilm
Instagram: www.instagram.com/pickingsfilm
Twitter: www.Twitter.com/pickingsfilm
IMDB: www.imdb.com/title/tt4789822
Wikipedia: https://en.wikipedia.org/wiki/Pickings_(film)
Trailer Ufficiale: www.youtube.com/watch?v=y1f_PS3zA8Y
Rotten Tomatoes: www.rottentomatoes.com/m/pickings/

<u>Prime Recensioni, Stampa e Link ai Media</u>

(Lista delle Tue Recensioni Qui)

<u>MARKETING</u>

<u>Budget:</u>

Budget Principale e Post-Produzione: _______
Budget Marketing: $___________
Ripartizione:

Gennaio	$XXXXX
Facebook, $X al giorno, 5.000 Like	$XXX
Annunci Trailer su YouTube, $X al giorno	$XXX

Febbraio	$XXXXX
Facebook, $X al giorno	$XXX
Annunci su YouTube, $X al giorno	$XXX
Altri	$XXX
Marzo (Data di Uscita)	**$XXXXX**
Facebook, Twitter & Instagram $X al giorno	$XXX
Annunci su YouTube, $X al giorno	$XXX
Filmmaker Magazine	$XXX
Annunci su Giornali	$XXX
Campagna Stradale a NYC (Giornali, Volantini)	$XXX
Budget Aggiuntivo per Annunci & Marketing	$XXX

Aprile / Maggio	$XXXXX
Facebook, $XX al giorno	$XXX
Pubblicità Aggiuntiva	$XXX

Uscita Blu-Ray, VOD, DVD, Budget P&A: $XXXXXXX

Giugno	$XXXXX
Facebook, $XXX al giorno	$XXX
Addetto Stampa Interno	$XXX
Annunci su Giornali	$XXX
Pubblicazione e Promozione del Fumetto	$XXX

Riepilogo	
P&A per l'Uscita	$XXX
P&A per il Periodo di Calma	$XXX
P&A per VOD	$XXX
Varie	$XXX
Budget Totale P&A	$XXXXXXX

Canali Specifici:

* Pagina Ufficiale di Facebook di "Pickings"
* Sito Web Ufficiale
* Canale YouTube
* Pagine Facebook del Cast
* Pagine Facebook dei Partner
* Colonna Sonora Originale su Amazon/iTunes/ecc.

Blog:

* The Guardian (combinazione di annunci pubblicitari e invii di contenuti all'editoriale).
* Invio di featurette tramite Internet Video Archives, Rovii
* Invii di richieste di interviste, distribuzione di clip della conferenza stampa
* Inviti alla Premiere sul Red Carpet

<u>Promozione YouTube:</u>

* Trailer, featurette e video dietro le quinte - distribuzione e pubblicità
* Creazione del canale YouTube, caricamento di video sotto la pagina YouTube del film *Pickings*
* Distribuzione di video musicali (canzoni originali)
* Invio di trailer a canali popolari
* Promozione legata alla pubblicazione di "The Pickings Novel" di Library Tales Publishing tramite YouTube e social media.

<u>Festival (Inviati)</u>
<u>(Elenca qui i tuoi festival)</u>

<u>STRATEGIA</u>

- Biglietto aereo e partecipazione alla première, incontro con il cast
- Copie gratuite della colonna sonora (vinile autografato)
- Magliette e cappelli di Pickings
- Scarpe da cowboy di Jo
- Copia gratuita della sceneggiatura
- Chitarre di Pickings
- Evento dal vivo sul red carpet
- Utilizzare Twitter & Instagram per promuovere il marketing su Facebook
- Pubblicizzare il trailer promozionale / trailer principale
- Arte di strada/pitture con gesso per pavimenti
- Legame con il libro, marketing sui social media tramite LTP (l'editore)

Marketing Online

- Rilascio e distribuzione di contenuti
  (Articoli, video, menzioni nelle notizie, stampa, poster)
- Rilascio del trailer
- Concorso/Premio
- Contenuti esclusivi "Dietro le quinte"

Marketing Video

- Pubblicare il trailer su YouTube, Vimeo, Facebook, Twitter, Instagram, Archivi, Rovi, Baseline, Siti web, ecc.
- Pubblicare interviste con il cast e il regista
- Utilizzare servizi di marketing virale

Marketing Virale

- Creare un finto giornale (Port City Times) con titoli interessanti, da distribuire nella metropolitana di NYC.
- Pubblicare il romanzo di Pickings.
- Stampare poster e materiali di marketing.
- Promozione roadshow, teatro di BK.
- Assumere un pubblicista per promuovere il rilascio VOD.

Pubblicità

- Annunci su IMDB
- Facebook e social media
- Stampare poster e affiggerli per NYC
- Annunci TV/Annunci radio

Marketing Cast e Troupe

- Creare un poster per ogni personaggio e pubblicarlo online.
- Chiedere al cast e alla troupe di postare con l'hashtag #PickingsFilm.
- Interviste al cast.
  (Articoli di stampa, Q&A, comunicati stampa, video, radio).
- Produrre "Dietro l'obiettivo" con il direttore della fotografia.

Materiali dietro le quinte

- Pubblicare il B-roll dietro le quinte
- Pubblicare interviste e filmati dietro le quinte
- Pubblicare materiale dietro le quinte della post produzione

Generazione di entrate

- Distribuzione nei cinema
- DVD, Blu-Ray, VOD (Pre-vendite)
- Servizi VOD in streaming
- Produrre e vendere la colonna sonora
- Pubblicare il romanzo (2020)
- Vendita ai canali via cavo
- Vendite internazionali
- Vendita ai drive-in
- Road show di BK
- Sponsorizzazioni

Musica, colonna sonora e DVD:

- Rilascio della colonna sonora
- Video musicale

IL MERCATO

Pubblico di Riferimento

- Uomini e donne, 18-45 anni.
- Donne (25-45) con il 72% di interazioni su Facebook.
- Maggiore portata nelle grandi città (NYC, LA, Dallas)
- Fan dei thriller criminali/Fan di Sin City/Kill Bill/Tarantino
- Fan di film con protagoniste femminili
- Fan di eroine femminili

Confronto con Altri Film

- Sin City
- Kill Bill
- Blue Ruin
- The Drop
- John Wick
- Out of the Furnace

Perché il Pubblico Dovrebbe Guardare il Film?

- Recensioni positive (LA Times)
- Pubblicità
- Rete personale di attori, amici e famiglia
- 19.000 fan su Facebook
- Non è il solito indie
- Video musicali
  (Il film ha una colonna sonora STREPITOSA)
- Pubblicità parodistica e marketing intelligente (giorna-
lelI tuo piano di marketing è la tua guida, e dovrebbe es-
sere scritto tenendo in mente le particolarità del tuo film.

Aggiungere Cinema Indipendenti al Tuo Circuito Teatrale

Ci sono molti vantaggi nel lavorare con piccoli cinema indipendenti. Per prima cosa, la tua quota dei profitti sarà maggiore e il tuo

calendario di uscita potrebbe essere molto più lungo. AMC e altre catene ti daranno o un "accordo senza impegno" (il che significa che non possono promettere che il film resterà in sala per più di un paio di giorni), o un accordo di "minimo una settimana". Ma anche se ottieni un accordo di "minimo una settimana", il tuo film potrebbe comunque essere tolto alla fine della settimana, terminando effettivamente la tua uscita cinematografica senza preavviso. Questo è il motivo per cui è importante programmare il tuo film con cinema indie più piccoli. I cinema indie ti daranno più flessibilità, le soluzioni alternative sono più rapide e, nella maggior parte dei casi, saranno disposti a condividere il tuo trailer (così come gli altri tuoi materiali di marketing) sulle loro piattaforme di social media. Le grandi catene ti offriranno marketing in sala ma non spingeranno davvero il tuo film sui social media a meno che non presenti un nome riconoscibile. Con i cinema indie, soprattutto con i piccoli cinema locali, hai un partner coinvolto nella tua uscita cinematografica quanto lo sei tu. Potrebbero essere piccoli, ma contano molto. Quindi, come proporre ai cinema indie? Nello stesso modo in cui proponi a tutti gli altri: invia email, fai telefonate, fai follow-up, ancora follow-up, ancora follow-up.

Valutazioni MPAA/MiBACT - Ne Hai Bisogno?

Ero sempre stato convinto che non potessi distribuire il mio film nelle sale senza una valutazione ufficiale della MPAA (Motion Picture Association of America), nota per il suo sistema di classificazione dei film negli Stati Uniti. L'Italia ha il suo sistema per classificare i film, supervisionato dal Ministero per i Beni e le Attività Culturali e per il Turismo (MiBACT). Le valutazioni sono progettate per informare il pubblico sul contenuto dei film e aiutare gli spettatori a prendere decisioni informate su ciò che è adatto per diverse fasce d'età. Nella mia mente, quella scheda di valutazione della MPAA presentata nelle introduzioni dei trailer era un pezzo obbligatorio del puzzle. Se avessi voluto portare il mio film nelle sale, avrei dovuto farlo approvare dalla Motion Picture Association of America. Tuttavia, fu solo quando iniziai a occuparmi della distribuzione del mio film che appresi che i cinema americani non si preoccupano davvero della tua valutazione MPAA (o della sua mancanza). Soprattutto quando fai film indie a basso budget. Da quello che ho capito, la MPAA non si applica davvero ai film a basso budget perché il loro mercato è piuttosto limitato. Tuttavia, è difficile per me dire cosa mi abbia dato la valutazione MPAA, quindi non sono stato avvicinato da nessuno che dicesse: "Mi dispiace, non possiamo fare X perché non hai una valutazione". La mia regola pratica riguardo alla MPAA è cambiata in: "Se stai facendo un film per le masse, ottieni una valutazione MPAA. Ma se stai facendo un film indie neo-noir a basso budget senza nomi e senza piani per incassare 20 milioni di dollari al botteghino, non preoccupartene. Risparmia i 3.000 dollari e spendili altrove".

"Pickings" – La Nostra Campagna di Marketing Virale

Come fai a spingere le persone che camminano per strada a entrare nel cinema dove viene proiettato il tuo film? Cosa fai per convincere le persone che non sanno nulla del tuo film a pagare 10 dollari per un biglietto del cinema? Beh, non posso dirti come pensare in modo creativo, ma posso raccontarti cosa abbiamo fatto noi quando è arrivato il momento di promuovere il nostro film.

1) <u>Giornale finto.</u> Una delle cose che abbiamo fatto è stata produrre un giornale fittizio e distribuirlo all'ingresso della metropolitana di New York City. Il giornale fungeva da pubblicità mascherata per il film. Era pieno di articoli umoristici su certi eventi che si svolgevano nel mondo del nostro film, nonché annunci per prodotti fittizi come Cowboy Jo e il bar "Pickings" immaginario. Gli stagisti gridavano: "Boss mafioso scomparso!" e distribuivano giornali con lo stesso titolo in copertina e una foto dell'attore che interpretava il capomafia nel film. Le storie erano tutte collegate alla trama del film senza rivelare nulla, e mentre leggevi il giornale, presto capivi cosa stava succedendo. Nell'ultima pagina c'era un elenco dei cinema che proiettavano il film nella città, e sull'altra facciata della pagina, un grande annuncio pubblicitario per il film visibile

ai pendolari della metropolitana. Molte persone sono entrate nella nostra location di Times Square tenendo in mano copie di quel giornale. Era marketing guerriglia nel senso più puro del termine.

2) <u>Installazione di un tavolo all'AMC Times Square.</u> Avevamo preparato un grande tavolo al primo piano dell'AMC Times Square. Le persone che entravano avevano la possibilità di partecipare a un concorso, vincere biglietti gratuiti e alcuni gadget davvero interessanti. L'AMC Times Square era uno dei cinema dove il nostro film era più popolare perché è uno dei cinema più grandi del Paese e si trova nel cuore di New York City, quindi tutti i nostri amici, familiari e conoscenti sono venuti a vedere il film lì.

3) <u>Distribuzione di volantini.</u> Poiché il nostro film veniva proiettato anche a Brooklyn, abbiamo dovuto girare per le strade distribuendo volantini con informazioni sul film, regalando gratuitamente magliette, poster, plettri per chitarra e portabibite.

4) <u>Diretta dal Red Carpet.</u> I gentili responsabili di AMC ci hanno permesso di tenere una première sul red carpet presso il prestigioso AMC Loews Lincoln Square 13 nel cuore di New York City. È stato necessario un investimento, ma non è costato quanto pensavo. L'accesso all'AMC Lincoln Square ha avuto come effetto una campagna di marketing virale "inaspettata". Il numero di persone che passano da quel cinema ogni giorno è enorme, e AMC ci ha dato l'opportunità di tenere lì la nostra première sul red carpet. Non solo, hanno decorato lo spazio con poster, insegne e materiali di marketing alcuni giorni prima dell'evento e li hanno mantenuti per un'intera settimana. Se avessimo voluto fare pubblicità su una fermata dell'autobus a Lincoln Center, sarebbe costato più del doppio rispetto alla nostra première sul red carpet. Quindi, dandoci accesso a quel cinema e permettendoci di tenere un'uscita

cinematografica appropriata, "Pickings" è diventato "legittimo". All'improvviso, i contatti con la stampa che prima non rispondevano alle nostre chiamate ora accettavano di venire a vedere il film, la nostra presenza sui social media è esplosa e Knocktournal Magazine ha accettato di sponsorizzare l'evento sul red carpet. Combinato con il nostro rilascio AMC, l'evento sul red carpet ci ha dato la spinta pubblicitaria di cui avevamo bisogno e ha aggiunto il film alla lista dei film da vedere di molte persone, specialmente dei newyorkesi che passavano dal cinema durante quel periodo di sette giorni. Le persone che erano al cinema il giorno dell'evento hanno dato un'occhiata ai nostri poster e interagito con i nostri materiali di marketing. Abbiamo visto persone scattare foto di noi sul red carpet dalle scale mobili ed esaminare i nostri poster, tutto perché sembrava un grande evento. Sembrava che stesse succedendo qualcosa e le persone pensavano fosse cool.

Ultimi Pensieri su AMC Independent

(Questo potrebbe non essere rilevante per te, a meno che tu non stia pianificando di distribuire il tuo lungometraggio negli Stati Uniti.)

Negli anni '80 e '90, Kodak forniva pellicola gratuita agli studenti di cinema che frequentavano corsi in varie università in tutto il Paese. Quattro anni dopo, quando arrivò il momento per quegli ex studenti di acquistare pellicola, comprarono... Kodak! Questa era una grande azienda che acquistava la fedeltà dei suoi futuri clienti mentre erano ancora in formazione. Sono del parere personale che AMC stia procedendo in una direzione simile. Sono rimato sorpreso da quanto una grande corporazione come AMC fosse accomodante nel distribuire il nostro film, e questa è l'unica giustificazione nella mia mente: ci trattano bene affinché torniamo per altro. Da quando i film "diretti allo streaming" sono diventati popolari, le sale cinematografiche hanno lavorato per mantenere la fedeltà dei cineasti all'esperienza del cinema, e penso che AMC Independent abbia trovato il modo giusto di farlo. Quando i cineasti fedeli distribuiscono i loro film, terranno le loro première sul red carpet nei cinema AMC, faranno Q&A, faranno apparizioni a sorpresa per i fan e vedranno il cinema come un partner alla pari. Sono diventato un sostenitore di AMC e AMC Independent. Sono convinto che l'esperienza cinematografica debba essere ampliata per includere più film indie a basso budget. I cineasti hanno la responsabilità di mantenere viva l'arte rendendo i loro film disponibili agli spettatori nei cinema.

Stampa DCP

Quando un film viene stampato al giorno d'oggi, viene stampato su un DCP, che sta per Digital Cinema Package. I DCP sono stampati su hard disk specializzati chiamati CRU Data Ports, e tutto ciò che un proiezionista deve fare è prendere il disco, inserirlo nel suo sistema, ed è pronto per essere testato per lo schermo. Se non sei troppo preoccupato per la replicazione dei colori (assicurarti cioè che il film appaia esattamente uguale sullo schermo come sul tuo computer), allora probabilmente puoi scegliere la strada più economica e utilizzare Adobe Premiere per esportare il tuo film in formato DCP, poi inviarlo a un'azienda che può produrlo e spedirlo ai cinema. Se hai familiarità con il processo di creazione di DCP professionali, allora procedi pure. Io non ne avevo, né avevo tempo per imparare o sperimentare, quindi ho finito per assumere un'azienda per creare i miei DCP e mandarli in stampa. Il nome dell'azienda era "Digital Cinema United". Si tratta di un'azienda con sede a Los Angeles che ha fatto di tutto e di più (e non mi pagano per dirlo) per venire incontro alle nostre esigenze. È loro compito assicurarsi che i cinema ricevano i loro hard disk in tempo (la maggior parte dei cinema richiederà il disco con una settimana di anticipo sulla data di uscita). Non volevo affidarmi alla mia fortuna nella stampa e spedizione dei CRU ai cinema e rischiare di fare un errore, quindi l'ho esternalizzato a Digital Cinema United. Non mi hanno deluso.

Presentati al Direttore del Cinema

Quando un cinema accetta di proiettare il tuo film, sarai responsabile dell'invio dei materiali di marketing appropriati affinché il cinema possa esporre il tuo film. Poster, ritagli e striscioni sono sempre ben accetti, ma a volte è necessario recarsi lì di persona per assicurarsi che tutto sia esposto come promesso. Non che i cinema mentiranno riguardo le loro intenzioni di mostrare i tuoi materiali di marketing, ma a volte gli impiegati possono dimenticarsi e devi fare un salto, presentarti e chiedere loro di esporre le tue cose. Dopo che il nostro film è stato accettato da AMC e ci è stato chiesto di inviare i materiali a Times Square, ho preso l'iniziativa di andare là e incontrare il direttore di persona. Mi sono presentato, gli ho dato un biglietto da visita e abbiamo passato alcuni minuti a parlare del mio film. Quella conversazione è diventata divertente, molto rapidamente. Il ragazzo era un appassionato di cinema, e abbiamo finito per passare mezz'ora a discutere del film e delle prossime uscite. Mi ha fatto fare un tour del cinema e ha promesso di esporre i miei materiali di marketing. Ecco fatto – qualche giorno dopo, sono entrato nel cinema e c'era il mio striscione, grande quanto un autobus, appeso alle ringhiere dell'AMC in un cinema in cui sono stato molte, molte volte. Le nostre opere d'arte erano esposte ovunque e, poiché mi sono preso il tempo per presentarmi, il direttore ha fatto di tutto per ospitarci.

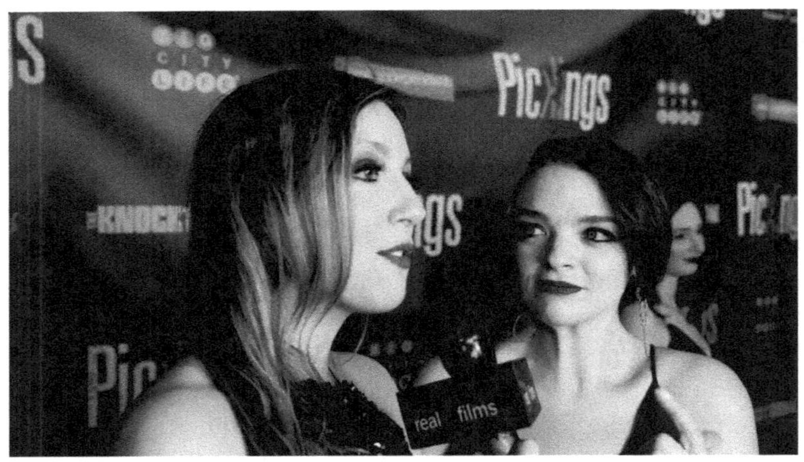

Katie Vincent and Julia Melim, live from the Red Carpet

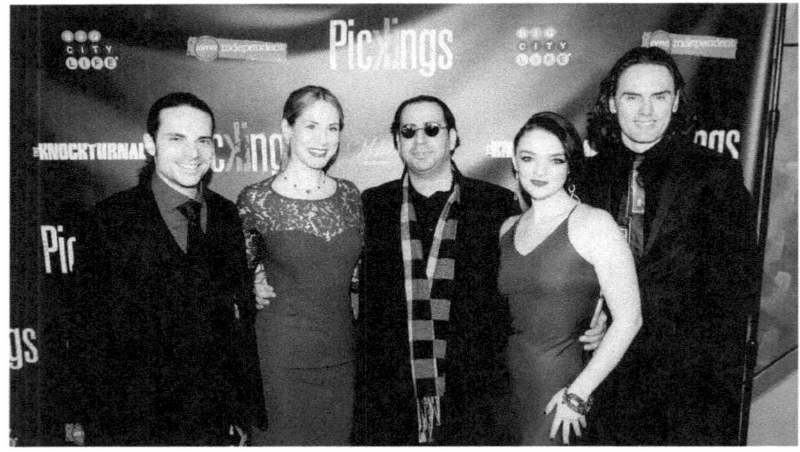

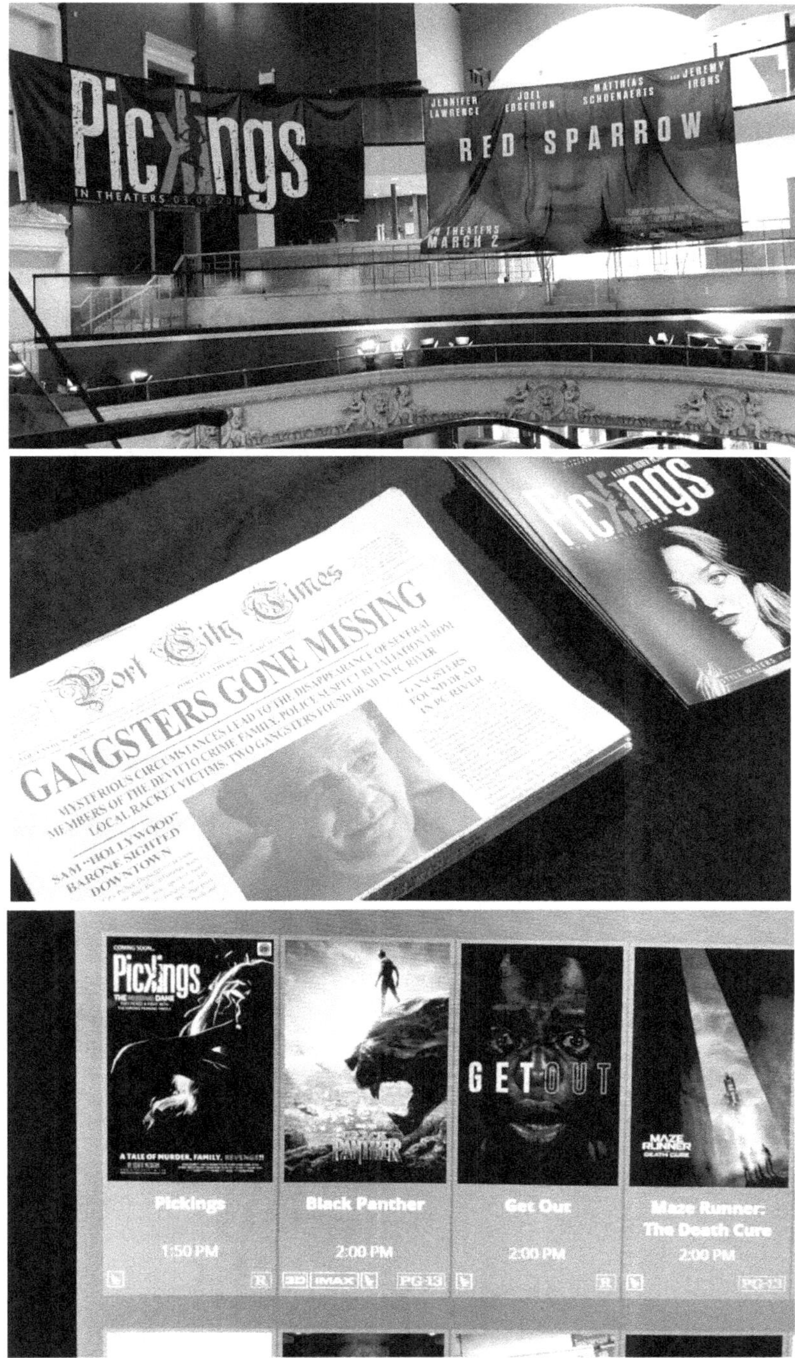
Pickings
IN THEATERS 03.02.2018
JENNIFER
LAWRENCE
JOEL
EDGERTON
MATTHIAS
SCHOENAERTS
JEREMY
IRONS
RED SPARROW
IN THEATERS
MARCH 2
Pickings
Port City Times
GANGSTERS GONE MISSING
MYSTERIOUS CIRCUMSTANCES LEAD TO THE DISAPPEARANCE OF SEVERAL
MEMBERS OF THE DEVITO CRIME FAMILY. POLICE SUSPECT RETALIATION FROM
LOCAL RACKET VICTIMS. TWO GANGSTERS FOUND DEAD IN PC RIVER.
GANGSTERS
FOUND DEAD
IN PC RIVER
SAM "HOLLYWOOD"
BARONE SIGHTED
DOWNTOWN
COMING SOON...
Pickings
A TALE OF MURDER, FAMILY, REVENGE
Pickings
1:50 PM
Black Panther
2:00 PM
GET OUT
Get Out
2:00 PM
MAZE
RUNNER
DEATH CURE
Maze Runner:
The Death Cure
2:00 PM

"Rubare" i Tuoi Materiali Pubblicitari, in Fretta!

Il giorno dopo l'ultima proiezione di un film, i membri della troupe toglieranno i materiali di marketing e li collocheranno nella sala marketing del cinema. E se sei mai stato all'interno della sala marketing di una catena di cinema, sai che è una discarica cinematografica. Zeppa di poster, ritagli e merchandising, raccolti nel corso dell'anno da circa 10.000 film diversi. Quindi, se i tuoi materiali pubblicitari finiscono in quella stanza, molto probabilmente saranno persi nella confusione e gettati via. Quasi tutti i cinema dai quali non abbiamo recuperato i nostri materiali di marketing hanno perso le nostre opere, il che ci è costato un bel po'. Ogni cinema ha la sua versione di una sala marketing, ed è il luogo dove le vecchie opere pubblicitarie vanno a morire. Quindi, se vuoi salvare i tuoi materiali, ti suggerisco di recarti presso il cinema nell'ultimo giorno di proiezione del film e chiedere al direttore di mettere da parte i tuoi materiali. Altrimenti, saranno persi per sempre.

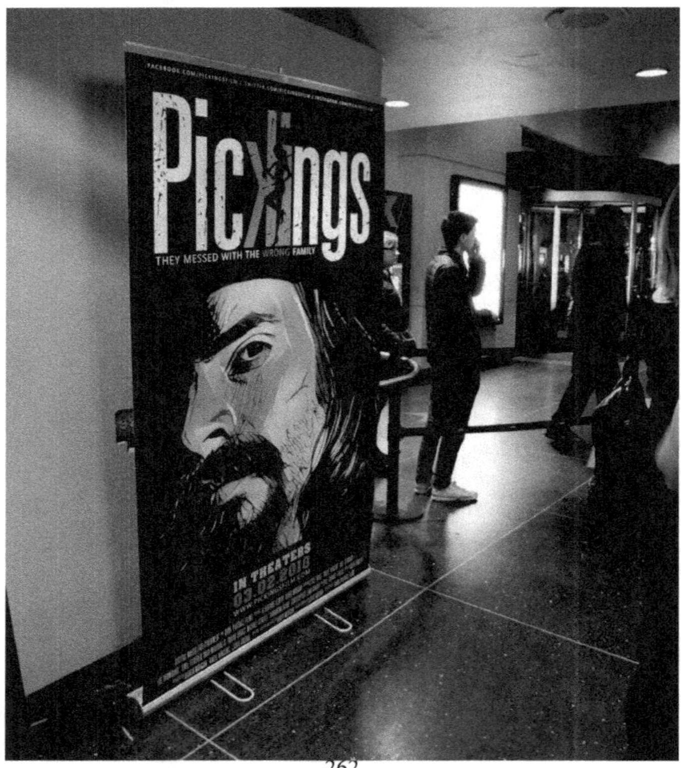

Materiali di Marketing, la Lista Definitiva

Indipendentemente dal fatto che il tuo film venga distribuito nei cinema o vada direttamente in VOD, tu (come distributore del film) sei tenuto a produrre e rilasciare una gamma di materiali di marketing attraenti. Questi sono progettati per vendere il tuo film al pubblico, sono una parte inevitabile della tua strategia di distribuzione. Per semplificarti le cose, dividerò questi materiali di marketing in quattro categorie principali:

(1) Materiali Pre-rilascio. Opere d'arte prodotte nelle settimane/nei mesi che precedono il rilascio del film. Fino a trenta giorni prima della data di rilascio del film. Queste includono il trailer teaser di 1:30 minuti del film, il trailer ufficiale del film, grafiche e card per i social media.

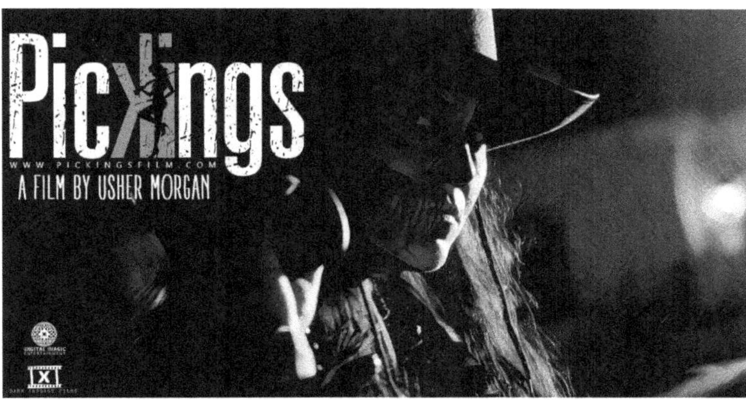

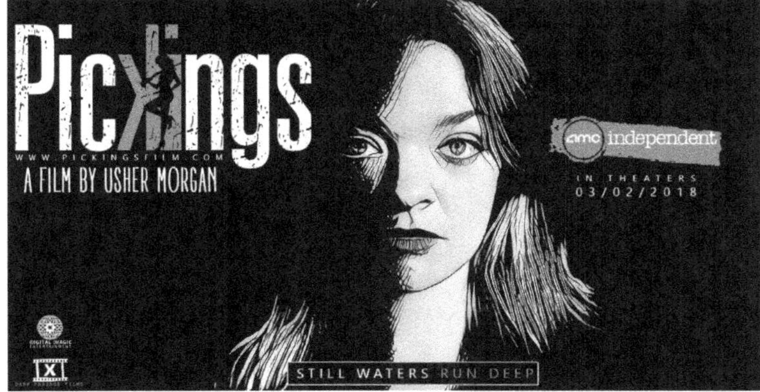

(2) Materiali di Lancio. Opere d'arte prodotte e rilasciate durante il periodo di lancio di sessanta giorni. Trenta giorni prima e trenta giorni dopo il rilascio del film. Questi includono video, molti video, spot di 30 secondi, spot di recensioni, spot televisivi e opere d'arte per i social media, recensioni, lista dei cinema, meme, foto del film, dietro le quinte, ecc.

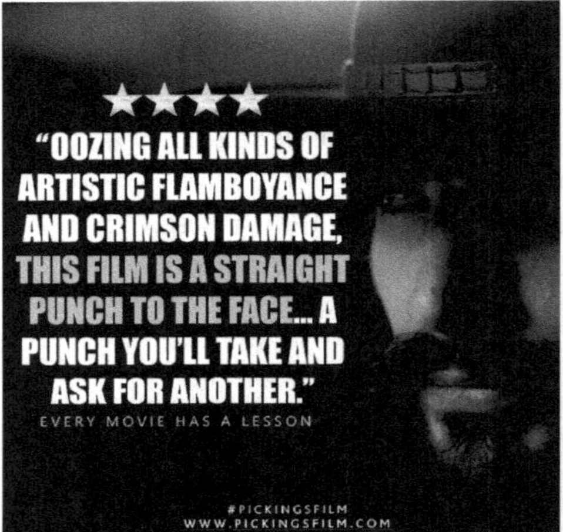

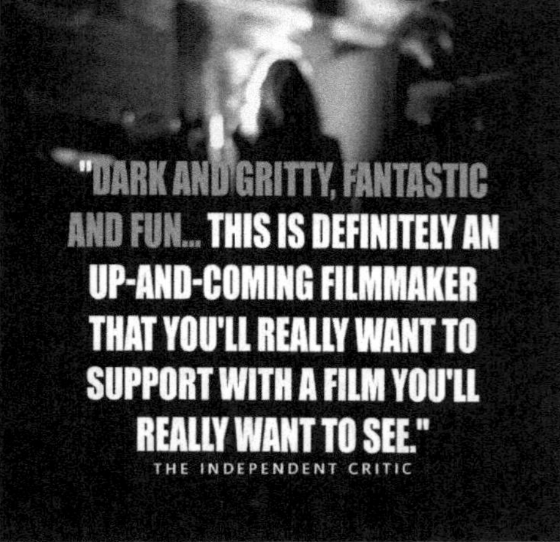

(3) Stampe. Opere d'arte prodotte specificamente per la stampa durante il rilascio di un film, la sua première e l'evento sul red carpet, il tour dei festival e il post rilascio.

<u>(4) Materiali Post-Rilascio.</u> Opere d'arte prodotte dopo la conclusione del rilascio del film. Queste includono principalmente annunci pubblicitari, featurette, video promozionali Blu-Ray e grafiche destinate a vendere il film su iTunes, DVD, VOD, Blu-Ray, ecc.

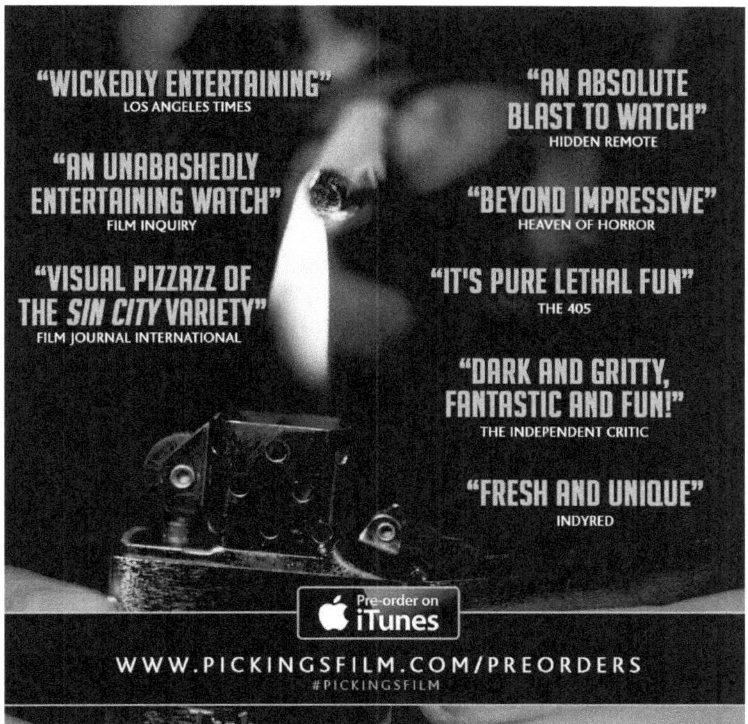

Recensioni

Una delle funzioni più importanti del tuo primo lungometraggio (oltre all'educazione, ovviamente) è stabilire la tua figura come "regista da tenere d'occhio". Questo si ottiene facendo recensire il tuo film dai media. Le recensioni portano a esposizione, che porta a vendite, che a loro volta portano a una "opinione pubblica" su di te come artista e sulla qualità del tuo lavoro. Ora, a prescindere da quello che pensi riguardo ai critici cinematografici, il fatto è che i critici (che tu li ami o li odi) svolgono un ruolo molto importante. I critici cinematografici possono fare o distruggere la carriera di un regista, possono creare interesse attorno a un film o distruggerlo completamente. Una critica davvero buona può durare anni, e persino secoli. I film celebrati verranno guardati 100 anni dopo la scomparsa delle persone che li hanno realizzati perché se il consenso generale è che hai realizzato un capolavoro – allora hai realizzato un capolavoro. La percezione del tuo lavoro è ciò che conta davvero. I numeri al botteghino sono fantastici, ma non durano mai. Ciò che veramente dura una vita è l'opinione pubblica su un particolare film. Questo è il motivo per cui i film vincono gli Oscar, entrano nella lista dei Top 100 dell'AFI e rimangono sotto i riflettori molto tempo dopo la fine della loro distribuzione nelle sale. Capisco perché alcuni registi odiano i critici, e capisco perché altri li amano. Quando sono gentili con te, li ami, e quando sono cattivi con te, li odi. Ma il mio punto di vista sui critici cinematografici e sulle recensioni, in generale, è diverso dalla maggior parte. Faccio del mio meglio per imparare da loro. Quando qualcuno scrive una recensione negativa su un film di cui sono molto soddisfatto, non ci presto troppa attenzione, perché sono personalmente soddisfatto del risultato che ho ottenuto. Sono riuscito (nella mia mente) a produrre l'opera d'arte che aspiravo a realizzare. Tuttavia, quando non sono soddisfatto, quando sono critico nei confronti di me stesso e della qualità del mio lavoro, allora leggerò tutte le recensioni e cercherò di non prenderle troppo sul personale.

Le mie prime esperienze con le recensioni (sia da parte dei critici che del pubblico) sono state piuttosto dolorose. Per cominciare, dopo aver realizzato il mio primo cortometraggio, "Prego", ho ricevuto alcune recensioni molto positive di persona, recensioni negative online e recensioni positive nei media. È passato da positivo a negativo a positivo, poi è cambiato, e la comunità online lo ha abbracciato. È diventato virale e ha accumulato oltre un milione di visualizzazioni su YouTube, ma i risultati erano contrastanti – alcune persone lo odiavano, altre lo amavano, e nonostante tutti i premi che ha vinto, c'erano molti festival di commedie che lo hanno rifiutato, e molte persone che erano irritate dal messaggio del film. Era il tipo di film che le persone o amavano o odiavano; in altre parole – contrastante. Nella mia mente, "Prego" non era un film molto buono perché non ero al 100% soddisfatto, ma ogni volta che lo guardavo con il pubblico, e la gente rideva ad alta voce, iniziavo a mettere in dubbio il mio gusto, e il pensiero "forse non è così male" iniziava a insinuarsi nel mio subconscio. Solo ora, quasi cinque anni dopo averlo realizzato, posso guardarlo con piacere senza essere sopraffatto dall'autocritica o dal dubbio su di me.

Due anni dopo viene rilasciato nelle sale il mio primo lungometraggio, "Pickings". Una delle prime recensioni ad apparire sul web è stata quella di Hidden Remote, complessivamente positiva, ma critica nei confronti della mia gestione dei personaggi del film. A seguire ci sono state diverse recensioni positive e una recensione molto positiva del LA Times – potete immaginare il mio stato d'animo in quel momento. Come persona che non era soddisfatta del prodotto finale, stavo ricevendo rinforzi positivi da persone che facevano questo di mestiere. La mia fiducia è aumentata e i miei sentimenti sul film hanno iniziato a cambiare; poi è arrivata la recensione del Village Voice – era orribile. Mi sono ritrovato esattamente nella stessa posizione di "Prego". Stavo commercializzando un film che stava ricevendo recensioni contrastanti. Le persone o lo amavano o lo odiavano, non c'era molto nel mezzo.

Era luglio 2018, e il film veniva proiettato al Long Island International Film Festival, dove era stato nominato per il Miglior Lungometraggio e Miglior Regista. Abbiamo fatto la proiezione, il red carpet e il Q&A per il film, ed è stato lì che ho avuto una conversazione interessante con un regista esperto. L'uomo mi ha dato un consiglio che dubito dimenticherò mai. "L'unico critico a cui devi dare ascolto sei tu stesso. Se non sei felice del tuo film, sforzati di migliorare; se ne sei felice allora trova le persone a cui piace perché quelle sono le persone a cui piace il tuo gusto, poi fai il tuo prossimo film per loro". Questo è un ottimo modo di vedere le recensioni cinematografiche nel complesso. Lo scopo dei critici è di dissezionare e analizzare il tuo film, presentandone i difetti così come i punti di forza ai loro lettori. Se leggi le loro recensioni e sei d'accordo con quello che dicono, significa che condividi lo stesso gusto, significa che devi adattarti e prendere misure per assicurarti che lo stesso non si ripeta nel tuo prossimo film. Se non sei d'accordo con i tuoi critici, allora non c'è lezione da imparare. Non cercare di cambiare il tuo metodo solo per compiacere un critico, è una ricetta per il disastro. Invece, trova il tuo pubblico e continua a fare i film che vuoi fare – il tipo di cose che ti rendono felice.

Sfruttare le Recensioni

Quindi, hai alcune buone recensioni e alcune recensioni negative. La grande domanda è: come le usi per commercializzare e vendere il tuo film? Come le usi per avere un agente o un manager? Come cogli l'attimo e sfrutti il buzz attorno al tuo film? La risposta ha a che fare ancora con il marketing. Fare marketing di te stesso e del tuo film:

1) Integra le citazioni negli asset di social media, come spot TV, spot di 30 secondi, poster, banner, ecc.
2) Aggiungi una citazione alla tua biografia personale.
3) Redigi un'email per agenti, manager e rappresentanti di produttori cercando una rappresentanza, includendo le recensioni.
4) Aggiungi una citazione preferita al tuo curriculum e alla tua firma email personale.
5) Collega le recensioni quando proponi il tuo film ai festival cinematografici.
6) Invia le recensioni recenti a reporter, riviste locali e giornali dove vuoi essere intervistato.
7) Se lavori con un pubblicista, questi può usare queste recensioni per farti intervistare in radio e TV.
8) Invia email a potenziali agenti di vendita esteri, distributori e a TV e SVOD.

"Quando fai il tipo di film che faccio io, ricevi lettere strane dalle persone". ~ David Fincher

Vendite Internazionali

Se vendi il tuo film a un distributore, è probabile che questo distributore lavori con una lunga lista di agenti di vendita internazionali, e se sei tu a distribuire il tuo film, allora è tua responsabilità firmare con uno. Gli agenti di vendita sono incaricati di vendere i diritti territoriali del tuo film e di sfruttarne la diffusione via broadcast, SVOD (Subscription VOD) e TV VOD a livello nazionale. Rappresentano una fonte di reddito eccezionale che talvolta può essere la tua maggiore fonte di guadagno, specialmente per chi lavora nel cinema di genere. Il nostro approccio per assicurarci un agente di vendite internazionali ha seguito la stessa strada utilizzata per ottenere recensioni di film e contattare i critici cinematografici. Abbiamo creato un file Excel, cercato su Google "Agenti di Vendite Internazionali di Film" e chiamato ogni singola persona nella lista. Abbiamo incontrato diverse aziende interessate al film; abbiamo ricevuto alcuni contratti e negoziato le condizioni con tutti loro. Abbiamo finito per firmare un contratto con un agente di vendite internazionali con sede in Canada, e sono felice di dire che hanno già venduto i diritti a un paio di Paesii.

La cosa che direi sugli agenti di vendita è questa: il loro lavoro è vendere il tuo film, sia a livello nazionale che internazionale, e quindi devono essere a conoscenza della tua strategia di marketing e distribuzione. È tua responsabilità mantenerti costantemente aggiornato e fare seguito ai loro sforzi. È tuo compito scoprire a chi stanno proponendo il tuo film e qual è il loro piano di vendita, perché qualsiasi incomprensione può portare a interferenze reciproche. Quindi, assicurati di avere un'idea chiara della loro tempistica, con chi stanno parlando, chi ha detto sì e chi ha detto no al tuo film.

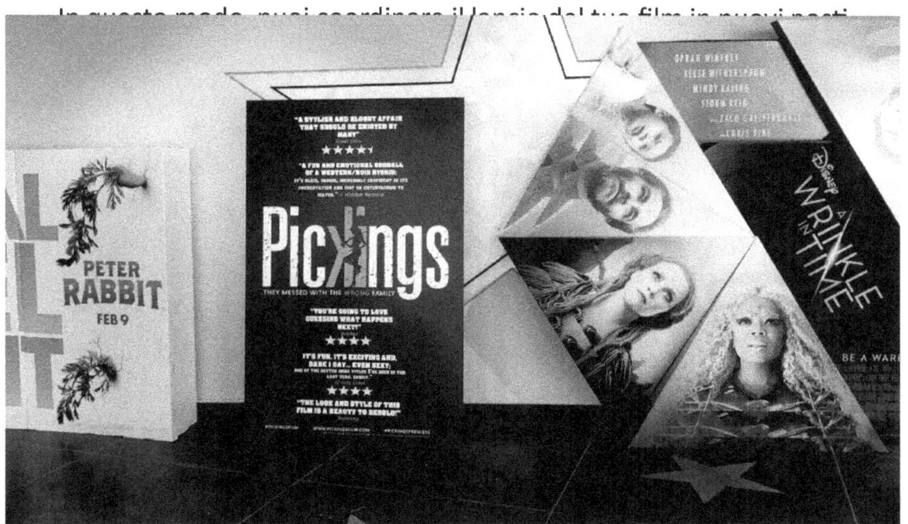

Aggregatori

Ci sono diverse aziende che fungono da aggregatori per i servizi VOD, ovvero è loro compito codificare il tuo film e assicurarsi che rispetti i requisiti tecnici per varie piattaforme come iTunes, YouTube Movies, Xbox, ecc. Quindi, inviano il tuo film a queste piattaforme per tuo conto, garantendoti il 100% delle entrate generate. Quiver Digital è uno dei leader nella distribuzione VOD (www.quiverdigital.com). Un pacchetto può costarti circa 3.000 dollari se contratti (incluso iTunes, Google, YouTube, Xbox, PlayStation, ecc.), ma dovrai pagare degli extra per le presentazioni a TV, Netflix e Hulu.

Se non hai il budget per pagare l'intera somma a un aggregatore, ti consiglio di scegliere solo un canale (Google Play o iTunes) o di optare per Amazon (che è gratuito) e poi espanderti lentamente in altri canali.

"Bene, fai qualcosa. Se fai qualcosa di giusto, la useremo, e se fai qualcosa di sbagliato, la sistemeremo, ma fai qualcosa e fallo ora".
~ Louis B. Mayer

* * *

Distribuire il tuo Film su Amazon

Uno dei migliori posti dove promuovere, commercializzare e distribuire il tuo film è Amazon. Questo è in parte dovuto alla vasta gamma di strumenti che Amazon offre ai suoi cineasti e alla facilità con cui chiunque può accedervi senza un dollaro di costi iniziali. Sia che tu stia rilasciando il tuo film nei cinema, passando direttamente a VOD, o se sei al verde e non puoi permetterti nessuno degli altri canali di distribuzione, rilasciare il tuo film su Amazon è un must (è anche gratuito).

Quando ho iniziato a scrivere questo libro a metà del 2018, stavo distribuendo il mio film su Amazon VOD tramite il servizio Amazon Video Central (www.videocentral.amazon.com), mentre i nostri Blu-Ray e DVD erano stampati fisicamente a New York City e spediti ad Amazon tramite il loro programma Amazon Advantage (advantage.amazon.com). Tuttavia, al momento in cui è stato scritto questo capitolo, Amazon ha lanciato un nuovo programma chiamato Amazon Media On Demand, che ti permette di stampare e vendere i tuoi DVD, Blu-Ray, colonne sonore e audiolibri su Amazon senza dover stampare, spedire e tenere inventario. Inoltre, Amazon fornisce un potente servizio chiamato AMS (Amazon Marketing Services), che ti consente di pubblicizzare e commercializzare i tuoi film sul sito web di Amazon (advertising.amazon.com). Questa piattaforma di marketing è molto efficace, ti mostra esattamente quanto hai speso per le tue pubblicità e quanti prodotti hai venduto. È uno dei pochi servizi di annunci guidati dal ROI su Internet. Puoi eseguire campagne con soli $5 o $10 al giorno e vendere il tuo film sulla piattaforma più grande del pianeta. Oltre ad Amazon, ci sono alcune altre piattaforme che ti consentono di vendere direttamente il tuo film ai consumatori senza dover pagare nulla in anticipo. Queste piattaforme sono elencate nella checklist alla fine di questo capitolo.

DVD & Blu-Ray

Quando è arrivato il momento di creare i nostri pacchetti DVD e Blu-Ray, abbiamo optato per l'uso di Adobe Encore. Sebbene non sia più in circolazione, è possibile scaricarlo gratuitamente (se sei un abbonato di Adobe Cloud) dal sito web di Adobe. Il software consente di creare menu in Photoshop, e se hai seguito il mio consiglio e hai acquisito un po' di esperienza con Photoshop, qui è dove questa competenza si rivela particolarmente utile! Progettare personalmente i miei menu mi ha dato molta libertà e ha reso sia il Blu-Ray che il DVD elegante e professionale nell'aspetto. Un breve tutorial su YouTube, trenta minuti di formazione e sai tutto ciò che devi sapere su quel software. È molto facile da usare. I miei DVD vengono distribuiti tramite Amazon Media On-Demand @ manufacturing.amazon.com e Amazon Advantage.

La Colonna Sonora

L'obiettivo finale di ogni regista è creare un'opera d'arte che duri, qualcosa che rimanga nella mente dello spettatore per un po', possibilmente molto tempo dopo che i titoli di coda sono terminati e lo schermo si è oscurato. Un ottimo modo per raggiungere questo obiettivo (oltre a fare un capolavoro) è vendere la musica originale del tuo film (sia che si tratti di canzoni o di colonne sonore) alle persone che hanno guardato e, si spera, apprezzato il tuo film. Nel caso di "Pickings", ho colto l'occasione per collaborare con l'incredibilmente talentuosa Katie Vincent (che ha recitato nel mio film precedente, "Prego"), e insieme abbiamo creato una colonna sonora sorprendente per il film. Tre delle canzoni sono state eseguite dagli attori davanti alla telecamera. Altre tre sono state scritte e interpretate dalla stessa Katie, che ha interpretato la figlia maggiore Scarlet nel film. Un'altra canzone è stata eseguita da Bill Turner, che ha fatto un lavoro così buono che abbiamo finito per usare la sua registrazione dal vivo sul set al posto della versione registrata in studio. In totale, la colonna sonora ha otto tracce, quattro canzoni originali, tre tracce bonus e una canzone di pubblico dominio, eseguita da Turner. Onestamente, non penso ci siano aspetti negativi nel creare e vendere una colonna sonora originale. Infatti, con servizi come DistroKid e Tunecore, chiunque può caricare e vendere la propria musica online con facilità e a un costo davvero contenuto. Produrre un video musicale e distribuirlo su YouTube, incorporare la musica nel trailer e commercializzare due prodotti (anziché uno) darà vita a nuove fonti di entrate. Presentare la tua musica a premi e inviarla a blog, stazioni radiofoniche e recensori musicali ti dà più visibilità, che a sua volta ti aiuta a vendere la tua musica, che ti aiuta a vendere il tuo film; è l'integrazione verticale nella sua forma migliore e una mossa commerciale molto intelligente.

Distribuzione Internazionale Fai-da-Te

Diciamo che vuoi rilasciare il tuo film in Giappone, ma non hai un agente di vendita, come fai? Bene, segui fondamentalmente lo stesso approccio che usi per rilasciare un film negli Stati Uniti.

Primo passo — lo doppi o aggiungi sottotitoli (questo è un costo per te, devi spendere soldi, non c'è modo di evitarlo). Potresti collaborare con un produttore giapponese o un traduttore oppure semplicemente assumere una società per gestire il doppiaggio per te.

Secondo passo — lo presenti ai festival cinematografici giapponesi, prendi il tuo materiale di marketing americano (trailer, poster, key art, ecc.) e lo traduci in giapponese (puoi usare ChatGPT o assumere qualcuno su Craigslist o Fiverr).

Terzo passo — programmi una data di uscita sui siti web di streaming giapponesi e sui siti web VOD (come Amazon Japan Prime @ videocentral.amazon.co.jp); contatti il tuo aggregatore di film e crei un nuovo progetto in giapponese e lo invii a iTunes Giappone, Google Play e altri.

Quarto passo - crei una presenza online (in giapponese), carichi un trailer su YouTube con il nome del tuo film in giapponese (ancora una volta, usa il Traduttore di Google), carichi materiali sui social media e promuovi la pagina. Spendere $5 al giorno in annunci su Facebook può portare a una grande esposizione (specialmente nei mercati esteri dove la pubblicità sui social media è sottostimata).

In breve, se esiste una versione giapponese del tuo film, allora puoi rilasciare il tuo film in Giappone. Lo stesso vale per qualsiasi altra nazione. Devi soltanto "farlo da solo!".

"Il cinema, i film e la magia sono sempre stati stret-
tamente associati. I primissimi che hanno realizzato
film erano maghi".
~ Francis Ford Coppola

Lista di Controllo per la Distribuzione

Mentre ci prepariamo a concludere questo ultimo capitolo, vorrei cogliere l'opportunità per presentarvi le varie piattaforme tramite le quali potete commercializzare, distribuire e vendere il vostro film, insieme al costo associato a ciascuna piattaforma. Ci sono pro e contro per ognuna, e li dettaglierò qui:

Amazon Advantage
advantage.amazon.com
Permette di vendere il vostro film in vari formati fisici su Amazon.com, oltre a iscrivervi ad Amazon Vine (una rete di recensori di Amazon). Advantage vi consente di personalizzare la pagina del vostro film su Amazon e di partecipare alle offerte del Black Friday di Amazon.

Amazon Prime Video Direct.
videocentral.amazon.com
Permette di vendere il vostro lungometraggio (così come cortometraggi e serie web) su Amazon on-demand e Amazon Prime. Potete vendere negli Stati Uniti, nel Regno Unito così come in Giappone e Germania. Assicuratevi di lasciare deselezionata l'opzione "Prime" fino a quando non avrete esaurito tutti gli altri canali di distribuzione. Ricordate che gli agenti di vendita televisiva e internazionale non accetteranno il vostro film se è disponibile gratuitamente su Amazon Prime o su altri servizi di streaming.

Amazon Advertising
ams.amazon.com
Consente di pubblicizzare il vostro film sul sito web di Amazon e monitorare il vostro ROI. Con soli 5 dollari al giorno, potete pubblicizzare il vostro film su Amazon e vedere di persona se la pubblicità vale l'investimento o meno. Amazon vi informa su quante persone che hanno cliccato sulla vostra pubblicità hanno poi acquistato il

vostro film, rendendo più facile il monitoraggio.
Amazon Media on Demand

manufacturing.amazon.com
Consente di stampare e vendere DVD, Blu-Ray, audio-libri e colonne sonore tramite Amazon on-demand, il che significa che non dovete mantenere scorte o gestire spedizioni come fareste con Amazon Advantage. Tenete presente che Amazon non offre alcun codice UPC (codici a barre), che dovrete stampare sul retro del vostro prodotto. Potete acquistare questi codici a prezzi abbastanza economici (5 dollari per codice a barre) online.

Amazon Seller Account
sellercentral.amazon.com
L'unico vantaggio, a mio avviso, nel creare un Account Venditore Amazon è poter utilizzare la funzione di pre-ordine di Amazon. Una volta creato un nuovo elenco, potete impostare una data di rilascio e selezionare l'opzione "gestito da Amazon", poi tutto ciò che dovete fare è spedire una scatola di DVD/Blu-Ray ad Amazon, e loro metteranno il vostro film in pre-ordine.

Walmart Marketplace
marketplace.walmart.com
Consente di vendere i vostri DVD/Blu-Ray sul sito web di Walmart. È una fonte significativa di entrate. Richiede l'approvazione dell'account, che potrebbe richiedere alcune settimane.

Quiver Digital
www.quiverdigital.com
Consente di vendere il vostro film su iTunes, Google Play (YouTube Movies), Vudu, Xbox, PlayStation Network, Steam, Hulu, TubiTV, Netflix e alcune reti TV SVOD. Pagherete da 200 a 350 dollari per piattaforma, quindi tenete presente che la spesa aumenta.

Doco Digital
www.docodigital.com/
Specializzato nell'aggregazione per Netflix. La loro società madre, ODMedia, è elencata nella lista dei partner di realizzazione preferiti di Netflix Studios.

Reelhouse
www.reelhouse.org
Consente di caricare e vendere i vostri film all'interno di una comunità sociale di colleghi registi.

Vimeo on-Demand
vimeo.com/ondemand
Consente di vendere i vostri film sulla piattaforma Vimeo. È gratuito e non è una cattiva fonte di entrate. Particolarmente utile per vendere pre-ordini digitali se non potete permettervi gli altri canali.

IndieFlix – Un servizio di streaming
www.indieflix.com
Potete inviare il vostro film per lo streaming su IndieFlix. Pagano il 50% delle loro entrate da abbonamento, il che significa che, come Amazon Prime e altri servizi SVOD, venite pagati ogni volta che qualcuno guarda il vostro film sul loro servizio.

Fandor
www.fandor.com
Un altro servizio di streaming dove potete inviare il vostro film per essere proiettato insieme a centinaia di altri film indie.

IndiePix Films
www.indiepixfilms.com
Un sito web che trasmette in streaming film indie premiati. Si concentra principalmente sui documentari.

Speck
moviesonspeck.com
Speck vende film a piattaforme TV e servizi SVOD come Hulu e Netflix. Lavora su base non esclusiva e paga il 100% delle entrate al regista. Tariffa di invio super economica (50$).

Mediabank.TV
Consente di sfruttare i diritti esteri e i diritti TV.

RightsTrade
www.rightstrade.com
Un mercato globale per sfruttare i diritti di trasmissione TV e i diritti esteri per lungometraggi e cortometraggi. Costa circa 200$ al mese.

eBay
Qui potete vendere i vostri poster cinematografici, DVD, Blu-Ray e merchandising. Stampare oggetti di merchandising come penne, tappetini per mouse, koozie, quaderni e chiavette USB con il nome del vostro film, sito web e grafica è un ottimo modo per diffondere il marchio del vostro film nel World Wide Web.

Baker & Taylor
www.baker-taylor.com/supplier_details.cfm
Una società di vendita all'ingrosso di DVD/Blu-Ray. Dovrete inviare una domanda di fornitore e mantenere una scorta del vostro DVD/Blu-Ray, ma questa potrebbe essere una grande fonte di entrate per voi. Richiede una certa comprensione della distribuzione all'ingrosso/al dettaglio.

Alliance Entertainment
www.aent.com/vendor
Una società di distribuzione di Blu-Ray/DVD.

Piattaforme di distribuzione di trailer:

• YouTube
• Vimeo
• IMDB
(contattateli per richiedere un account Scorecard gratuito)
• Video Detective (Rotten Tomatoes, ecc.)
www.videodetective.com (scorri fino a Submit Content)
• Trailer Addict
www.traileraddict.com/add-your-film

Produttori e distributori di DCP

Aziende che realizzano copie del DCP del vostro film e le inviano a teatri/festival in tempo per la vostra proiezione.

• Digital Cinema United
• Make DCP
• Simple DCP
• Neptune DCP
• Deluxe (1-800-423-2277)

Distribuzione dei metadati

Quando arriva il momento di distribuire il vostro film, assicuratevi che la gente possa trovarlo. La prima scelta ovvia è IMDB; tuttavia, tenete presente che AMC, Regal e altri cinema ottengono i loro metadati da una società chiamata TMDB (themoviedb.org).

Menzioni d'Onore

Muso
www.muso.com
Protegge il tuo film e rimuove copie illegali dal web.

Fiverr
www.Fiverr.com
Con 5$, puoi assumere artisti, illustratori, blogger e recensori di film.

Taboola
www.taboola.com
Pubblicità di contenuti video, ideale per trailer, spot di 30 secondi e pubblicità TV.

Stage 32
www.stage32.com
Una comunità online di cineasti,ricca di incontri, opportunità e concorsi.

"Mi considero uno studente di cinema. È quasi come se stessi andando per la mia cattedra in cinema, e il giorno in cui morirò è il giorno in cui mi laureerò. È uno studio per tutta la vita". ~ Quentin Tarantino

Fallo

In fin dei conti, se vuoi davvero essere un regista, non hai altra scelta che uscire e fare dei film. Mettiti seduto e scrivi, gira, monta, distribuisci e ripeti. Adotta la mentalità del regista e mantieniti immerso nell'arte e nell'artigianato del cinema. Leggi blog, libri, passa del tempo a lucidare e migliorare le tue capacità e fai del tuo meglio per imparare l'aspetto imprenditoriale della realizzazione di film. Non hai bisogno di un milione di dollari, non hai bisogno di una telecamera sofisticata; ciò che ti serve è solo volontà e un desiderio così forte da imporsi su ogni scusa e spingerti lungo il percorso verso il tuo obiettivo. Il tempo è fugace e il mondo non aspetterà che tu ti metta in riga. In altre parole, sii un regista!

Considerazioni Finali

C'è sempre qualcosa in più che puoi fare per commercializzare il tuo film, ci sono sempre più persone che puoi chiamare, più modi per promuovere il tuo lavoro, più siti web a cui inviarlo, più Paesi a cui venderlo, più modi per mantenere vivo il tuo film e dare alle persone l'opportunità di guardarlo e parlare di te e del tuo mestiere. Ma alla fine arriverà il giorno in cui il tuo film dovrà essere messo da parte per fare spazio al prossimo. Arriverà il giorno in cui dovrai sederti e riflettere sulle cose che hai fatto bene e pensare alle cose che hai fatto male, e poi iniziare a prepararti per la sfida successiva. Quelli tra noi che si definiscono "intraprendenti", hanno già in mente il prossimo film. Altri hanno bisogno di un po' di tempo libero, di tempo per rilassarsi, riflettere e preparare il corpo e l'anima prima di imbarcarsi nella loro prossima avventura.

Fare film è un privilegio e una responsabilità, e alla fine, la vita di un regista è una vita piena di divertimento, eccitazione, ansia, esaurimento, meraviglia, amore, stress e stranezza, molta, molta stranezza. Hai bisogno di una pelle davvero spessa per farcela in questo gioco. Ma se resisti, se lavori davvero sodo, se ti prendi il tempo per imparare e migliorare, e non ti arrendi mai, avrai successo. Non c'è proprio modo di evitarlo, chi non si arrende non può fallire. E in questo mondo creativo, la frustrazione può spesso spingerti oltre il limite. Difficoltà creative, sfide finanziarie, recensioni negative, drammi sul set, incomprensioni - tutto questo è più che tollerabile se pensi che puoi creare sogni per vivere. Puoi creare un'eredità per te stesso e stai attivamente spendendo il tuo tempo e i tuoi soldi per dare vita al tuo sogno. Quante persone possono dire di star facendo lo stesso?

Quindi, quando ti trovi in una sera di sabato in una stanza scarsamente illuminata con un cestino di popcorn e una bibita in mano, e quei trailer iniziano, e il trailer del tuo film è tra questi, e ascolti le persone sussurrare con eccitazione, ti sarai meritato quel sorriso che ti spunta sul volto. Non riesco nemmeno a iniziare a esprimerti quanto sarà divertente per te. L'esperienza di camminare per strada verso un cinema dove sei stato un milione di volte, solo per vedere il tuo poster sotto quel banner è surreale, per usare un eufemismo. Essere su quel red carpet, condividere la tua visione con il mondo per il prezzo di un biglietto d'ingresso, sederti tra di loro in sala e guardarli ridere quando devono, piangere quando devono ed emozionarsi quando devono - quell'esperienza rinforzerà in te il vero motivo per cui hai deciso di fare film in primo luogo. Ti darà così tanta energia e vigore da restare impressi nel tuo DNA. Ti seguirà alla tua prossima riunione di produzione, si rifletterà in sicurezza, conoscenza, esperienza e un senso perpetuo di eccitazione. Sarai uno dei pochi che possono fare sogni e raccontare storie per vivere, e puoi farlo in modo indipendente.

Poche settimane dopo il rilascio del mio primo lungometraggio nei cinema, ho iniziato a sfogliare le mie note e ho sentito un senso di urgenza, un lampo di ispirazione che mi ha "costretto" a prendermi del tempo per scrivere questo libro. Mi sono proposto di produrre una guida alla realizzazione di film che contenesse al suo interno tutte le informazioni che avrei voluto avere a mia disposizione quando stavo iniziando. E spero sinceramente che tu abbia trovato un certo valore in questo libro. Spero che tu abbia trovato alcune buone idee, risorse e ispirazione.

Augurandoti il meglio!

Usher Morgan
Scrittore, Regista, Produttore
WWW.USHERMORGAN.COM
INSTAGRAM.COM/USHERMORGAN

COME REALIZZARE UN FILM